출판 번역가로 먹고살기

김명철 지음

왓북

프롤로그　　　대한민국에서 번역가로 먹고살기

1장　출판번역가, 제대로 알기 13

- / 출판번역의 매력
- / 출판번역가, 어떤 사람이 적합할까?
- / 흔히 하는 질문, 베스트 7
  - 외국어 실력은 어느 정도 있어야 하나요?
  - 자격증이나 학력이 중요한가요?
  - 전공이나 경력은 상관이 없나요?
  - 나이 제한은 없나요?
  - 부업으로 할 수 있을까요?
  - 일감은 충분한가요?
  - 직업으로서 장단점은 뭔가요?
- / 출판번역 vs. 영상번역 vs. 비즈니스번역

2장　출판번역가 입문 노하우 61

- / 효과적인 공부 방법
- / 여러 가지 입문사례
- / 현직 출판번역가들의 조언

3장 출판번역가로 먹고사는 노하우 101

- / '번역이나 해볼까'라고?
- / 세상은 넓고 번역할 일은 많다
- / 출판번역가 원고료 현황
- / 수입을 늘리는 방법

4장 출판번역 실전 노하우 139

- / 출판번역은 뭐가 다를까?
- / 출판번역가는 명탐정이다
- / 명사를 깨야 문장이 산다
- / 전치사를 풀어야 문장이 산다
- / 글도 늙는다

# 5장 이런 것도 궁금해요 191

/ 많이 묻는 질문들

- 책이 잘 안 팔린다는데, 장래성이 있을까요?
- 장래에 인공지능이 번역하면 어떡하죠?
- 무료 텍스트가 범람하는 세상인데, 책이 살아남을까요?
- 토익 몇 점 이상이어야 번역할 수 있나요?
- 번역가는 이미 충분히 많지 않나요?
- 번역가는 불안한 직업 아닌가요?
- 제가 번역가 할 수 있을까요?
- 영상번역과 출판번역을 겸업할 수 있을까요?
- 번역가로 살아가는 데 도움이 되는 조언을 해주신다면?

6장 번역 실전 강의 225

/ THE CHURCH WITH AN OVERSHOT-WHEEL

에필로그   글로 먹고사는 꿈

번역가의 일기

1. 공포의 가위바위보　31
2. 운명의 나침반　45
3. "당신, 이 일 계속할 겁니까?"　57
4. 라이프스타일을 바꾸다　80
5. 짠돌이 변신　88
6. 첫 번째 작업실　97
7. 두 번째 작업실　105
8. 번역가의 직업병　114
9. 악몽의 변천사　121
10. 외계인 체형 극복기　135
11. 번역가가 미소 지을 때　147
12. 책을 통해 발견하는 성공의 비밀: 내가 주는 기회　221

후배들에게 보내는 편지

1. 슬럼프에 빠진 당신께　160
2. "직역이 좋나요, 의역이 좋나요?"　170
3. 좋은 번역이란　180
4. 세상 속으로　188

프롤로그

대한민국에서
번역가로 먹고살기

십여 년 전, 나는 인생의 전환점이 될 중요한 결정을 내렸다. 출판번역가로 새로운 인생을 살기로 한 것이다. 그전에도 부업으로 삼아 번역을 해본 적은 있지만, 번역가로 전업을 선언하기란 쉬운 일이 아니었다. 역시나 주변에서도 걱정이 많았다. 자신의 글을 쓰는 작가든, 남의 글을 옮기는 번역가든, 대한민국에서 글로 먹고사는 직업이 얼마나 힘든 일인지 아느냐고. 왜 힘들게 자리 잡은 사업을 접고 식구들 고생시킬 일을 하느냐고.

사실 나 역시 불안하긴 마찬가지였다. 그래서 지난 세월 동안 마음속 불안을 잠재우기 위해 번역에 매진했고, 끊임없이 자신을 업그레이드하기 위해 노력해왔다. 그리고 이제 후배들을 위해 지난 나의 이야기와 노하우를 한 권의 책에 담아보려 이 책을 쓰기 시작했다.

이제 나는 스스로와 주변 분들에게 되묻고자 한다. 이 땅에서 직장인으로 사는 건 힘들지 않으냐고. 자영업을 하는 건 쉬운 일이냐고. 공무원으로 사는 건, 교사로 사는 건 정말 안정적이고 쉬운 일이냐고. 심지어 의사, 변호사, 회계사조차 예전처럼 자격증만 따 놓으면 안전이 보장되는 시절은 지나지 않았느냐고. 자격증은 시작일 뿐이고, 계속해서 자신을 차별화하고 업그레이드해나가지 않으면 어려워질 수 있는 게 오늘날 모든 직업의 현실이 아니냐고.

내가 번역을 전업으로 결정한 이유는 물론 돈을 잘 벌 수 있다고 생각해서가 아니었다. 당시에 내가 하던 일이 몸에 맞지 않는 옷이라는 느낌이 늘 있었기 때문이었다. 밤늦게까지 술 마시는 일이 다반사이고, 주말에도 아이들과 놀아주지 못하는 생활. 게다가 거래처 직원들의 눈치를 봐가며 돈 봉투를 건네는 일은 내가 세상에서 가장 잘하지 못하는 일이며, 또 가장 하기 싫은 일이기도 했다. 상대에게 부담을 느끼지 않게 소위 '인사(?)'하는 일이란, 내 눈에는 정말 타고난 사람들만 잘할 수 있는 고도의 기술처럼 보였다.

번역가로 전업한 이후 지난 여러 해를 나는 책 번역만 전문으로 하는 출판번역가로 살아왔다. 그런데 덜컥 번역가로 나서기는 했어도, 번역가란 직업에 대해 많이 알고 있었던 것은 아니었다. 어디서 일감을 얻어야 하는지, 수입은 얼마나 되는지, 일은 끊임없이 받을 수 있는지 등을 확실히 알지 못한 채 좌충우돌하며 시행착오를 많이 겪었다. 어디에서 그런 정보를 얻을 수 있는지도 몰랐다. 무작정 물어물어 기성 번역가들을 만나서 하나하나 정보를 얻어갔지만, 지금 생각해보면 너무 준비 없이 뛰어들어 불필요한 시행착오를 많이 한 듯하다.

수년이 흘러 나의 이름을 단 번역서가 여러 권 쌓이고, 그중 베스트셀러도 심심치 않게 나오자, 과거의 나처럼 여러 가지 궁금한 것을 질문해오는 번역가 지망생, 혹은 후배 번역가들을 많이 보게 되었다. 어떤 이들은 번역가가 되는 길을 너무 쉽게 생각하고, 또 어떤 이들은 어렵고 두렵게 여기기도 한다. 번역가가 되기만 하면 폼 나고 여유롭게 살 수 있을 거로 생각하는 사람도 있고, 먹고살기 힘들다는 소문에 지레 포기하는 사람도 있다.

그렇다면 번역가를 둘러싼 진실은 무엇일까? 어떤 사람들이 주로 책을 번역하는 출판번역가가 되며, 어떻게 공부하고 어떻게 데뷔할 수 있을까? 그들은 얼마나 풍족하게 살고, 어떤 라이프스타일을 누리고 있을까? 과연 나는 번역가로서의 소질을 갖고 있을까? 데뷔하고 일하는 데 나이는 중요치 않을까? 이와 같은 질문을 가진 분들께 나의 경험과 실전 노하우를 소개하고자 한다.

또한, 출판번역의 기본기술에 대해서도 이 책에 담았다. 물론 서점에는 번역에 관해 말하는 책이 여럿 있지만, 번역의 기초, 특히 출판번역의 특징과 다른 번역과의 방법상의 차이에 관해 말해주는 책은 거의 없다. 그래서 나는 과거 수년간 출판번역 아카데미를 통해 지망생들을 가르쳐본 번역 노하우를 역시 이 책의 후반부에서 일부나마 소개했다. 물론 이 책 하나만으로 출판번역의 노하우와 방법을 다 마스터 할 수는 없겠지만, 본인이 과연 출판번역에 소질이 있는지 없는지 알아볼 수 있도록 출판번역의 중요하고 기본적인 요령을 맛볼 수 있도록 했다. 번역에 뜻을 품은 많은 후배분들이 이 책을 통해 조금이라도 필요한 정보를 얻고 올바른 판단을 내리는 데 도움을 얻을 수만 있다면, 십여 년간 출판 쪽에 몸담은 사람으로서 의미 있는 책 한 권을 서점가에 보낼 수 있었다는 생각에 보람을 느낄 것이다.

2018년 일부 증보판을 내며….

이 책을 처음 쓴 이후로 6년의 세월이 지났다. 그동안 이 책을 읽고 번역가의 길을 걷게 된 분들을 많이 만나 기쁘다. 그 중에는 전업으로 번역 일을 하게 된 분들도 있고, 다른 일을 하며 무리하지 않게 번역 일을 겸하시는 분들도 있으며, 번역을 하다가 출판사에 취직을 하거나 기획자로 나서게 된 분들도 있었다. 그분들 모두의 인생경로에 이 책이 영향을 미쳤다고 생각하니 큰 보람을 느낀다.

 이 책의 독자 가운데에는 이 책을 내가 처음 쓸 때 미처 생각지 못했던 질문을 하셨던 분들도 있었다. 그래서 5장에는 이 책을 처음 쓸 당시에는 생각지 못했던 질문들(예를 들어 번역가란 직업의 미래에 대한 질문 등)에 대한 답변을 보강하였다. 각종 궁금증을 해소하고 싶은 분은 5장부터 읽어도 좋을 것이다. 그리고 번역 노하우를 맛보기로 소개했던 4장 내용 가운데 일부를 줄이는 대신 6장에서 실전 번역 편을 마련해 놓았다.

1장

출판번역가, 제대로 알기

어떤 사람은 막연히 자유로운 작업환경과 여유로운 생활을 상상하며 동경하기도 하고, 또 어떤 사람은 반대로 '번역해서 먹고 살겠느냐'는 식으로 동정의 눈빛을 보내기도 한다. 과연 출판번역가는 어떤 직업일까?

출판번역의 매력

예전에 어떤 원로 번역가가 했던 말을 기억하고 있는 사람들이 많은 듯하다. 책 한 권의 번역을 맡으면 원서와 사전 하나 들고 몇 달간 한적한 시골로 내려가서 작업하다 집으로 돌아오곤 한다는 것이다. 때로는 적막한 산사에, 때로는 파도치는 바닷가에 숙소를 잡고, 사람들과 부대끼는 일 없이 자연 속에서 호젓하게 작업하며 좋아하는 책도 맘껏 보고 돈도 벌 수 있으니 얼마나 여유롭고 멋진 삶인가? 눈치 볼 상사도 없고, 접대해야 할 거래처도 없다.

 사실 내가 십여 년 전에 번역가로 전업한 이유도 역시 이러한 라이프스타일을 동경했기 때문이다. 하지만 좋기만 하고 애로사항이 없는 직업이 어디 있을까? 지금부터 번역, 특히 출판번역이란 직업은 어떤 매력이 있고 또 어떤 어려움이 있는지 하나하나 살펴보자.

친구의 농담

나에게는 내과 및 소아청소년과 병원을 개업한 의사 친구가 있다. 인근에 대단위 주거단지가 있고 치료에 대한 평판도 좋은지, 항상 그 친구의 병원에는 환자들이 넘친다. 덕분에 친구는 돈도 꽤 벌어서 풍족하게 살고 있다. 그런데 그 친구의 병원이 내 작업실과 가까이 있음에도 서로 만나기가 쉽지 않다. 평일에는 저녁 늦게까지 진료시간이 이어지는 데다, 토요일에도 그 친구는 오후 2시까지 진료를 하기 때문이다.

결국, 일요일에 각자 가족들을 외면하고 만나지 않는 한, 평일 점심시간을 이용해 만나는 수밖에 없는데, 점심시간을 이용한 만남이라는 게 채 1시간도 못 된다. 부랴부랴 점심 먹고 오후 진료 준비를 해야 하므로 이 친구는 평소에 도시락을 싸 와서 진료실에서 혼자 점심을 때우곤 한다.

"난 네가 항상 부러워. 정해진 일과에 얽매이지 않고 마음대로 다닐 수 있잖아."

내가 만나러 갈 때마다 친구가 매번 읊는 레퍼토리다.

"여긴 정말 감옥이나 마찬가지지, 뭐. 온종일 이 좁은 진료실에서 환자들만 봐야 하니까."

농담 섞인 말이지만, 정말 그 친구의 진료실 창문에 있는 방범창이 마치 감옥의 창살처럼 보였다.

"난 가끔 번역하다 지치면 혼자 영화를 보러 가거나, 등산하러 가기도 하는데…….." 내가 염장을 질러봤다.
"난 대낮에 햇빛 보고 다니는 게 소원이야."
 친구의 등 뒤편, 머리 위로 난 조그만 창문으로 손바닥만 한 햇살이 들어오고 있었다.
"돈도 잘 버는데 토요일에는 진료 안 하면 안 돼?" 내가 물었다.
"동네에서 평판을 유지하려면 토요일에도 진료를 안 할 수 없어. 토요일에는 특히 아이들 환자가 많거든."
"두어 달에 한 번쯤 일주일씩 휴가라도 갔다 오면 어때?"
"인근 주민들을 상대하는데, 자주 문 닫고 그러면 환자가 끊기기에 십상이야!"
 사실 이 친구만이 아니다. 우리나라 최고 직장이라는 S전자에서 일하는 친구들도 부장 직급에 올라 봉급은 많이 받지만 생활의 여유는 별로 없는 듯하다. 평일 퇴근 후에 만나는 건 거의 불가능하고, 토요일에도 늦게까지 근무하는 날이 많아 그 친구들은 나더러 일요일에 만나자고 한다. 연봉은 억 소리 나게 높지만, 엄살인지 진실인지 모를 푸념을 자주 한다.
 혹시 이런 농담을 들은 적 있는가? "의사는 마누라가 좋은 직업이고, 판검사는 처가가 좋은 직업이다." 소위 돈 잘 버는 '사'자 들어가는 일등 신랑감들이 우스개로 자조하는 농담이다. 반면 번역가는 아내나 처가 부모님들이 반색하는 직업은 아니다. 그래서 난 그들의 농담에 이렇게 첨가한다. '번역가는 본인만 좋은 직업이다.'

그래도 출판번역

자신의 글을 쓰는 일이든, 남의 글을 옮기는 일이든, 대한민국에서 글로 먹고사는 사람들은 대부분 경제적으로 그리 풍족한 편에 속하진 않는다. 하지만 하나가 부족하면 다른 하나는 만족스러운 부분이 있는 법. 출판번역을 하다 보면 다른 직업에서는 느끼지 못하는 장점도 많다.

우선 책보기를 즐기는 사람에겐 좋은 직업이다. 번역을 하다 보면 그냥 책을 읽을 때보다 더 깊게 저자의 생각을 이해하고 또 이를 토대로 사고를 확장해 나간다. 내 경우, 번역한 책의 내용을 토대로 강연해달라는 의뢰를 기업이나 학교로부터 심심치 않게 받곤 하는데, 강연 준비를 하면서 스스로가 더더욱 많은 걸 배우게 된다. 이 세상 모든 직업이 스스로 좋아서 하는 사람을 당할 수 없듯이, 책 읽는 걸 좋아하고 책을 통해 더 많은 사람의 생각과 세상을 알아나가는 재미를 느끼고 싶은 사람에게는 더없이 좋은 직업이다.

그런데 번역이라는 게 그리 호락호락한 일은 아니다. 어떤 사람은 외국어만 잘하면 번역쯤이야 쉽게 할 수 있을 거로 생각하지만, 외국인들의 사고에 적합하게 쓴 문장을 한국 독자들이 쉽게 이해하도록 바꾸는 게 생각만큼 손쉬운 작업은 아니기 때문이다. 때로는 어떤 문장에서 꽉 막혀 진도가 안 나가는 경우도 있고, 찾아봐야 할 자료가 너무 많아 품이 많이 드는 경우도 있다. 너무 고생스러운 책을 번역할 때는 '정말 이 책만 번역하고 번역 일을 때려치우든지 해야지원…….'하고 중얼거리기도 한다.

하지만 아무리 불평을 하고 나서도 일주일쯤 지나면 또 '해볼 만한 좋은 책 뭐 없나?' 하는 생각이 다시 들곤 한다. 번역할 때는 '이젠 고생스러운 번역을 끊어버리고, 남이 해놓은 번역서나 편안하게 사서 보자.'라고 다짐을 해도 막상 책을 사서 읽다 보면, '이렇게 좋은 내용의 책을 내가 번역했으면 좋았을 텐데…….' 혹은 '이 책은 내가 번역했다면 더 잘했을 텐데…….'라는 생각이 스멀스멀 올라온다.

직장에 다녀본 경험도 없고, 자기 사업을 해본 경험도 없이 대학 졸업 후 바로 번역 일을 시작하게 된 새내기 번역가들은 막상 책 한 권을 맡아 번역하다 보면 예상보다 노력과 시간이 많이 든다는 사실을 깨닫고 오래 버티지 못하는 경우가 많다. 하지만 그렇게 쉽게 기권하는 사람들은 절박하지도 않고, 글과 언어를 그리 좋아하지도 않는 사람들이다. 그저 '학교 다닐 때 영어 배웠으니까 그걸 활용해서 돈이나 벌어볼까.'라고 단순하게 생각하고 뛰어든 사람들이다. 나는 사업을 하면서 부업으로 삼아 번역을 하다가 전업을 한 경우인데, 책 번역을 하면서 정말 세상에 이렇게 편한 직업이 없다고 생각했다. 직장생활도 해보고, 개인사업도 해본 나는 세상에 편하게 돈 버는 일이 없다는 걸 잘 안다. 겉으로 봐서는 남이 하는 일은 다 쉬워 보이지만, 막상 그 일을 하면 모든 것이 달라지기 마련이다. 물론 번역은 품이 많이 드는 고된 직업이긴 하지만, 직장 동료나 거래처 등 다른 사람과의 인간관계에서 오는 피로는 거의 없어서 좋다. 저자와 나와의 대화만 있을 뿐, 다른 사람은 그사이에 끼어드는 법이 없다. 저자의 머릿속을 추리해야 하는 작업은 마치 탐정 놀이처럼 흥미진진하기까지 하다. '이 저자는 어떤 주장을 펴려고 이런 논리로 이야기하고 있을까?', '이 부분에서는 어떻게 전달해야 우리나라 사람들에게 더 설득력이 있을까?'라는 생각뿐, 다른 잡념은 별로 끼어들지 않는다.

 게다가 자기관리를 잘해서 스케줄을 잘 지켜나갈 수만 있다면, 낮에 햇빛을 보고 돌아다닐 여유도 부릴 수 있다. 나는 출판번역으로 전업하고 나서 처음 몇 년간은 미친 듯이 작업해서 어떤 책이든 최대 한 달 반 만에 끝내버렸다. 수입이 줄어들어 걱정하는 아내의 근심을 덜어 줄 심산도 있었지만, 책을 한 권 끝내고 나서 새 책 작업에 들어가기 전에 일주일 정도 자유 시간을 갖고 싶어서였다. 나 스스로에게 주는 자유시간이라는 포상 기간 동안 나는 혼자 보고 싶은 영화도 마음껏 보고, 산으로 들로 맘껏 자연을 누렸다. 때로는 직장생활이나 개인사업을 할 때 아이들과 놀아주지 못한 것을 만회하고자, 아이들과 열심히 놀아주기도 했다. 지금은 '바른번역'이라는 번역 회사를 운영하느라 예전처럼 스스로 많은 포상을 하지는 못하지만, 아이들이 어렸을 때 놀아줄 수 있었던 걸 생각하면 번역으로 전업한 것은 백번 잘한 결정이었다는 생각이다.

출판번역가는 괴로워요!

1. 스스로 스케줄 관리를 못 하면 마감일이 개학날처럼 악몽으로 바뀝니다.
2. 출퇴근하지 않고 일하면 남들한테 백수나 백조로 보일 수 있습니다.
3. 만약 집에서 일한다면 식구들이 이것저것 집안일을 시킬 수 있습니다.
4. 개념 없는 주변 사람들이 이런저런 서류를 내밀며 번역해달라고 부탁할 수 있습니다.
5. 책을 읽어도 내용이 들어오지 않고, 번역이 잘됐는지만 살펴보게 됩니다.
6. 똥배가 나오고 팔다리는 가늘어지는 외계인 체형으로 바뀔 수 있습니다.

※ 이렇게 고달픈 출판번역. 그래도 적성이 맞으면 한없이 즐거운 직업입니다.

출판번역가, 어떤 사람이 적합할까?

"나도 번역 한번 해볼까 하는데 어떻게 하면 되나요?" 귀에 못이 박히게 많이 듣는 질문이다. 어떤 사람은 자신이 해외에서 오래 살았으니 번역쯤은 쉽게 할 수 있다고 큰소리치는가 하면, 다짜고짜 내게 찾아와 번역 한번 해볼 테니 책 하나 달라고 떼쓰는 사람도 있다. 그런 사람들은 흔히 영어회화 실력과 번역을 동일시한다. 나도 '바른번역' 운영 초기에는 유창하게 영어로 말을 잘하거나, 어려서부터 해외에서 유학을 오래 한 사람들에게 책을 맡겨본 적이 있지만, 결국 출판사에 큰 폐만 끼치게 되었다(그런 경우 내가 나서서 수정해야 했다). 이렇게 출판번역을 해본 경험도 없으면서 자신만만한 사람들은 대개 번역의 기술을 간과한다. 학교 다니면서 영어나 일본어를 배우지 않은 사람이 거의 없으므로, 독해만 할 수 있으면 번역은 쉽게 할 수 있다고 여기는 듯하다. 물론 번역이 아무나 할 수 없는 고차원의 기술이라는 소리는 아니다. 다만 다른 직업에 비해서 쉽게 시작할 수 있는 일이라고 착각하는 사람들이 많아서 미리 당부하는 것이다. 대학 다닐 때 교수님 심부름(?)으로 번역을 해봤다거나 아르바이트로 쪽 번역을 몇 번 해봤다고 자신만만한 사람들도 숱하게 보았다. 하지만 가독성을 높여야 하는 출판번역을 할 때는 일반적인 문서번역을 해본 경험은 크게 도움이 되지 않는다.

 오히려 잘못된 자신감 없이 겸손하게 처음부터 배우려는 자세가 되어 있는 사람들이 출판번역의 기술을 빨리 익히고 실력을 빨리 늘려 나간다. 그런 사람들은 학력과 경력이 부족하더라도 출판사에서 인정받아 승승장구한다. 지금껏 수많은 번역가 지망생을 지켜본 경험을 바탕으로 출판번역가로 빨리 자리 잡는 사람들의 자질을 정리해 봤다.

출판번역, 내 적성에 맞을까?

어떤 분야든 적성에 맞지 않는 일을 하면 성공하기도 어렵고 오래 할 수도 없다. 그런데 문제는 자신의 적성을 본인도 잘 모르는 경우가 많다는 사실이다. 내가 가르치는 제자들 가운데에서도 자신의 적성을 잘 몰라, "제게 적성이 있는지 선생님께서 말씀해주세요."라고 물어오는 사람이 많다. 그렇게 물어오는 사람들은 자신에게 소질이 부족하면, 노력으로 소질이 많은 사람의 벽을 넘을 수 있을지 궁금해한다. 물론 번역에 소질이 뛰어난 사람들은 있다. 내 생각에 번역가 지망생 가운데 소질이 다분한 사람들은 약 10% 정도 된다. 그런데 실제로 데뷔하는 사람은 그보다 훨씬 많다. 실제로 기성 번역가들도 모두 소질이 뛰어난 건 아니다. 사실 어떤 분야이든 그렇다. 누구나 추신수나 박지성처럼 빅리그에서 뛰는 건 아니지 않은가. 하지만 나름대로 많은 팬을 거느리고 즐겁게 운동하는 선수들은 많다.

 결국, 어떤 분야에 뛰어들기 전에 고려해야 할 소위 '적성'이라는 것은 단순히 '천부적 재능'을 뜻한다기보다는 자신이 그 분야를 얼마나 좋아하는지가 아닐까 한다. 그리고 출판번역에 대한 본인의 적성을 판단해볼 수 있는 몇 가지 기준을 소개하면 다음과 같다.

글 읽는 걸 좋아해야 한다

당연한 이야기인 듯하다. 군인을 직업으로 하는 사람이 단체생활과 규율을 싫어한다거나 가수가 노래 부르는 걸 별로 좋아하지 않는다면 절대 오래가지 못한다. 출판번역가가 되고자 한다면 당연히 글 읽는 걸 좋아해야 한다. 그런데 반드시 책이라고 못 박고 싶진 않다. 내 경우에도 책을 읽다가 중도에 그만두는 경우가 많아서, 굳이 책을 좋아한다고 자신 있게 말할 수 있을까에 대해 의심이 들기도 한다. 하지만 책을 읽다가 중도에 그만둔다고 해서 책을 좋아하지 않는 사람이라고 단정 지을 수 없는 경우도 많다. 왜냐하면, 독자에게 불친절한 불량서

적이 너무 많기 때문이다. 저자가 현학적인 태도에 빠져 글을 과하게 치장했다거나, 번역자가 제대로 옮기지 못했거나, 편집자가 저자의 메시지를 잘못 인도하는 등 독자의 잘못이 아닌 이유로 책이 잘 안 읽히는 경우가 많다. 책이 내용도 좋고 표현도 쉽게 되어 있다면, 기꺼이 그 책을 보려는 잠재독자들은 넘쳐난다. 사실은 독자가 문제가 아니라 저자와 번역자와 출판사의 잘못인 경우가 흔하다.

그래서 나는 책이라고 한정 짓지 않고 글이라고 범위를 넓히고자 한다. 사실 글 잘 쓰는 블로거의 글은 굳이 책이 아니더라도 읽기에 훌륭하다. 신문이나 잡지의 글들은 일반적으로 책보다는 호흡이 짧지만 그래도 많이 읽어두면 책을 번역하거나 본인이 글을 쓸 때 도움이 된다. 이런저런 글들을 자주 즐겨 읽는 사람이라면, 좋은 글을 구분할 수 있는 안목도 생겨난다. 이런 사람들은 출판번역가로 더 유리하다.

논리적인 사고에 익숙해야 한다

흔히 영어 실력이 뛰어나면 번역을 잘할 수 있으리라 생각하지만, 번역 실력을 늘리는데 가장 큰 장애물은 따로 있다. 논리적으로 생각하는 능력이 바로 그것이다. 모든 문장을 문법의 잣대로만 해석하는데 급급해하는 태도는 담긴 내용물보다 그릇에 더 신경을 쓰는 격이다. 그보다는 저자가 펴는 논리의 흐름을 간파하는 능력이 훨씬 중요하다. 이런 힘을 키우기 위해서는 독서와 토론만큼 좋은 게 없다. 그런데 불행하게도 우리나라 사람들은 학창시절에 이런 학습을 별로 해본 적이 없다. 책을 읽고 내용을 간추려 발표하고 친구들과 함께 논의하는 수업을 받지 못한 관계로 암기만 할 줄 알았지, 남을 설득하고 남의 말을 귀담아듣는 훈련이 덜 되어 있다.

 초보 번역가들은 출판사로부터 리뷰 의뢰를 받게 되는 경우가 많은데, 리뷰란 출판사 편집자들을 대신해서 원서를 읽고 내용을 간추리는 작업을 의미한다. 그래야 출판사에서 책의 내용을 정확히 알고 국내에서 출간할 것인지 아닌지 결정한다. 그런데 많은 사람이 책의 핵심 내용을 정확히 간추리는 걸 매우 어려워한다. 흔히 책의 주된 내용이 아니라 일부 에피소드나 부수적인 메시지를 핵심내용으로 오인하는 경우가 심심치 않다. 심지어 책을 다 번역하고 나서도 책의 내용을 간추려 요약하지 못하는 번역가들도 있다.

 기업체에서도 가끔 번역가에게 책의 내용을 간추려 강연해달라고 부탁하는 경우가 있는데, 이를 흔쾌히 수락하는 번역가들이 많지 않다. 대부분 많은 사람 앞에서 이야기하기 싫은 성격 때문이기도 하겠지만, 자신이 번역하고 나서도 책의 핵심내용을 잘 파악하지 못하는 사람도 있다. 다른 사람에게 핵심을 간추려 이야기해줄 수 없다면, 그 사람은 저자의 메시지를 흐름에 맞춰 한국 독자에게 잘 전달하지 못할 것이다. 그래서일까? 내가 강연의뢰를 수락하면 의뢰한 곳에서 오히려 더 기뻐한다.

글쓰기를 좋아해야 한다

흔히 번역은 쓰여 있는 대로 옮기면 되니까, 작가들처럼 글솜씨가 없어도 괜찮다고 생각한다. 하지만 자기 글을 잘 쓰는 사람이 남의 글도 잘 옮긴다. 작가처럼 책을 한 권 쓸 정도의 필력은 아니더라도, 평소에 수필이나 에세이, 심지어 비즈니스 레터라도 쓸 기회가 많았던 사람이 유리하다. 이러한 글들은 남에게 읽히기 위한 글이라는 점에서 일기와는 다르다. 일기도 궁극적으로는 남에게 보일 목적으로 쓴다고 어느 작가가 이야기했지만, 일기는 그야말로 지극히 주관적이고 자기중심적인 글이다. 반면 남에게 보일 목적으로 쓰는 글들은 항상 독자를 생각하며 흐름을 다듬고 표현을 고치기 마련이다. 더욱 쉽게 읽히고 설득력을 높이기 위해서다. 내 경우에도 글쓰기 실력이 높아진 것은 아이러니하게도 직장생활을 할 때였다. 나는 업무 특성상 국내외 사업파트너들에게 비즈니스 레터를 많이 보내야 했는데, 깐깐했던 상사가 늘 세세히 지적해줬다. 동료들은 자신들의 본업이 글쓰기인지 헷갈린다며 불평이 많았지만, 난 읽는 사람의 입장과 기분을 생각해서 늘 글을 다듬어주신 그분에게 매우 고마웠다.

 다시 말해, 남에게 읽힐 목적으로 자기 뜻과 주장을 논리적이고 일목요연하게 다듬어 쓸 줄 아는 사람은 남의 글도 잘 이해하고 옮길 수 있다. 그리고 그런 사람일수록 문장이 간결하고 정확하다. 말하기의 경우도 마찬가지여서, 말을 잘 못 하는 사람은 구구절절 장황하게 떠들지만, 말을 잘하는 사람은 간결하면서도 설득력 있게 잘 전달하지 않는가.

자기 관리를 잘해야 한다

책 번역을 맡으면 보통 2~3개월 정도로 일정이 잡힌다. 처음에는 시간이 넉넉해 보여서 소위 '제끼는 날'도 생길 수 있다. 그리고 숙제검사 하는 사람도 없으니 일정이 쉽게 늘어질 수 있다. 그러다가 마감이 가까워지면 초조해지고 독촉 전화라도 올까 전전긍긍한다. 특히 초보 번역가들은 책의 분량과 난이도에 따른 필요시간을 잘 가늠하지 못해서 무리한 약속을 하고는, 마감일이 다 되어 당황하는 경우를 많이 보았다. 자신이 하루에 몇 쪽을 할 수 있는지 잘 가늠해서 하루에 계획한 일정은 꼭 지키는 일정관리 능력이 필수다. 이는 개인적인 성향인 책임감과도 관련이 있는데, 책임감이 없는 사람은 마감일 전에 아무 사전 통보도 없이 연락을 두절하기도 한다. 납품일을 맞춘다는 것은 지극히 당연한 일이건만, 이를 자주 어기는 번역가들이 의외로 많다. 이 때문에 번역가들의 납기지연에 대처하느라 편집자들이 자주 고생한다. 출판사 입장에서는 번역가가 사전 통보도 없이(있어도 비슷하지만) 일정을 어기면 눈에 보이지 않는 여러 비용이 추가로 발생하게 된다. 출간 일정이 뒤틀리면 출판사의 각 부서 직원들의 근무 스케줄에도 변화가 생기고 눈에 보이지 않는 기회비용도 발생한다.

자기관리 면에서 또 한 가지 중요한 게 체력관리다. 번역가는 늘 책상에 앉아 일하기 때문에 규칙적으로 운동을 하지 않으면 체력에 문제가 발생할 수 있다. 번역은 육체노동이 아니라서 체력과 별 상관이 없을 것 같지만, 체력이 떨어지면 하루하루 나가야 할 진도를 뽑지 못하게 된다. 이것 역시 눈에 보이지 않는 손해지만 이를 잘 이해하지 못하는 사람이 많다. 마감을 지키지 못하는 번역가들이 하는 변명 중에는 '건강에 이상이 생겨 진도를 못 나갔다'는 게 제일 많다. 그럴 경우 번역을 의뢰한 사람 입장에서는 상대가 몸이 아프다고 하는데 심하게 다그칠 수도 없고 답답하기 그지없다. 하지만 자신의 몸 관리를 제대로 하지 못해 일정을 못 맞추는 것도 번역가의 잘못이다.

프리랜서는 몸이 재산이며, 자신을 전문가라고 남에게 이야기하려면 체력관리가 필수다. 나도 번역을 하면서 배가 나오고 어깨가 아픈 증상 때문에 고생을 많이 했는데 4년 전부터 꾸준히 수영을 하면서 몸도 좋아지고 업무효율도 많이 올랐다. 얼핏 생각하면 운동하는 시간이 아깝지만, 결과적으로 보면 생산성이 높아지니 결국 이득이다. 많은 운동 중에서 내가 수영을 택한 이유는 (번역을 택한 것과 마찬가지로) 좋아하는 종목이기 때문이기도 하지만, 상대가 있는 스포츠처럼 시간약속을 해야 하는 것도 아니고, 내게 편리한 시간에 짧고 집중적으로 운동할 수 있기 때문이었다.

불안정한 수입에 대처할 수 있어야 한다

출판은 다른 인쇄 매체보다 사이클이 길다. 따라서 번역과정 역시 비슷하다. 출판사에서 출간 결정을 하기 전에 리뷰를 맡기는 경우도 많고, 리뷰를 검토해서 출간 결정을 하는 데도 시간이 걸린다. 번역하는 데도 몇 달씩 걸리고, 이를 편집해서 책으로 찍어내는 데도 몇 달이 더 소요된다. 대금결제 프로세스도 마찬가지다. 번역원고를 납품하고 나서도 번역료를 바로 결제해주는 경우는 거의 없고 빨라야 다음 달 말일인 경우가 대부분이다. 번역원고 검토가 늦어지면 한두 달 늦어지는 경우도 다반사다.

 일반 기업체 문서번역 같은 경우에는 납기도 며칠, 기껏해야 1~2주일 정도로 짧고 번역료도 금방 지급해주는 게 상례지만, 출판번역은 업무 진행이나 송금 진행도 매우 느리다. 게다가 매절 방식이 아니라 인세 방식으로 계약할 경우에는 분기별, 심지어 반기별로 정산해주는 경우도 있어서, 번역료를 받는 데 시간이 오래 걸린다. 사실 출판 업계에서는 번역료뿐만 아니라 디자인 작업료, 외주 편집료나 교정교열료, 인쇄 및 제본료 지급 등 모든 게 상대적으로 긴 사이클로 진행된다. 그리고 믿고 거래하는 곳이라면 한두 달 지급이 늦어지더라도 서로 이해하곤 한다. 물론 너무 영세한 업체나 일부 부도덕한 출판사는 지급을 고의로 안 하거나 못하는 경우도 있겠지만, 개인적으로 돈을 못 받은 적은 아직 한 번도 없었다(물론 출판사 사정이 갑자기 좋지 않아져서 무려 3년에 걸쳐서 분할로 받은 경우가 딱 한 번 있었지만, 그 출판사 사장님하고는 지금도 거래 관계를 원만히 잘 유지하고 있다).

 가끔 어떤 번역가들은 번역하고 바로 다음 달에 돈이 들어오지 않으면 생계에 큰 어려움을 겪는다. 하지만 그런 분들은 롱런하기 어렵다. 번역가란 직업은 아무런 자본 없이 본인의 머리와 손만 있으면 할 수 있는 직업이긴 하지만, 전업으로 도전하기 위해서는 다른 창업자들처럼 최소한 6개월 정도의 생활비는 갖춰놓고 뛰어들어야 한다. 그래야 출판사에서 지급이 늦어지더라도 전전긍긍하지 않고 느긋하게 번역에만 몰두할 수 있으며, 좋은 조건일 경우, 인세 방식의 계약도 할 수 있다.

번역가의 일기 01

공포의 가위바위보

"이것 또한 지나가리라"
솔로몬 왕자가 마음을 다스리기 위해 했다는 이 말처럼 인생을 잘 표현한 구절도 없는 듯하다. 아무리 고통스러운 시기라도, 아무리 행복한 시기라도 다 지나가기 마련이다. 따라서 잘나가고 행복한 시기에는 좀 더 겸손한 자세로 다가올 고통의 시기에 대비해야 하고, 반면 힘들고 어려운 시기가 닥치더라도 인생이 끝났다고 비관할 필요는 없다. 다시 찾아올 행복한 시간을 기다리며 준비하면 된다. 시련 끝에 찾아오는 행복이야말로 진정한 기쁨을 선사하기 마련이다.

나에겐 1997년 IMF 사태가 그러했다. 나는 1997년 11월 18일에 결혼을 하고, 다음 날 신혼여행을 떠났다. 그런데 그 이튿날, 우리나라 정부는 나라 곳간이 거덜 나 IMF에 구제금융을 신청하고 말았다. 내가 신혼의 단꿈에 빠져 고국 소식을 전혀 듣지 못한 채 열흘 후에 돌아왔을 때 세상은 180도 달라져 있었다.
"오호, 내 책상이 아직도 있구나."
휴가를 꽉 채워 여행에서 돌아온 나는 새벽에 김포공항에 도착하자마자 바로 출근해서 이런 어처구니없는 농담을 했다. 순간 싸늘하게 표정이 굳어버린 팀 동료는 나를 이끌고 휴게실로 가서 청천벽력 같은 소식을 전해줬다. 우리 팀이 그사이에 해체 결정이 나버린 것이다.

당시 종합상사에는 해외자원개발 붐이 일고 있었다. 나는 결혼하기 2년 전쯤 신설된 해외자원개발팀에 차출되어 해외자원탐사 프로젝트에 투자하는 업무를 하고 있었다. 국내외 광산개발 기업들과 공동으로 자원개발을 하는 보람 있고 유망한 분야였다. 그런데 IMF가 터지자, 달러에 목을 맨 정부 지침에 따라 해외투자 업무는 올스톱됐고, 이와 관련된 팀은 구조조정의 1차 타깃이 된 것이었다.

신혼여행을 끝으로 '행복 끝, 불행 시작'이었다. 회사에서는 인원 감축 목표를 설정해놓고 직원들에게 반강제적으로 명예퇴직을 종용하고 있었다. 그리고 팀이 해체되는 바람에 다른 팀에서 더부살이하던 나는 '인원 감축 목표에 자진 호응해주길' 원하는 새로운 팀 동료들의 애절한 시선에 시달렸다. 하지만 신혼의 단꿈에 빠져있는, 게다가 임신으로 입덧을 하는 아내를 생각해서 호기롭게 사표를 던질 수는 없었다.

몇 달 뒤 결국 공포의 회의시간이 찾아왔다. 팀별로 1~2명씩 의무적으로 자진 인원 감축을 해달라는 회사의 방침에 따라, 내가 더부살이하던 팀도 회의실에 모여 누가 명예퇴직을 신청할 것인지를 놓고 회의를 하게 됐다. 팀장은 심각한 표정으로 담배만 피우다 나가버렸다. '너희들끼리 알아서 결정하라'는 신호였다. 그다음 선임 과장이 "나는 아직 아이들이 어려서 미안하다."는 말을 남기고 나가버렸다. 남아있던 직원들 사이에는 소름 끼치는 정적만이 감돌았다. 그러다 누군가 침묵을 깨고 말했다.

"OOO팀에서는 가위바위보로 결정했다고 합니다. 우리는 어떻게 할까요?"

마침내 해체된 팀 출신인 내가 더 버티기 어려운 지경에 몰렸음을 직감했다. 그리고 얼마 뒤, 퇴직금과 몇 개월간의 월급에 해당하는 위로금만 받고는 (사실은 결혼하면서 회사로부터 대출받았던 돈을 갚느라 모두 되돌려줬다). 빈털터리로 IMF 한파가 휘몰아치던 차가운 세상에 내동댕이쳐졌다.

'화불단행'이라고 했던가. 당시는 부모님에게 도움을 청하기는커녕 오히려 내가 도와드려야 할 상황에 몰렸다. IMF 여파로 아버지가 운영하시던 사업체가 부도 직전에 몰린 것이었다. 결국, 만삭의 아내를 멀리 외국에 있는 친정으로 보내고, 몇 달 살아보지도 못한 신혼집 전세금을 빼달라고 주인을 찾아가 호소할 수밖에 없었다. 아버지를 도와드리기 위해 내가 할 수 있는 유일한 선택이었다.

하지만 지금 생각해도 암담했던 당시의 상황은 아마도 나를 번역가의 길로 인도하는 운명의 나침반이 작동하기 시작하던 때였던 듯하다. 가끔 나는 당시에 직장생활을 계속하였으면 나의 운명이 지금쯤 어떻게 바뀌었을지 상상해보곤 한다. 당시에는 직장을 떠나는 일이 그렇게 두렵고 비참했지만, 지금은 IMF 사태가 없었으면 현재 내가 만족해하고 있는 번역가의 길을 찾지 못했을 거라는 생각이 든다.

인간사 전화위복, 새옹지마다.

흔히 하는 질문, 베스트 7

Q1. "외국어 실력은 어느 정도 있어야 하나요?"

물론 번역을 하기 위해서는 외국어를 잘해야 한다. 그런데 통칭해 외국어 실력이라고 말하는 것이 뭔지 세분해서 생각해보자. 흔히 회화(듣기와 말하기)를 잘하면 영어를 잘한다고 생각하는데, 출판번역은 회화 실력과 절대적인 연관성은 없다. 회화를 잘하거나 단어를 많이 알고 있다는 건 일상생활에서 자주 쓰는 표현과 단어를 많이 외우고 있다는 뜻인데, 그럴 경우 번역에 어느 정도 도움은 되겠지만 번역의 품질과 비례하는 상관관계는 없다. 실제로 외국인과의 일상회화는 멋지게 잘하지만, 독해와 번역은 형편없는 사람들을 많이 보았다.

 그럼 문법 실력은 어떨까? 물론 기본적인 문법 실력을 갖추고 있어야 독해가 가능할 테니 기본적인 문법 지식은 갖추고 있어야 한다.

그렇지만 이는 필요조건이지 충분조건은 아니다. 영어 문장을 잘 해석하기 위한 준비일 뿐이다. 독해를 위해서는 문법 실력보다 중요한 게 있다. 바로 논리적인 사고능력이다. 원서를 읽고 그 내용을 한국 독자들에게 잘 전달하기 위해서는 문장을 문법적으로 분석하는 능력도 필요하지만, 저자의 논리를 잘 잡아내는 논리력이 훨씬 더 중요하다. 왜냐하면, 문법이란 표현형식의 문제이므로, 문법만으로 문장에 담긴 저자의 메시지를 분석하는 데에 한계가 있기 때문이다.

결론적으로 출판번역을 잘하기 위해서는 듣기와 말하기 같은 회화능력보다는 독해능력이 더 중요하며, 독해를 잘하기 위해서는 문법 실력도 중요하지만, 그보다는 저자의 논리와 메시지를 잡아낼 수 있는 논리력이 훨씬 중요하다. 번역 실력을 늘리는 데는 항상 논리력 향상이 가장 큰 과제가 되곤 한다.

Q2. "자격증이나 학력이 중요한가요?"

우선 자격증부터 말하자면 '절대' 필요 없다. 이렇게 말해도 '이왕이면 다홍치마라고 있으면 좋겠지요.'라고 말하는 사람들이 꼭 있다. 제발 부탁이니 자격증 타령 좀 안 했으면 좋겠다. 도대체 그 자격증 시험은 누가 만들었으며, 누가 자격을 인정했다는 말인가? 국가? 천만의 말씀! 협회? 더는 괜히 잡음에 휘말리기 싫어 말을 안 하련다. 적어도 출판번역에 있어서만큼은 어떤 자격증도 전혀 고려의 대상이 되지 않는다.

요즘에는 또 '초벌 번역가 자격증'이라는 희한한 것도 있다고 한다. 번역이 무슨 도자기인가? 초벌하고 재벌하게…… 초벌 번역가 자격증 운운하는 광고를 보면 가관이다. 초벌 번역가로 월 300~500만 원은 어렵지 않게 버는 사람이 있다고 광고하는데, 그럼 재벌(?)번역가는 도대체 얼마나 번단 말인가? 하도 그런 광고가 인터넷에서 판을 치기에 네이버 지식인에 올라온 초벌 번역가 관련 질문에 답변한 적이 있었다. 나 혼자 입에 거품 물면서 그런 말에 현혹되지 말라고 답했는데, 알고 봤더니 질문을 한 사람이 한통속이었던 듯싶다. 그런 자격증을 만들고 판매하는 사람들이 홍보 목적으로 일부러 질문을 올리고 답변을 하는 거였는데, 내가 순진하게 끼어들었던 것이다.

한편 학력은 때에 따라 도움이 될 수도 있다. 책에 따라서는 해당 분야를 전공한 사람, 그중에서도 이왕이면 좋은 학력을 가진 사람을 선호하는 경우가 있기 때문이다. 하지만 대부분의 책은 번역가의 학력을 굳이 따지지 않는다. 학력보다는 책을 번역한 경력이 얼마나 있는지가 더 중요하다. 이왕이면 번역서 중에 베스트셀러가 있으면 더 유리하다. 물론 번역과 상관없이 저자가 책을 잘 써서 베스트셀러가 된 것이라 하더라도, 그 책을 번역한 번역가는 유명세를 나눠 가지게 된다.

문제는 초심자일 때다. 아직 번역한 경력이 일천할 때는 번역가 소개란에 학력 이외에는 쓸 게 마땅치 않기 때문이다. 하지만 그 경우에도 학력 대신 그 책의 분야와 관련된 경력이나 활동이 있으면 대체

할 수 있다. 내가 데뷔하는 데 도움을 드린 어떤 번역가는 학력을 절대 밝히고 싶어 하지 않았다. 그래서 첫 책의 번역가 프로필에는 '바른번역 소속 번역가'라는 한 줄 밖에 실을 게 없었다. 하지만 그분은 워낙 꼼꼼하고 성실하게 번역하기 때문에 출판사의 인정을 받아 지금은 역서가 수십 권 쌓였고 이분께 번역을 의뢰하려는 출판사가 줄 서 있는 상황이다. 결국, 다른 영역에 비해 학력 차별은 별로 없다고 하겠다.

Q3. "전공이나 경력은 상관이 없나요?"

학력은 크게 중요치 않으나 전공이나 경력이 돋보이는 사람은 데뷔하는 데 유리할 수 있다. 번역서가 아직 많지 않은 초심자 때는 번역 수요가 많은 분야의 전공이나 경력을 가진 사람에게 기회가 잘 주어진다. 예를 들어 경제경영 분야는 출판되는 책의 수에 비해, 경제경영 분야를 전공했거나 실무경력이 있는 번역가의 수가 상대적으로 적다. 경제경영 가운데서도 금융 관련 서적은 더욱 그러하다. 한편, 과학 분야 책은 많지 않지만, 과학을 전공한 번역가도 많지 않기 때문에 지망생들이 데뷔 기회를 상대적으로 쉽게 얻기도 한다. 희귀 언어를 전공한 사람도 마찬가지다.

 전공뿐만 아니라 실무 경험이 있는 사람은 일반적으로 번역의 정확성이 더 높다. 그 때문에 대학을 졸업하고 곧바로 번역으로 뛰어든 사람보다는 어느 정도 실무 경험이 있는 사람이 실제로 그 분야에서 쓰는 표현을 정확히 잘 알고 사용할 수 있다. 실무 경험이 없는 사람은 이를 보완하기 위하여 번역 관련 내용을 꼼꼼히 검색하여 실수하지 않도록 해야 한다. 어문계열 전공자들은 다른 계열 전공자들보다 글을 다듬는 솜씨가 좋다. 광고/홍보 업무를 했던 분들도 독자 입장에서 쉽게 표현하는 훈련이 되어 있다. 때에 따라서는 그렇게 매끄러운 글솜씨를 선호하는 책도 있다. 그러므로 자신의 전공과 경험을 최대한 살려서 번역에서도 자신의 분야를 정하고 그 분야에서 이름난 번역가가 되도록 해야 장기적으로 유리하다.

Q4. "나이 제한은 없나요?"

출판번역가로 데뷔하는데 나이 제한은 없다. 오히려 젊은 사람의 톡톡 튀는 재치와 문장력이 필요한 책보다는 인생의 연륜이 있고 실무 경험을 어느 정도 한 사람의 번역을 필요로 하는 책이 더 많다. 실제로 번역가로 데뷔하는 평균 연령은 20대보다는 30대가 많다. 때로는 50대 중에서도 제2의 인생을 시작하면서 번역을 업으로 선택하는 분들이 있다.

 문제는 생물학적인 나이가 아니라 문장 표현에 묻어나는 글의 나이에 있다. 나는 번역문만 보고도 그 사람의 성별과 나이를 대충 맞출 수 있다. 흔히 얼굴과 몸만 늙는 게 아니라 글도 함께 늙기 때문이다. 나이가 많을수록 한자어를 많이 쓰고 거창한 표현을 많이 쓴다. 거창하게 표현하다 보니 글이 장황하고 늘어지게 된다. 남성과 여성은 그 차이가 글에서도 드러난다. 그래서 책의 성격에 따라 남성 번역가를 찾는 경우도 있고, 여성 번역가를 찾는 경우도 있다.

그런데 번역가의 생물학적 나이가 젊다고 해서 반드시 글도 젊은 건 물론 아니다. 20대임에도 불구하고 50~60대처럼 표현이 올드 스타일인 사람도 있다. 그런 분들은 글의 '안티에이징' 처방이 필요하다. 사실 출판사에서 요구하는 글의 연령은 중3이기 때문에 번역가라면 누구나 안티에이징 노력을 해야 한다. 책의 내용이 중3 수준에 맞춰져야 한다는 게 아니라, 내용은 어렵더라도 표현은 중3 학생들도 이해할 수 있는 수준으로 쉽게 해야 한다는 것이다. 중3 학생들은 우리보다 한자 표현을 훨씬 덜 쓴다. 거창한 표현도 잘 안 쓴다. 그렇다고 속어나 출판에 부적절한 표현은 쓰면 안 되지만, 최대한 어깨에 힘을 빼고 간결하면서도 쉽게 표현하려는 노력을 기울여야 한다. 그리고 그렇게 글을 늘 젊게 하려고 노력한다면, 본인의 체력이 뒷받침되는 한, 나이가 들어서도 충분히 할 수 있는 게 출판번역이다.

Q5. "부업으로 할 수 있을까요?"

결론부터 이야기하자면, 가능은 하지만 쉽지는 않다. 나도 처음에는 번역을 부업으로 시작했지만, 결코 쉬운 일이 아니었다. 그래서 어느 시점에서는 전업하지 않을 수 없었다. 그래서 "부업으로 가능하냐?"는 지망생들의 물음에 늘 쉽지 않다고 대답했었다. 번역 작업이라는 게 생각보다 시간이 많이 소요되는 일이어서, 직장 퇴근 후 시간을 내는 데는 한계가 있기 때문이다. 아니 시간 자체가 문제라기보다는 몸이 지치고 피곤하여서 처음 생각했던 대로 꾸준히 시간을 내기 어렵다.

그런데 수년간 번역 아카데미를 운영하면서, 번역을 부업으로 잘 해가는 졸업생들을 보곤 한다. 예를 들어 어떤 경영컨설턴트는 번역을 전업으로 할 생각이 없다고 잘라 말했다. 그는 '번역도 하는 컨설턴트'가 되어야 자신의 몸값이 더 올라간다고 했다. 그 바쁜 일정 속에서도 마감을 잘 지키며 번역을 하는 모습에 난 늘 감탄한다. 또 어떤 분은 대학에서 강의하시면서 남는 시간에 틈틈이 번역을 하고 계신다. 나이도 적지 않으신 분이라, '어쩌다 한두 권 하시겠지'라고 생각했는데, 나의 게으름이 부끄러울 정도로 성실하고 꾸준하게 번역일을 계속하신다. 또 어떤 분은 지방으로 발령받아 낮에 비교적 자유시간이 많은지라, 번역을 굳이 전업으로 하실 필요가 없다고 한다. 학원 원장, 강사, 작가 등 번역을 부업으로 삼아 하시는 분들이 생각 외로 꽤 있다.

Q6. "일감은 충분한가요?"

번역가는 많지만, 출판사를 만족하게 할 수 있는 번역가는 늘 부족하다. 이 때문에 출판사 편집자들은 번역을 잘해주는 번역가에 늘 목말라 있다.

언어별, 분야별로 번역가에 대한 수요의 차이도 있는데, 번역가 지망생 입장에서는 일본어보다 영어 쪽에 상대적으로 기회가 더 많다. 그리고 신간이 많이 나오는 경제경영 분야가 다른 분야보다 상대적으로 유리한 듯하다. 그렇다고 일본어와 다른 분야에 일감이 적다고 할 수는 없다. 예를 들어 소설 번역을 하고 싶어 하는 번역가는 많지만, 출판사 입장에서는 소설을 제대로 번역하는 사람을 찾기가 쉽지 않다. 기존에 베스트셀러 소설을 번역했던 번역가들은 일정이 이미 차 있는 경우가 많기 때문이다.

언어별, 분야별 일감의 차이는 일반적인 경향도 있지만, 시장 상황에 많이 영향을 받기도 한다. 영미권 작가들의 선인세가 치솟던 서너 해 전에는 상대적으로 저렴한 독일 책이 많이 수입됐다. 따라서 출판사마다 독일어 번역가들을 구해달라는 요구가 빗발쳤다. 반면 일본은 장기불황을 겪으면서 우리나라에 소개되는 책도 많이 줄었다. 예전에 일본 경제가 잘 나갈 때는 일본 책도 쏟아져 들어왔지만, 일본 경제가 어려워지면서 번역 수요도 많이 줄었다. 다행히 최근에는 몇몇 일본 책이 히트를 치면서 일본서의 도입이 다시 늘고 번역 수요도 살아나고 있다.

분야별 유행도 분명 있다. 예를 들어 몇 년 전 금융위기 때는 금융 관련 서적을 번역하는 번역가들이 쏟아지는 일감 때문에 행복한 고생을 많이 했다. 금융권에서 근무한 경험이 있는 번역가 지망생들은 덕분에 데뷔도 상대적으로 손쉬웠다. 심리학책이 유행하던 시절에는 심리학 전공자 혹은 유사한 실무 경험이 있는 번역가 지망생들에게 좋은 기회였다. 최근에는 애플이 승승장구하면서 IT 전공자 혹은 실무 경험이 있는 번역가들에게 일감이 쏟아졌다. 지금 현재도 그 흐름은 이어지고 있는데, 앞으로 상당 기간 지속할 듯 보인다.

 이처럼 언어별, 전공별로 일감의 양에 차이는 있지만, 번역만 잘한다면 일감이 끊어질까 걱정은 하지 않아도 좋다. 출판사에서는 번역을 쉽고 정확하게 해줄 번역가들에 늘 목말라 있기 때문이다.

Q7. "직업으로서 장단점은 뭔가요?"

뭐니 뭐니 해도 출판번역가의 가장 큰 장점은 자유로운 라이프스타일이다. 나는 번역을 하면서도 직장을 다닐 때처럼 정시에 작업실로 출근해서 정시에 퇴근하는 일정을 스스로 지키고 있다. 하지만 직장을 다닐 때처럼 출근이 고되고 힘들지 않다. 조직의 강요에 의해 의무적으로 하는 출근과 내가 스스로 의지로 출근하는 것하고는 심리적 피로가 하늘과 땅 차이기 때문이다. 야근할 필요가 있으면 스스로 정하고, 포상휴가도 스스로 부여할 수 있다. 책 한 권을 하느라 고생한 자신에게 스스로 주는 며칠, 혹은 몇 주간의 휴가는 그야말로 꿀맛이다. 때로는 나를 이해하고 믿어주는 가족을 위해 평일에 시간을 낼 수도 있다. 남들 다 쉬는 휴일에 북새통인 관광지를 가느라 길에서 시간을 다 소모하지 않고, 여유롭게 여행을 즐길 수 있는 건 분명 장점이다. (게다가 성수기나 주말보다 숙박비나 교통비용도 저렴하다!)

직장생활을 하다 보면 철 맞춰 정장을 해 입어야 하고, 여자라면 화장품도 많이 든다. 출퇴근 교통비도 들고, 찾아가야 할 경조사도 많으며, 돈을 써야 하는 술자리도 많아질 수밖에 없다. 하지만 번역가로 전업하고 나서는 남의 눈치를 보며 돈을 써야 하는 경우가 많이 줄었다. 이것도 장점이라면 장점이다.

 단점이라면 모든 프리랜서가 공통으로 가질 수밖에 없는, 자유에 대한 대가이다. 나는 번역가로 전업하고 나서 오랫동안 회사로 출근하는 꿈을 꿨다. 그만큼 조직의 품에 있다는 안정감이 그리웠던 것이다. 실제로 많은 분야의 사람들이 프리랜서를 선언했다가, 오래 버티지 못하고 조직의 품으로 다시 들어가곤 한다. 그만큼 일감이 끊어질지 모른다는 불안감에 시달리기 때문이다. 아니, 실제로 어느 기간은 일감이 끊기기도 한다. 그런데 그런 불안과 공포의 시기를 극복할 수 있는 사람만이 프리랜서로 자리를 잡는 법이다.

 참고로 다른 번역가가 말하는 출판번역가로서의 장단점을 소개하면 다음과 같다.

· 장점 : 자유롭습니다. 성취감을 느낍니다.
· 단점 : 자기관리가 힘듭니다. 마감이 가까워져 오면 번역에 올인하게 되므로 가정이 있는 경우 함께 생활하는 사람들이 많이 불편해합니다.
· 좋았던 때 : 마감이 올 때마다 완벽한 몰입 상태를 경험할 수 있습니다.
· 힘들었던 때 :작가의 의도가 파악되지 않는 책이 가끔 있습니다. 그

럴 때 자신의 능력에 회의를 느끼고 슬럼프에 빠지게 됩니다.

※출처: 네이버 카페 '글로 먹고살기' 박선영 번역가

번역가의 일기 02

운명의 나침반

나는 어려서부터 글쓰기를 좋아했다. 전국 독후감 경진대회에 참가하면 자주 상을 탔고, 담임선생님은 특별활동 시간에 나를 강제로 '문예반'에 넣어버리기도 했다. 하지만 역설적이게도 내가 작가의 꿈을 버린 건 문예반 활동을 하면서부터였다.

 문예반에서 읽었던 당시 '한국단편소설집'은 어린 나에게 공포 그 자체였다. 당시 단편집에 실린 소설들은 암울했던 일제 강점기와 해방 직후를 배경으로 쓰인 소설들이 대부분이었는데, 소설에 등장하는 등장인물들 가운데 작가들은 대부분 폐병 환자이거나, 원고료를 받지 못한 채 출판사로부터 문전박대 당하는, 한없이 작은 모습을 보여주고 있었다. 심지어 아내가 몸을 파는 장면들과 오버랩되면서 '한국에서는 글을 쓰면 불행해지고 굶어 죽을 수도 있다'는 인상을 강하게 받았다.

 중학교에 진학하고 나서는 글을 써서 먹고살 수 있는 새로운 방법을 발견했다. 신문기자가 되면 꼬박꼬박 월급을 받을 수 있겠다는 생각이 들었던 것이다. 하지만 새로운 꿈도 오래가지 못했다. 당시는 전두환을 비롯한 신군부가 집권하던 때여서, 곡학아세하는 기자들의 글을 읽으며 실망감을 감출 수 없었기 때문이었다. 어린 내 눈에도 기껏해야 양비론으로 몸을 사리는 기자들의 모습이 애처로웠다. 그렇다고 해직 기자들처럼 행동할 용기는 없었다. 결국, 그 이후부터는 글 써서 먹고사는 직업은 전혀 나의 고려 대상이 아니었다.

 그러다가 길게 돌고 돌아 결국 30대 중반에 글을 써서 먹고사는 직업을 얻게 되었다. 비록 남의 글을 옮기는 직업이지만, 하면 할수록 나의 천직이라는 생각이 들었다. 번역가로 전업하기까지 여러 직업을 가져봤지만, 돈을 비교적 잘 벌었던 사업이나 안정적인 봉급을 받았던 직장도 내게 맞는 옷이라는 생각이 든 적은 별로 없었다.

 반면 번역가가 되어 번역하러 작업실에 나가는 발걸음은 다른 일을 할 때 직장에 나가던 발걸음과는 비교할 수 없이 가벼웠다. 번역에서 한 걸음 더 나아가, 내 첫 번째 책을 쓰게 되었을 때도 정말 즐거운 시간이었다. 그리고 아마도 그간의 번역 작업이 내가 직접 책을 쓰는 데에 많은 자양분이 되었을 것으로 생각한다.

출판번역 vs. 영상번역 vs. 비즈니스번역

번역은 여러 가지 종류로 나눌 수 있겠지만 그중에서도 번역 대상에 따라 흔히 책을 번역하는 출판번역, 외국 영화나 TV 프로그램을 번역하는 영상번역, 그밖에 각종 문서를 번역하는 비즈니스 번역으로 나누어 분류한다. 외국어 공부에 흥미가 있고 번역에 관심이 많은 사람 중에는 이 세 가지 번역 분야 가운데 어느 쪽을 선택해야 하는지 고심하는 사람들이 많다.

　출판번역이라 하면 일반적으로 서점에서 판매되는 단행본 번역을 주로 의미하지만, 정기간행물(잡지)이나 비매용 서적을 번역하기도 한다. 영상번역이라 하면 주로 미국, 일본 등지의 드라마 번역이 가장 많고, 다큐멘터리, 애니메이션, 스포츠 분야 등 기타 TV 프로그램을 번역하는 경우도 있다. 한편 번역 초심자들이 가장 쉽게 접할 수 있는 분야로 각종 문서를 번역하는 비즈니스 번역이 있다. 문서번역이라고도 칭하는 비즈니스 번역은 기업, 정부, 단체, 개인 등 온갖 발주처로부터 나오는 온갖 텍스트를 번역하는 잡다한(나쁜 뜻은 아님) 번역을 통칭하는 개념이다. 주로 기업체에서 일감이 많이 나오므로 속칭 '비즈니스 번역'이라고 부른다. 기업이나 단체의 홍보물, 계약서, 업무 규범, 매뉴얼, 회의 자료, 각종 업무 자료를 비롯한 개인들이 맡기는 온갖 증명서, 학업 자료, 참고 자료, 웹사이트 텍스트 등을 망라한다.

사실 자신의 적성과 소질을 제대로 파악하려면 직접 해보는 게 가장 빠르다. 출판번역과 영상번역을 모두 가르치는 '바른번역 글밥 아카데미'에서는 출판번역 과정을 듣다가 영상번역 과정으로 전향한 사람도 있고, 처음에는 미드에 관심이 많아 영상번역 과정을 신청했다가 뒤늦게 자신의 적성이 출판번역 쪽임을 알고 출판번역 쪽으로 전향한 사람도 있다. 다 같은 번역이지만, 작업 프로세스나 작업 환경이 많이 다르기 때문에 자신이 가장 잘할 수 있고, 또 흥미를 잃지 않고 지속해나갈 수 있는 분야를 파악해서 선택해야 한다.

업무 주기의 차이

업무 주기로 따지자면 보통 비즈니스 번역이 가장 짧고, 그다음이 영상번역, 그리고 출판번역이 가장 길다. 흔히 기업체에서 맡기는 문서번역은 급박히 해야 하는 경우가 많다. 예를 들어 "내일 아침 회의 시작 전까지 주셔야 하므로 아침 8시까지 보내주세요."라는 부탁을 받으면 밤을 꼬박 새워 번역을 해줘야 한다. 그보다는 조금 길더라도 일주일 내에 해야 하는 경우가 다반사다. 회의 자료, 보고서, 업무용 참고 자료, 계약서 등은 회사의 업무상 정해진 스케줄이 있으므로 그 전에는 기필코 번역 납품이 되어야 한다. 기업에서도 요즘은 웬만한 문서를 내부 직원들이 직접 해석하면서 업무에 사용하는데, 주로 시간이 부족할 때 외부 번역가에게 의뢰하므로 일정을 촉박하게 주는 경우가 많다.

영상번역의 경우, 영화는 보통 3~4일 내에 완성해야 할 만큼 시간이 여유롭지 않다. 드라마 역시 방송 일정이 빡빡한 경우가 많으므로 드라마 한 편을 하루 이틀 내에 끝내야 한다. 다큐멘터리는 전문적인 내용이 많아서 자료 조사하는데 시간이 꽤 많이 소요되지만, 한편을 번역하는 데 4일 이상씩 붙잡고 있으면 안 된다.

이에 반해 출판번역은 흔히 2달 이상 시간이 주어진다. 물론 책의 두께와 난이도에 따라 가감되겠지만, 나는 보통 2달 안에 책 한 권을 끝내도록 일정을 잡는다(내가 처음에 출판번역을 시작할 때는 번역 단가도 낮고 해서 월수입을 유지하기 위해 1달 반 만에 책 한 권을 끝내곤 했다. 하지만 한 권 번역하고 그만둘 게 아니라 계속 롱런하기 위해서는 영어의 경우 1달 반 만에 책 한 권을 끝내는 스케줄을 계속 이어가기엔 체력이 달린다). 나도 출판번역을 하기 전에 일반 비즈니스 번역을 해보았지만, 밤샘 번역을 해야 한다든지, 거래처가 어떤 스케줄로 요구를 해오느냐에 따라 내 일정이 결정되는 시스템이 영 마음에 들지 않았다. 영상번역 역시 이틀에 한 번꼴로 마감일이 돌아오는 셈이라 마감일에 대한 압박이 심해서 소위 마감 스트레스를 자주 느낀다고 한다.

 한편 출판번역은 일단 2~3개월 이내에 책 한 권을 번역해 납품하기로 약속을 하면 그 시간 내에서는 하루하루 어떤 일정을 잡든 내 자유다. 남에 의해 내 일정이 좌우되는 게 아니라, 스스로 몇 달 치 스케줄을 정하고 작업할 수 있다는 면에서 출판번역은 내 적성에 가장 잘 맞았다. 물론 자기관리를 잘하지 못하면 납품일에 가까워질수록 심한 압박감에 시달릴 수 있다. 스스로 일정관리를 잘할 수 없는 사람, 체력 및 자기관리를 잘하기 어려워서 항상 남이 독촉해야만 진도가 나가는 사람은 출판번역에 맞지 않는다.

번역 대상물의 차이

쉽게 알 수 있듯이 영상번역은 대화체 번역이 많다. 이 때문에 미국 구어체에 능한 사람이 유리하고, 젊은 감각과 재치 있는 말솜씨가 필요하다. 영상번역가들은 자신을 '두 줄의 승부사'라고 칭한다. 한 화면에 들어가는 모든 자막 번역이 두 줄을 초과하면 안 되기 때문이다. 또한, 화면의 전환에 맞춰 시청자들이 무리 없이 자막을 읽을 수 있으려면 간략하게 줄여 표현해야 하는 경우가 많아서, 때로는 과감한 의역이 필요하기도 하고 때로는 반짝이는 창작 아이디어를 발휘해야 하기도 한다.

 영상번역이 구어체 번역이라면 비즈니스 번역과 출판번역은 문어체 번역이다. 그렇다고 흔히 말하지 않는 어려운 표현이 용인된다는 뜻은 아니다. 영상번역보다 상대적으로 문어체의 허용 범위가 넓다는 뜻이다. 일상생활에서 흔히 쓰이는 대화체 표현 중에서 출판물에 싣기에는 민망한 표현들이 간혹 있다. 이를 잘 구별해서 쉬우면서도 품위 있는 문장을 만드는 게 출판번역가의 역량이다.

 일반 문서, 혹은 비즈니스 번역의 경우에는 가독성이 떨어지는 직역투 문장이 용인되기도 한다. 특정 발주처 고객을 대상으로 하는 것이기 때문에 전문가들이 무리 없이 이해할 수 있는 정도면 외래어를 그대로 음독한다든지, 전문용어를 별 번역 없이 그대로 사용한다든지, 해당 분야 문외한들은 거의 알 수 없는 문장을 만들어놓더라도 큰 문제가 되지 않는다. 그리고 각종 증명서나 공통 서식이 있는 문서는 기본 포맷이 있기 때문에 익숙한 번역가들은 빠르게 번역 작업을 할 수 있다.

 반면 일반 독자들을 대상으로 하는 출판번역문은 비록 내용은 어렵더라도 표현만큼은 중학교 학생들도 읽는 데 어려움을 느끼지 않을 정도로 쉽게 써야 한다. 가독성이 그만큼 중요한 것이다. 물론 출판물이라는 게 대부분 일반 독자를 대상으로 하므로 심각하게 전문적인 내용을 담고 있는 경우는 별로 없다. 해당 분야의 비전공자 번역가라 하더라도 평소에 그 분야에 관심이 있고, 검색을 꼼꼼히 하며 번역한다면 쉽고 재미있게 작업할 수 있다.

번역가 처우의 차이

업무 주기가 짧고 마감일이 급박하게 돌아가는 비즈니스 번역과 영상번역은 번역료 역시 비교적 빨리 받는다. 믿을만한 기업체에서 발주하는 번역물이라면 흔히 일주일 내에 번역료를 결제해준다. 영상번역도 보통은 두 달 이내(한 달간 작업한 번역료를 총 합산해 다음 달 말일에 받음)에 번역료를 받을 수 있다. 때로 프로덕션에서 일감을 줄 경우 그곳의 자금 사정에 따라 몇 달 미뤄지는 경우도 있지만, 대부분은 납품 후 익월 말일에 번역료를 받는다.

 반면 출판번역은 일감수주에서부터 납품에 이르기까지 몇 달씩 걸리는 것처럼 번역료 결제 역시 상대적으로 시간이 오래 걸린다. 따라서 출판번역의 번역 원고료는 납품 후 3~4개월 정도 후에 들어온다고 여유 있게 생각하는 게 좋다. 번역가를 대신해 계약을 체결해주는 번역 에이전시 '바른번역'도 보통 납품 후 1달 내, 혹은 다음 달 말에 받는 조건으로 계약을 하지만, 출판사에서 번역 원고를 받아서 검토하고 자금 결제를 결정하기까지 1, 2개월에서 3개월까지 시간이 걸릴 수 있다고 이해하고 양해하는 편이다.

 사실 번역 납품도 다른 분야에 비해 여유가 있다. 번역가는 번역문 납품 일자를 칼같이 지키는 게 도리지만, 막상 진행하다 보면 1~2주, 심지어 한두 달 늦어지는 때도 있다(물론 이럴 때는 사전에 양해를 구해야 한다). 이렇게 납기나 번역료 결제에서 출판사나 번역가가 서로 '어느 정도'는 이해해주는 게 출판계의 분위기다.

 한편 번역가로 책에 이름을 남길 수 있다는 면에서는 출판번역가의 보람이 가장 크다고 생각한다. 일반 문서번역을 20년간 하신 어느 초로의 번역가는 '바른번역'에서 출판번역가로 데뷔하고 나서 크게 보람을 느끼셨다고 한다. 그분은 오랫동안 주로 기업체에서 나오는 문서번역을 하셨는데, 단가는 높게 받으셨지만, 자신의 이름으로 남는 결과물이 하나도 없어서 늘 허전하셨다고 한다. 따님이 결혼할 나이가 되었는데, 아버지가 그저 유학서류, 이민서류 등이나 번역하는 사람으로 비치는 게 가장 싫으셨다고 한다. 흔히 기업에서 발주하는 일반 문서들은 비밀 유지를 하고 다른 곳에 유출하지 않는 게 기본이기 때문에 번역자의 이름은 어디에도 남지 않는다. 반면 출판번역은 자랑스럽게 자신의 이름을 단 번역서가 서점가에 깔리고, 게다가 베스트셀러가 되어 신문지상에 오르내리면 큰 보람을 느낀다. 자신의 이름을 단 책이 출판된다는 사실은 출판번역가들에게 책임감과 자부심을 심어준다. 물론 영상 번역의 경우에도 극장에서 개봉될 때는 번역가의 이름이 엔딩 크레딧에 나오지만, 다른 매체에서는 번역가의 이름을 알려주는 경우가 별로없다.

이런 건 주의하세요!

간혹 어떤 출판사들은 번역 원고를 받은 후 일정 기간 내에 번역료를 지급하는 게 아니라, 자신들이 책을 출판하고 난 후 번역료를 지급하는 조건으로 계약을 요구하기도 한다. 소위 '출간 후 번역료 지급' 조건이다. 출판사들은 흔히 새로운 책이 출간되는 시점에 자금이 돌기 때문이다. 하지만 번역가 입장에서는 그런 조건으로 계약해서는 안 된다. 계약 당시에는 곧 출간할 예정이니 걱정하지 말라고 안심시키지만, 여러 사정상 출판이 보류되는 사례를 많이 보았기 때문이다. 예를 들어 막상 번역된 원고를 보니 편집자가 생각했던 책의 내용과 달라서 출간이 보류되는 경우도 있고, 번역하고 편집하는 동안 시장 상황이 바뀌어서 출간이 보류되는 경우도 허다하다. 게다가 출판사 편집자들은 이직이 심하기 때문에 한 편집자가 갑자기 퇴직하는 경우 후임 편집자들이 출간 스케줄을 바꿔버리거나 심지어 해당 타이틀이 완전히 소외되는 경우도 있다. 번역가로 경험이 적은 초심자들은 아쉬운 마음에 출판사의 '출간 후 번역료 지급' 조건을 수용하기도 하지만, 결국 책도 안 나오고 돈도 받지 못하는 경우를 간혹 봐왔다.

일감수주 및 기타 업무 환경의 차이

번역가들이 주로 처음 발을 들여놓는 일반 문서번역의 경우에는 보통 번역에이전시에 번역가로 등록을 해놓으면 그때그때 일이 있을 때 전화 연락을 받을 수 있다. 때로는 인터넷 카페 등을 통해 발주자로부터 직접 일을 받기도 하지만, 동호회 카페 등을 통한 거래는 서로 간에 신뢰가 깨지는 불미스러운 사고도 자주 발생한다. 인터넷 번역 카페에 가보면 일을 해주고 번역료를 못 받았다는 사연이나, 반대로 번역가를 믿고 일을 줬는데 제대로 작업을 안 해줘서 손해 봤다는 사람들의 사연을 심심치 않게 볼 수 있다.

영상번역은 방송사나 에이전시, 혹은 프로덕션을 통해 일감을 받는데, 프로덕션으로부터 일을 받을 경우 프로덕션이 번역 에이전시의 역할을 한다고 볼 수 있다. 직접 방송사로부터 일감을 수주하는 경우보다는 에이전시나 프로덕션을 통해 일감을 받는 경우가 더 많다.

출판번역 역시 출판사로부터 직접 일감을 받거나 번역 에이전시를 통해 일감을 받는다. 출판사와 직접 계약하고 납품하면 편집자와의 의사소통이 원활하고 번역 에이전시에 줘야 할 수수료를 절감할 수 있다는 이점이 있다. 하지만 경력이 많지 않은 번역가는 '갑'인 출판사의 요구에 휘둘려 불리한 계약을 하게 되는 경우도 많다. 심지어 열악한 사정에 있는 출판사와 거래하여 번역료를 떼이는 경우도 심심치 않게 발생한다. 반면 에이전시를 통해 일감을 맡으면 번역료 결제나 안정적인 일감수주 등에서 도움을 받을 수 있지만, 받을 번역료에서 수수료를 공제해줘야 한다는 단점이 있다. 영상번역이든 출판번역이든 에이전시들은 비교적 높은 수수료를 받는다. 이 때문에 나는 에이전시를 이용해 안정적으로 일감을 받고 싶어도 높은 수수료가 부담이었던 번역가들을 위해서 '바른번역'을 설립했다. 낮은 수수료로 번역가들의 안정적인 작업 환경을 조성하기 위해서다. '일감이 계속 이어질 수 있게 해주고, 출판사를 독촉해 돈 받는 일에 신경 쓰지 않으며, 내 전공과 관심 영역에 맞는 책을 주로 번역할 수 있도록 해주는 곳이 있으면 얼마나 좋을까?' 하는 바람으로 설립했다. 나 역시 지금도 번역료에서 일정한 수수료를 지급하며 '바른번역'을 통해 번역 일감을 받고 있다.

 그밖에 영상번역의 경우에는 자막번역에 최적화된 특정 소프트웨어를 이용해 작업하기도 한다. 그런 경우에는 해당 소프트웨어 사용법을 배워야 한다. 사용법이 그리 어려운 건 아니지만, 그래도 익숙하게 사용하려면 경험자에게 노하우를 전수 받을 필요가 있다. 반면 비즈니스 번역이나 출판번역에서는 특별한 소프트웨어 프로그램을 사용하지 않는다. 비즈니스 번역에서는 주로 기업에서 많이 사용하는 MS워드를 이용하고, 정부에 납품하는 경우에는 주로 '한글'을 이용한다. 한편 출판번역에서는 주로 '한글'을 많이 사용한다.

번역가의 일기 03

"당신, 이 일 계속할 겁니까?"

나의 30대는 힘든 삶과의 사투로 시작됐다. 직장에선 쫓겨났고, 부양해야 할 가족은 둘이나 늘었다. 스스로 직장에서 잘 나가는 엘리트라 생각했었지만, 일단 명예롭지 못한 명예퇴직을 당하고 나서는 누구도 날 그렇게 봐줄 리가 없었다. 임신한 딸을 보며 한숨 쉬던 장모님의 눈에는 그저 '무능해서 밀려난' 전직 월급쟁이로 보일 뿐이었다.

 직장생활을 접고 호구지책으로 시작한 일은 해외의 광물자원을 국내 공장들에 수입 알선하는 일이었다. 전국에 있는 국내 주물업체들을 돌며 경쟁력 있는 해외 광산의 원료들을 판매하러 다녔다. 그런데 기존에 국내 공장들이 사용하던 원료보다 품질이 좋고 가격이 저렴하다고 해서 거래처를 확보할 수 있는 건 아니었다. 기존의 거래처는 공장의 구매담당자들과 끈끈한 유대관계를 유지하고 있었기 때문에 이를 뚫고 들어가기란 여간 어려운 일이 아니었다.

 한번은 대형 신규 거래처를 확보하고자 부산의 큰 공장을 여러 번 방문하였지만, 번번이 퇴짜를 맞았다. 구매 담당자가 기존 거래처와 밀착되어 있어서 새로운 원료가 얼마나 경제적인지 시험분석조차 해주지 않았기 때문이다. 할 수 없이 공장장에게 직접 어필하고자 새벽부터 공장 문 앞에서 출근하는 공장장을 기다렸다. 그렇게 3일을 하고 나서야 공장장은 면담을 허락해줬다. 그리고 내 프레젠테이션에 감명을 받았는지, 공장장은 사내 연구실에 시료 분석을 지시했다. 그리고 며칠 후, 나는 시험 분석에서 좋은 결과를 얻었으니 다시 내려오라는 전갈을 받았다. 그런데 문제는 공장장과의 최종 면담에서 발생했다.

"샘플 분석을 해보니, 당신이 가져온 원료를 사용하면 원가가 틀림없이 절감될 것 같소. 일단 시험공급부터 해보시오."

공장장이 반가운 소식을 전했다.

"그런데 공장에서 원료 공급처를 바꾸거나 이원화하는 것은 쉬운 결정이 아닙니다. 당신은 이 일을 평생 계속할 거라고 내게 약속할 수 있습니까?"

당시 나는 다급한 입장이었기에 "그렇다."고 얼른 대답했다. 하지만 차를 운전하며 서울로 되돌아오는 길에 그 공장장의 말은 내 머리에서 계속 떠나지 않았다. 당시 광물을 수입, 수출 알선하던 내 사업은 자리를 잡아가고 있었지만, 스스로 생각하기에 천직으로 생각할 만큼 좋아하는 일은 아니었기 때문이다. '이 일을 평생 할 것이냐?'고 스스로 물어봤지만 "그렇다."고 자신 있게 말할 수 없었다. 그러면서도 그 공장과의 거래는 시작됐고, 공장장의 물음은 잠시 잊혔다.

"전 술을 아주 좋아한답니다."

지인의 소개로 처음 만난 어느 공장 구매 담당 직원이 내게 말했다. 능구렁이 같은 구매담당자들에게 내성이 생긴 나는 얼른 "끝내주는 술집이 있다."고 맞장구쳤다(물론 그가 말하는 술은 포장마차에서 파는 소주는 아닐 터였다).

"수첩 좀 줘보세요."

당황스럽게도 내 수첩을 빼앗듯이 가져간 그는 다음 달 입찰 때 적어내

라며 예상 낙찰 가격을 친절히(?) 적어줬다.

 운전하며 돌아오는 길에 내입맛은 쓰디썼다. 회사는 법정관리를 받고있는데 직원들은 몰래 개인 돈을 챙기는데 몰두하고 있다니. 그리고 나는 그들의 비리를 도와주며 살아야 한다니……. 이윽고 그 공장장의 말은 나의 귀에서 다시 맴돌기 시작했다.

"당신은 이 일을 평생 계속할 거라고 내게 약속할 수 있습니까?"

 결국, 후에 나는 천직이 될 만한 글쓰기와 번역이라는 직업을 만나게 되면서 공장장과의 약속을 어기고 말았다.

2장
출판번역가 입문 노하우

출판번역가로 입문하기 위한 정규 코스는 없다. 다양한 사람들이 다양한 방법으로 출판물을 번역해서 출판번역가로 데뷔한다. 보다 효과적으로 준비하고 입문하는 방법을 여러 가지 사례를 통해 살펴보자.

효과적인 공부 방법

출판번역가가 되려면 어떻게 공부하는 게 가장 효과적일까? 물론 공부에 왕도는 없을지 모르지만, 출판번역가를 목표로 세웠다면 그 목표를 달성하는 데 가장 효과적인 공부 방법을 알면 도움이 될 것이다.

'조금씩 꾸준히'가 중요하다

몰아쳐서 해야 좋은 공부가 있고, 조금씩 꾸준히 해야 좋은 공부가 있는데, 언어 공부나 번역 공부는 '조금씩 꾸준히' 해야 좋다. 이왕이면 다홍치마라고 '많이 꾸준히'를 생각하는 사람들이 있는데, 그렇게 하기란 여간 어려운 일이 아니다.

우선 처음에는 단거리를 살살 달리다가 차츰 거리를 늘려야 한다. 물론 나중에는 장거리 달리기 연습을 꼭 해야 한다. 책 한 권을 번역한다는 건 마라톤이나 마찬가지기 때문이다. 하지만 처음부터 장거리를 뛰면 몸과 마음에 무리가 온다. 목표를 정해놓고 하는 건 좋지만, 많은 양의 목표를 정해놓고 목표달성에만 급급하다 보면 비슷한 종류의 오역을 고치지 못하고 계속 반복하게 된다. 그래서는 아무 의미가 없다. 만약 어떤 원서를 정해 번역하면서 기성 번역가의 번역문과 비교해가며 공부하겠다고 마음먹었다면, 처음부터 많은 양을 하겠다는 욕심은 금물이다. 일단 적은 양을 하더라도 본인의 번역과 베테랑 번역가의 번역을 철저히 비교하면서 같은 실수를 반복하지 않도록 하는 것이 중요하다.

사실 번역뿐만 아니라 무엇을 배우든 간에 꾸준히 하는 게 중요하다. 꾸준히 하다 보면 자연스레 몸에 익히게 되고, 한참 후에 뒤돌아보면 놀랍게 실력 향상이 되어 있는 자신을 발견하기 마련이다. 따라서 '양'에 집착하지 말고 '꾸준히'에 집착하도록 하라. 나는 〈글로 먹고살기〉라는 네이버 카페에 '10분 번역' 코너를 운영하고 있다. 매일 10분 안에 할 수 있는 분량(사실 초심자들은 보통 30~40분 정도 걸린다)인 하루에 5~6줄 정도의 원문을 지망생들과 함께 번역한다. 물론 지망생들에게 무료로 번역을 가르쳐주는 차원에서 하고 있다. 그들이 번역해서 댓글을 달아놓으면 한 사람 한 사람 내가 조언을 해준다. 그리고 내 번역문도 올려서, 다들 비교해보고 자신의 번역 스타일을 다듬어가도록 배려하고 있다. 사실 하루에 10~30분 정도를 투자해서 번역할 수 있는 양은 매우 적지만, 꾸준히 하다 보면 한두 달 내에 단편소설을 하나씩 끝낼 수 있다. 이처럼 하루하루의 양은 적어도 꾸준히 하다 보면 그 양이 절대 만만치 않다. 다만 꾸준히 하는 사람이 적을 뿐이다. 이 '10분 번역' 코너도 새로운 단편을 시작할 때는 많은 지망생들이 의욕적으로 참여하지만, 단편 하나가 마무리되어 갈 무렵까지 남아 있는 학생은 많지 않다. 그만큼 우직하게 '꾸준히' 공부하기란 쉬운 일이 아니다. 번역은 영리하고 민첩하게 행동하는 사람보다는 조금 우직하고 성실한 사람이 살아남는 분야다.

스터디 모임을 활용하라

번역 실력은 단기간에 급속히 발전하기 어렵다. 따라서 꾸준히 하는 게 중요한데, 혼자서 꾸준히 지속해서 공부하기란 결코 쉬운 일이 아니다. 직장생활과 가사 일에 힘든 날이면 공부를 건너뛰게 되고, 그렇게 하루 이틀 손을 놓다 보면 한두 달, 심지어 한 해가 훌쩍 지나버리기도 한다. 그러므로 자칫 느슨해질 수 있는 마음가짐을 추스를 수 있도록 서로 자극해주고 격려해줄 수 있는 학습 동지가 필요하다.

또한, 본인의 번역을 읽고 평가해줄 사람이 필요하다는 면에서도 스터디 모임은 유용하다. 다른 사람이 지적을 많이 해줄수록 문장력이 발전하기 때문이다. 자신의 눈으로는 여러 번 다시 봐도 발견하지 못했던 오역을 다른 사람은 쉽게 지적해줄 수 있다. 심지어 어떤 사람은 원문을 보지 않아도 다른 이의 오역을 잘 짚어낸다. 편집자들 역시 대부분 비슷한 방식으로 번역문에서 오역을 찾아낸다. 바쁜 편집자들은 번역문과 원문을 일일이 대조하여 검토하지 못하는 경우가 많은데, 사실 번역문만 꼼꼼히 읽어봐도 오역은 상당 부분 찾아낼 수 있다. 오역된 문장은 논리적으로 앞뒤 문장과 모순되거나, 흐름이 이어지지 않거나, 엉뚱한 소리를 하고 있기 때문이다.

 이러한 여러 가지 이유로 스터디 모임을 구성해 다른 사람들과 함께 공부하는 게 좋은데, 직접 대면하면서 공부하기가 여건상 어렵다면 인터넷을 통한 온라인 스터디라도 함께 하면 좋다(온라인으로 함께 공부하면서 가끔 오프라인 스터디를 병행할 수 있으면 금상첨화다). 포털 사이트를 검색해보면 함께 공부할 수 있는 카페를 발견할 수 있을 것이다. 내가 운영하는 글밥 아카데미 사이트(http://cafe.naver.com/glbab)에도 스터디 모임이 있으므로 다른 카페에서 적절한 학습동반자를 찾지 못하면 이곳에 와서 스터디를 함께 해도 좋을 것이다.

'작은 목표'를 설정해 스스로 '동기부여'하라

이 책에 나오는 기성 번역가들의 조언에서도 확인할 수 있듯이, 번역은 실제로 많이 해보는 게 최고의 방법이다. 흔히 열심히 공부해도 실력이 늘지 않는다고 푸념하는 사람들이 있는데 그건 사실이 아니다. 실력이 늘어날 만큼 충분히 연습하지 않았을 뿐이다. 영어회화를 예로 들어보자. 사람들은 자신이 영어회화를 많이 공부했는데도 늘 지 않는다고 생각하지만, 듣기와 말하기를 연습한 시간을 실제로 계산해보면, 미국 유치원생들보다도 훨씬 적은 걸 알 수 있다. 미국 초등학생만큼 영어회화를 하고 싶으면 그들만큼 듣고 말하는 시간을 확보해야 한다.

문제는 하루아침에 그런 시간을 확보할 수 없으므로 꾸준히 해야 한다는 점이다. 그리고 꾸준히 하기 위해서는 계속 스스로 동기부여 할 수 있어야 한다. 동기부여 중에 최고의 방법은 목표를 이루어 성취감을 느끼는 것이다. 일단 성취감을 맛보는 일이 중요하므로, 처음에는 목표를 작게 설정한다. 크고 담대한 목표를 세우는 건 좋지만 그 큰 목표까지 가는 여정에 작은 목표들을 꼭 설정해야 한다. 처음에는 짧은 글, 단편들을 번역하다가 점차 거리를 길게 하여 마라톤을 완주해야 한다.

나는 지망생들이 지치지 않고 계속 실력을 연마할 수 있도록 '전자책 만들기'를 장려하고 있다. 어느 정도 번역을 연습한 사람이라면 처음에는 팀을 이뤄, 그리고 나중에는 단독으로 전자책으로 출간할 책을 번역하도록 한다. 해외 저자의 저작권이 만료된 책 중에도 좋은 책이 많다. 그중에는 우리나라에 미처 번역되어 소개되지 않은 책도 부지기수이며, 번역서가 출간된 적이 있더라도 번역이 부실해서 다시 번역할 필요가 있는 책도 많다. 종이책이라면 원가 때문에 출간 혹은 다시 번역해서 재출간하기 어려운 경우가 많지만, 전자책이라면 출판사 입장에서 출판의 장벽이 낮다. 이 때문에 번역을 잘해서 출판사에 종이책이 아닌 전자책 출간을 권유해 볼 수 있다. 나는 이러한 책들을 전자책으로 출판하기 위해 '왓북'이라는 출판사를 운영한다. 왓북에서는 지망생들이 어떤 책을 골라 어떤 콘셉트로 출판할지 기획을 도와주고, 표지 디자인 및 서점 판매를 대행해 수익을 전달해 주고 있다.

 전자책을 번역하면 비록 종이로 된 책은 아니지만, 본인의 이름을 단 번역서를 갖는 기쁨을 누릴 수 있다. 그리고 큰돈은 아니지만, 책이 팔려 인세를 받는 기쁨도 쏠쏠하다. 전자책은 아직 종이책보다 판매량이 적지만, 그 증가세는 꾸준하다. 우리나라의 인터넷, 핸드폰 보급률이 갑자기 늘어났듯이, 앞으로 전자책 판매량이 종이책 판매량을 능가하는 때가 언젠가 오리라 생각한다. 그때를 대비해서 지금부터 전자책으로 출판할 수 있는 번역서를 틈틈이 만들면 좋다. 왓북에서 전자책 출간을 지원한 번역가들의 작품 중에는 온라인 서점의 메인 화면에 노출되어 높은 판매를 올린 책들도 많이 있다.

최근 들어 왓북에서 만든 전자책이 온라인 서점 메인화면에 자주 노출되고 있다

전자책을 번역하다가 종이책을 번역할 기회를 얻을 수 있는 건 물론이다. 그러므로 당장 종이책을 맡을 기회를 잡지 못하더라도 본인의 실력을 계속 기르고 스스로 동기부여를 한다는 차원에서 전자책 출간을 염두에 두고 번역을 해 볼 수 있다. 저작권이 만료된 책을 찾을 수 있는 사이트를 소개하면 다음과 같다.

http://www.gutenberg.org
프로젝트 구텐베르크. 가장 대표적인 사이트
http://www.literaturecollection.com
영어 소설을 많이 모아 놓은 사이트
http://www.aozora.gr.jp
아오조라 문고. 일어 작품을 볼 수 있는 유명 사이트

글에 대한 감수성을 길러라

"사랑하면 알게 되고, 알게 되면 보이나니, 그때 보이는 것은 전과 같지 않으리라." 마치 성경 말씀 같은 이 글은 실은 조선 정조 때 문장가 유한준 선생이 '석농화원 石農畵苑' 발문에 적어둔 것으로, 유홍준의 〈나의 문화유산답사기〉에 소개되면서 새롭게 많은 사람에게 알려진 문장이다.

 흔히 번역 지망생들이 한글표현 공부에 좋은 책을 추천해달라고 하는데, 사실 우리 주변의 모든 글귀가 다 교본이다. 눈에 띄는 모든 글과 말을 편집자의 눈으로 다듬고 수정하다 보면 본인도 읽기 편한 좋은 글을 쓰게 된다. 출퇴근길이나 통학 길에 보는 버스나 지하철의 광고문구도 좋고, 이곳저곳에 붙은 안내문도 좋다. 그냥 내용만 힐끗 읽고 그만두지 말고 꼼꼼히 생각해보면서 다른 표현, 좀 더 좋은 표현을 생각하면 자투리 시간을 이용해 글을 논리적이고 가독성 높게 표현하는 공부를 할 수 있다. 나는 유한준 선생의 표현을 빌려 지망생들에게 이렇게 말해주고 싶다. "(번역을) 좋아하면 (더 좋은 표현을) 자주 생각하게 되고, 생각하다 보면 늘게 되니, 그렇게 늘어난 표현력은 누구 못지않으리라."

 이런 습관을 들이다 보면 자기도 모르게 글에 대해 좀 더 예민한 감각이 생겨난다. 훌륭한 미각을 가진 전문가들이 와인의 종류와 생산 연도를 척척 맞출 수 있듯이, 문장을 요리하는 번역가라면 무감각한 사람들이 구별해내지 못하는 문장의 좋고 나쁜 표현들을 예민하게 느낄 수 있어야 한다. 출판번역에 있어서 문장의 좋고 나쁨의 판단 기준은 저자의 메시지를 얼마나 빠르고 정확하게 독자에게 전달할 수 있는가에 달렸다. '직독직해'가 되지 못하는 문장은 독자를 괴롭히게 되고 결국 책 읽기를 멀리하게 하기 때문이다. 예를 들어 내가 오늘 아파트 엘리베이터에서 본 안내문은 이렇게 시작한다.

| 공동주택 생활 안내문 |

공동주택인 아파트의 주거생활은 나 혼자만의 편의를 위해서 여러 사람에게 불편 및 불쾌감을 주어서는 안 됩니다. 공동공간에서 함께 살아가는 이웃으로서 기본적인 사항을 지켜 서로 웃으며 화합하는 ○○○ 아파트가 됩시다.

첫 번째 문장이나 두 번째 문장 모두 주어와 술어의 호응이 맞지 않는다. 이러한 주술호응은 문장구성의 가장 기초이지만, 남의 글을 옮기는 번역 작업에서도 주술호응이 맞지 않는 글이 심심치 않게 나타나곤 한다. 또 다른 안내문을 살펴보자.

| 공고문 |

우리 아파트 전기공급 설비 중 공용부에 해당하는 메인설비에서 공급모선과 간선케이블의 혼촉으로 열 발생 시 케이블 손상에 의한 대형단락 사고가 우려되어 보수공사를 실시합니다. 공사 시 승강기 운행정지, 지하주차장 조명 꺼짐(암흑), 세대 내 급수 및 온수공급이 중지되오니 이점 유념하시어 공사일, 공사시간대 지하주차장 이용을 금지하여 주시고 승강기 정지에 따른 대비도 미리 하여 안전에 각별한 주의를 부탁드립니다.

첫 문장은 주어가 너무 늦게 나오는 데다 일반인들이 이해하기 어려운 표현도 보인다. 두 번째 문장은 술어를 공통으로 사용하는 부분에서 오류가 보인다. 마지막 부분에서는 이용을 금지해달라는 이상한 표현도 등장한다.

독서는 논리력을 높이는 공부

기성 번역가들을 대상으로 '번역가 지망생들이 어떤 공부를 어떻게 하면 좋을지' 조언해달라는 설문조사를 '바른번역'에서 한 적이 있었다. 흔히 지망생들은 문법과 독해 공부를 가장 먼저 떠올리지만, 의외로 많은 번역가가 가장 많이 권한 공부 방법은 독서다. 그렇다고 반드시 외국어로 된 원서를 봐야 한다는 뜻은 아니다. 우리나라 저자가 쓴 책도 좋고 번역이 잘된 번역서를 읽어도 좋다. 아니면 신문칼럼 등을 꾸준히 읽어도 도움이 된다. 굳이 싫어하는 분야의 책을 억지로 읽을 필요는 없고, 자신이 좋아하는 분야, 그리고 앞으로 자신의 전문 분야로 삼고 싶은 종류의 책을 집중적으로 보면 효과적이다.

사실 번역의 기술은 상대적으로 쉽게 전수해줄 수 있다. 기술적으로 각 품사의 번역은 어떻게 하고, 문장구조는 어떻게 뜯어봐야 하며, 길고 복잡한 문장은 어떻게 처리해야 좋은지, 혹은 소설이나 인문서, 경제경영서 등 장르별로 무엇에 더 신경 써야 하는지 등의 번역 테크닉은 비교적 쉽게 알려줄 수 있다. 하지만 논리적인 사고능력은 단시간 내에 습득되는 게 아니다. 평소에 꾸준히 신문이나 책을 읽는 사람이라야 논리적인 메시지의 흐름을 간파할 수 있다. 그리고 논리력이 있어야 저자로부터 독자에게 문장의 메시지가 자연스레 흘러갈 수 있도록 문장을 잘 구성하는 능력이 생긴다. 기존 번역서에서 찾은 다음의 문장을 살펴보자.

Conservatives enamored of markets and liberals concerned with redistribution overlook this loss.

» (기존 번역서의) 잘못된 번역

시장에 매료된 보수주의자들과 재분배에 주목하는 자유주의자들은 이러한 손실을 간과한다.

» 제대로 된 번역

시장에 매혹된 보수주의자들과 재분배를 우려하는 자유주의자들은 이러한 손실을 간과한다.

» 해설

영한사전에 보면 concern이란 단어에 '중시하다', '관심을 갖다'란 뜻이 나와 있다. 그래서 이 번역가는 '자유주의자들이 재분배에 주목한다'고 번역한 듯싶다. 당연히 이 문장을 읽는 독자들은 자유주의자들이 재분배에 관심이 있다거나 재분배에 찬성한다고 이해할 것이다. 그러나 사실은 그 반대이다. 자유주의자들은 소득 재분배를 반대하며, 정부의 역할은 최소한에 그쳐야 한다고 주장하는 사람들이다. 따라서 concern을 '걱정스럽게 만들다', '우려하게 하다'란 뜻으로 해석해야 한다. 이처럼 각 단어를 우리말의 어떤 표현으로 대체하느냐에 따라 문장의 뜻이 정반대로 바뀌기도 한다. 단어 표현을 고르는 데에도 논리적인 사고가 필요한 것이다.

때로는 주요 일간지 기사에서도 논리적으로 모순되거나 모호한 문장들이 발견된다. 번역문이 아니더라도 이러한 문장을 만났을 때는 앞서 설명한 것처럼 스스로 논리정연하게 고치는 연습을 해보자.

» 기사 배경

아래는 과거에 러시아 우주선을 타고 갈 최종 후보자로 고산 씨와 이소연 씨가 선정되었을 때 모 일간지에 실린 기사이다. 당시에는 우주인이라는 호칭대신 우주관광객에 가깝다는 표현을 썼다.

» 일간지 기사

2명의 한국 우주인 후보 중 한 사람만 우주로 올라간다. 누가 올라가든 한국인 최초 우주인은 정통 우주인이라기보다 우주 관광객에 가깝기 때문에 비상시 자신을 지켜야 한다.

» 생각해 볼 점

두 번째 문장에서 '정통 우주인이라기보다 우주 관광객에 가깝다'는 사실과 '비상시 자신을 지켜야 한다'는 사실 사이에 인과관계가 모호하다. 위의 문장대로라면, 정통 우주인은 비상시 자신을 지키지 않아도 된다는 전제가 깔려있기 때문이다. 기자가 어떤 생각을 표현하려 했는지 모르겠지만, 더 정확하고 논리적으로 표현하려면 아래 두 문장 중 하나로 표현했어야 한다.

» 수정된 문장

◆ 정통 우주인보다는 우주 관광객에 가깝지만, 그래도 비상시에는

자신을 지킬 수 있어야 한다.

◆ 정통 우주인이라기보다 우주 관광객에 가깝기 때문에, 이들에 대한 교육훈련은 비상시 자신을 지키는데 주로 맞춰져 있다.

번역 공부에 도움이 될 만한 사이트

〈글로 먹고살기〉 카페의 회원들이 추천하는, 번역 및 번역 공부에 도움이 될 만한 사이트를 소개하면 다음과 같다.

» 맞춤법/표현

- http://www.korean.go.kr
  표준국어대사전 (국립국어원)
- http://www.korean.go.kr/kculture/lecture/mat/index.jsp
  무료 한글 맞춤법 강의
- http://speller.cs.pusan.ac.kr
  한국어 맞춤법/문법 검사기 받을 수 있는 곳
- http://www.hangulize.org
  한글라이즈. 외래어를 한글로 변환해주는 사이트
- http://gogen-allguide.com
  어원 유래사전 (일본어)

※추천인(하늘 나는 고양이)의 설명: "번역하다가 모르는 단어가 나

와서 사전을 찾아보고 뜻은 알았는데, 왜 그런 뜻으로 쓰이는지 이해되지 않을 때가 있잖아요. 그럴 때 참고하면 좋은 곳이에요. 단어의 뜻과 함께 어원과 유래가 자세하게 설명되어 있고, 연관어까지 주르륵 나와 있어서 단어 공부하기에 좋아요. 배경을 알면 기억에 더 잘 남잖아요. 심심할 때 하나씩 보고 있으면 시간 가는 줄 모른답니다."

» 발음표기

- http://ko.forvo.com
  포르보. 세계의 모든 낱말을 원어민이 발음해 줌.
- http://www.pronouncenames.com
  낯선 이름/지명의 발음을 도와주는 곳.

※추천인(작은 풀꽃)의 설명: "책을 읽다가 만나는 낯선 이름들…… 읽기만 할 때는 나름대로 읽고 지나갔지만, 번역하려고 하니 정확한지 자신이 없었는데, 검색 중 이런 사이트가 나타났어요! 모든 이름이 다 나오는 건 아니지만, 아무튼 도움이 되었기에 올려봅니다. 소리도 들려줘요."

기성 번역가들의 조언

번역 공부에 관해 네이버 카페 〈글로 먹고살기〉에 올라와 있는 기성 번역가들의 인터뷰를 보면 다음과 같다.

"영어 공부는 일단 영어로 된 책 많이 읽기, 국어 공부는 바른말 쓰기에 좋은 책들을 찾아 읽고 글 잘 쓰는 작가의 책이나 신문 사설 필사하기 등을 했어요. 번역 공부를 시작한 이래로 번역서의 경우는 '나 같으면 이런 표현 대신 이렇게 했을 텐데!' 하는 생각을 하며 읽고요, 국내 서적의 경우 본받고 싶은 문체로 쓰는 작가들을 찾아 따라 하려고 애쓰고 있습니다." - 구세희 번역가

"번역을 시작하면서 국어 공부를 시작했어요. 안정효 님의 번역에 관한 책들, 장하늘 〈글 고치기 전략〉, 이수열 〈우리글 갈고 닦기〉가 큰 도움이 되었어요. 요즘엔 좋은 글들을 찾아서 많이 읽으려 노력 중인데, 고종석 님 글이 제일 좋은 것 같아요." - 배명자 번역가

"처음에는 번역 카페를 통해서 공부했고, 그 후에는 '바른번역' 강의를 통해 공부했습니다. 개인적으로는 고등학교 졸업하고 거의 20년 동안 영어를 놓고 살아서, 어휘력이 부족한 편입니다. 그래서 번역하면서 찾아본 어휘들은 인터넷 사전 단어장 저장 기능으로 저장해두고, 며칠에 걸쳐 여러 번 반복해서 확인합니다. 그리고 사전을 볼 때는 찾는 뜻만 보는 것이 아니라 사전 전체를 꼼꼼히 살펴서 그 어휘의 전체적인 뉘앙스를 느끼려 많이 노력하고요. 이런 뉘앙스에 대한 지식이 번역의 질을 결정하는 데 큰 영향을 미치는 것 같습니다. 그리고 아무래도 우리말 공부가 더 중요한 거 같은데요, 제일 좋은 것

은 아무래도 직접 번역하면서 고민하는 것 같습니다. 고민을 많이 하면 일상생활에서도 글을 보는 눈의 감수성이 달라지는 것 같아요. 고민하고 있다 보면, 예전에는 보이지 않던 좋은 표현들이 길을 걷다가도 눈에 저절로 들어오는 경우가 많습니다. 그럴 때 우리말 공부 책을 보면 무릎 치면서 공부하게 되죠." - 김성훈 번역가

"번역 학원의 강의 내용을 하나도 놓치지 않고 모조리 메모리에 집어넣었습니다. 수업 마치고 노트 정리하고, 한 학기 강의가 다 끝나면 강의 내용을 총괄 정리하는 식이지요. 강의 내용을 반복 재생하라고 하면 저는 다른 누구보다 가장 자신 있습니다. 그만큼 꼼꼼하게 정리했기 때문이지요. 이러한 일은 단지 수업을 열심히 듣는다고 되지는 않습니다. 선생님을 믿고 따르려는 신뢰 관계가 바탕이 되어야만 가능합니다. 물론 한국어 공부와 일본어 공부도 조금씩이나마 꾸준히 하고 있습니다." - 허윤범 번역가

"각자 성격에 맞는 공부법이 있을 텐데요, 저는 '공부'라는 생각이 들면 일단 안 하려 듭니다. 하더라도 오래 못 가죠. 책도 많이 안 읽는 편이고요. 그래서 좋아하는 게임이나 만화를 보며 모르는 단어, 표현이 나올 때마다 노트에 정리해두는 식으로 공부했습니다. 하지만 너무 한 분야에만 치중하지 않도록 틈틈이 원서도 읽었습니다. 다양한 문장을 접해봐야 실전에서 당황하지 않거든요. 또 번역이나 글쓰기

관련 책은 늘 관심을 두고 보는 편입니다. 부끄럽지만 저도 모르게 잘못된 표현이나 단어를 쓰고 있는 경우가 종종 있답니다." - 정미애 번역가

"읽기 공부는 개인적으로 다양한 영문(소설, 신문, 만화, 잡지 등)을 읽습니다. 그리고 쓰기 공부는 훌륭한 문장의 한국어 책(소설, 수필, 전기, 한시, 시 등)을 읽고, 베껴 쓰기를 했습니다. 무엇보다도 실제 번역 연습을 꾸준히 하는 것이 필요하기 때문에 번역 강좌에 등록하여 꾸준히 번역하고 첨삭지도를 받았습니다. 그리고 제 전문 번역 분야인 기독교 관련 배경 지식을 얻기 위해 신학교에 진학하여 졸업했습니다. 번역 공부에 도움이 되는 책으로는 〈이렇게 해야 바로 쓴다〉(한효석, 한겨레신문사), 〈글 고치기 전략〉(장하늘, 다산초당), 〈Rhetorical Grammar〉(Martha Kolln, Pennsylvania State University) 등을 추천합니다." - 안종희 번역가

번역가의 일기 04

라이프스타일을 바꾸다

번역가로 직업을 바꾸고 난 뒤, 나는 라이프스타일을 전혀 다르게 바꿨다. 사업을 하던 때보다 수입이 줄어든 대신 번역가만이 누릴 수 있는 장점을 최대한 누리고 살겠다고 결심했다. 일단 살고 있는 집부터 도심 외곽으로 옮겼다.

 처음에 이사 간 곳은 구리시였다. 새로 이사 간 아파트는 전망이 좋아서 멀리 한강도 (손바닥만큼이지만) 보였다. 출퇴근 전쟁 없이 커피 한 잔 타 들고 마루 한쪽에 놓은 책상으로 출근하면 그곳이 곧 작업실이었다. 그리고 한강을 멀리 바라볼 수 있는 나의 작업실은 대기업 회장님 집무실 부럽지 않았다.

 그렇게 한 해를 살다가 아내와 재미있는 아이디어를 떠올렸다. 이왕 출퇴근이 필요 없다면, 도시를 벗어나 호젓한 다른 지역에서 두루두루 살아보자는 것이었다. 조금 더 지방으로 가면 훨씬 넓은 곳에서 호젓하게 살 수 있을 터였다. 그래서 경기도와 강원도 쪽으로 전원주택을 알아보러 다녔다. 아내와 집 구경하러 다니는 것도 꽤 재미있었다. 발밑으로 구름이 뒤덮인 기막힌 경관의 천마산 인근 주택, 춘천 가도에 있던 작고 아담한 집, 북한강변의 고적한 농촌가옥, 그리고 첫째가 다닐 초등학교가 아담하고 예뻤던 춘천시 인근의 집들도 두루두루 보고 다녔다. 결국, 용문산 근처의 예쁘고 깨끗한 전원주택을 막 계약하려고 했는데, 주인이 마음을 바꾸는 바람에 무산됐다. 그래서 방향을 180도 바꿔서 간 곳이 파주에 있는 73평짜리 아파트였다.

 아파트는 원래 고려대상이 아니었지만, 73평이나 되는 아파트는 도대체 얼마나 클지 구경이나 해볼 심산으로 가봤다가 한눈에 반해 버렸다. 주변 풍경은 한적한 시골 모습이지만, 아파트 내부는 풀옵션에다 거실 확장까지 해서 아주 고급스럽고 근사했다. 처음 구경한 73평 아파트는 너무도 넓어서 아이들이 그 안에서 숨바꼭질을 할 정도였다. 게다가 전세금이 당시 우리가 살던 아파트 전세금의 절반이면 충분할 정도로 저렴했다. 나를 믿고 번역가의 길을 걷게 해 준 가족들에게 내가 해줄 수 있는 선물이었다.

 석양이 질 무렵, 주변 논밭의 풍경은 지금도 잊을 수 없다. 저녁에 아이들과 산책하던 논두렁길에서 바라봤던 산과 마을의 모습은 계절 따라 바뀌는 한 폭의 풍경화였다. 평생을 서울에서 나서 자란 나는 그곳에서 처음으로 텃밭도 일궈보았다. 인근 개천가에 잡초가 무성한 공터가 있었는데, 그곳을 개간해 밭으로 일궜다. 이웃 선배 농부들로부터 노하우를 전수받아 콩, 고추, 가지, 오이, 호박, 땅콩, 옥수수 등 여러 가지를 키워봤다. 그 밖의 채소는 마음씨 좋은 이웃들로부터 시시때때로 선물 받기도 했다. 쌀을 제외한 나머지 반찬을 내가 키운 농작물로 모두 채울 수 있다는 게 신기했다. 처음 해보는 농사라 고되고 힘들었지만, 머리만 쓰는 번역 작업하고 기막히게 상호보완적이었다.

 여름철에는 아이들과 뗏목(에어베드를 뗏목처럼 사용했다!)을 타고 공릉천을 따라 레프팅(?)하던 일도 멋진 추억이 되었다. 남들은 멀리 차를 타고 가야 하는 휴가지가 우리에게는 바로 문밖에 있었다. 어느 해에는 큰비로 떠밀려온 모래 때문에 개천가에 근사한 백사장이 생겨난 적도 있었다. 그해 여름엔 아이들과 아이스박스에 음료와 점심을 챙겨 넣고 파라

솔 아래서 유유자적했다. 지금은 그곳을 떠나온 지 꽤 되었지만, 아내와 가끔 당시를 추억하면서 참 좋았던 시절이라고 얘기하곤 한다. 아이들에게 아빠가 필요할 때 곁에 있어 줄 수 있어 행복했다.

여러 가지 입문사례

흔히 어떤 프리랜서 직업을 갖기 위해서는 먼저 관련되는 직장에 들어가서 월급쟁이 시절을 거치곤 한다. 아나운서들이 방송국에 입사해 경험을 쌓은 뒤 프리랜서를 선언한다거나, 소프트웨어 개발자, 디자이너들이 직장생활을 거쳐 독립하는 경우가 그 예다. 아니면 의사, 변호사, 회계사, 공인중개사 등 자격증을 따서 개업하기도 한다. 작가들처럼 신춘문예 같은 공모전에서 입상하거나 책을 내서 자연스레 등단하는 분야도 있다.

 하지만 번역가로 입문하기 위해서는 다녀야 할 직장도, 따야 할 자격증도, 응시할 수 있는 공모전도 없다. 자신의 이름을 단 책이 한두 권 나오기만 한다면 그것이 곧 자격증이요, 명함이 될 터이지만, 아직 번역서가 한 권도 없는 초짜에게 책을 맡길 출판사는 없다. 그렇다면 입문하는 방법은 무엇일까?

인맥을 통하는 경우

우리나라에도 대를 이어 연예인을 하는 집안이 늘고 있다. 탤런트, 영화배우, 가수, MC 등 이름이 알려진 스타의 자식들은 '누구의 아들, 딸'이라는 이유 하나로 언론의 조명을 받으며 비교적 쉽게 TV나 스크린에 데뷔할 기회를 잡는다. 물론 본인의 노력과 실력이 뒷받침되어야 인기를 얻겠지만, 처음 데뷔할 기회조차 잡지 못하는 수많은 연예인 지망생들(故 장자연 씨를 생각해보라!)의 처지를 생각하면 엄청난 특혜를 누리는 것은 분명하다.

그런데 겉으로 쉽게 드러나는 연예인들만 그런 건 아니다. 가족, 친구, 혹은 선후배의 소개로 취직을 하거나 새로운 사업 기회를 잡는 일은 우리 주변에 비일비재하다. 이 때문에 학연, 지연, 심지어 최근엔 교회 인맥까지 들먹이는 게 아닌가.

번역가가 된 사람 중에도 의외로 출판사 종사자들과의 인맥 덕택에 데뷔의 기회를 쉽게 잡은 사람들이 꽤 있다. 출판사 편집자로 재직하다가 번역가로 전업하는 사람들도 있고, 출판사에서 근무하는 친구와 선후배가 번역가의 길로 인도해주기도 한다. 혹은 자신을 출판사에 소개해줄 기성 번역가가 있다면 그 사람의 도움을 받는 것도 좋다. 만약 본인이 뛰어난 언어 감각과 외국어 실력이 있다면 이 방법이 가장 효과적이다. 자신을 믿고 일을 주거나 출판사에 추천해주는 사람이 있다면 그보다 더 좋은 기회는 없을 것이다.

출판사에 직접 지원하는 경우

직접 출판사에 이력서를 넣어 지원하는 사람도 있다. 그런데 이력서에 필요한 내용은 화려한 경력이 아니다. 학력, 혹은 번역과 직접 연관되지 않는 경력보다는 자신이 얼마나 번역을 잘할 수 있는지, 번역 실력을 홍보할 수 있는 내용이 들어가야 한다. 비록 자신의 이름을 단 번역서는 없을지라도 번역과 관계된 경험을 한 적이 있으면 이를 최대한 어필한다.

 그래도 기존에 번역서가 없는 사람에게는 그리 가능성이 높은 방법은 아니다. 출판사 입장에서는 이력서나 자기소개서만 보고 그 사람의 실력을 믿기 어렵기 때문이다. 하지만 가능성이 전혀 없지는 않다. 만약 낮은 단가로 일할 번역가를 찾는 소형 출판사나, 급하게 번역해야 할 책이 있는데 스케줄이 맞는 기성 번역가를 구하지 못해 애를 먹고 있는 출판사라면 당신에게 손을 내밀지도 모른다. 그리고 그렇게 내미는 손에 좋은 번역으로 보답할 수만 있으면 그 이후부터는 쉽게 일감을 얻을 것이다. 〈다빈치코드〉를 번역한 양선아 번역가는 번역서를 내본 적은 없지만, 〈다빈치코드〉 원서를 보고 작가 댄 브라운에게 용감하게 이메일을 보냈다. 그리하여 국내에 출판계약을 맺은 출판사를 알아내고는 출판사에 과감히 지원했다. 그분은 미리 원고를 번역해서 출판사에 보냈다고 한다. 마침 해외에서 책의 인기가 급상승하던 때라 그 흐름을 타기 위해 빨리 국내시장에 소개하려 했던 출판사는 이 새내기 번역가와 당장 계약했다.

 미리 번역해서 출판사의 문을 두드리는 방법은 기성 번역가의 눈으로 볼 때는 무모하기 짝이 없는 방법이지만, 해외에서 막 나온 책이 아닌 책 중에서 좋은 책을 발굴해 출판사에 소개한다면 가능성이 없는 건 아니다(전권을 다 번역할 필요는 없고, 샘플번역 몇 장 정도로 어필하면 된다). 출판사는 늘 제한된 인력으로 좋은 책을 찾으려 노력하고 있기 때문에 이를 도와주는 차원에서 접근한다면 파트너십을 맺을 수 있다.

번역 에이전시나 교육기관의 도움을 받는 경우

앞서 본인이 직접 출판사의 문을 두드리는 방법을 설명했지만, 실력을 충분히 갖추지 않았다면 위험한 방법일 수 있다. 번역을 끝마치고 난 뒤에, 번역의 질을 놓고 출판사와 책임 공방을 벌이게 될 수도 있고, 오역 시비에 휘말려 곤욕을 치를 수도 있다. 때로는 이를 구실로 출판사가 번역료를 지급하지 않거나 아예 출판사가 책을 내지 않아 돈을 받지 못하는 일도 생길 수도 있다(번역서 없는 사람에게 번역을 선뜻 의뢰하는 출판사라면 번역료조차 지급하지 못하거나, 힘들게 번역해줘도 아예 책을 내지 못할 정도로 사운이 꽤 기울어진 불안한 곳일 수 있으므로 일을 맡기 전에 잘 알아봐야 한다).

 번역 실력을 키우고 번역가로 입문하는 데 도움을 받으려면 번역 에

이전시나 출판번역 전문 교육기관의 도움을 받는 방법도 고려할만하다. 이 경우에는 교육기관이나 에이전시의 평판을 잘 살펴보는 것이 중요하다. 무조건 등록만 하면 돈을 벌며 번역을 배울 수 있다고 광고하거나, 지나치게 수수료를 공제하는 에이전시는 피하자. 실질적인 도움을 받지 못하거나 시장가에 비해 턱없이 낮은 번역료로 고생할 수도 있다.

말콤 글래드웰의 〈아웃라이어〉라는 책은 소위 성공하는 사람들의 비결에 관해 이야기하고 있다. 그중 첫 번째로 거론하는 비결이 바로 '기회'다. 처음에 작은 기회를 잡을 수 있어야 또 다른 기회가 주어지며, 누적된 기회의 결과로 아웃라이어가 될 수 있다는 주장이다. 어떤 분야든 마찬가지겠지만, 좋은 기회를 얻어 첫 단추를 잘 끼워야 번역가로 잘 자리 잡을 수 있다.

번역가의 일기 05

짠돌이 변신

나에게도 넥타이를 머리에 두르던 시절이 있었다. 일주일에 5일은 술을 마셨고, 깨어 있는 아들의 얼굴을 일주일 내내 보지 못할 때도 있었다. 직장을 다닐 때도 그러했고, 직장을 나와 사업이 자리 잡기 전까지는 주말에도 집에 붙어 있지 않았다. 그런 생활이 지속될수록 내 건강과 가족과의 관계도 악화되어 갔다. 마침내 돈이냐, 가족이냐의 선택에서 난 결국 가족을 택했다.

 문제는 처음 번역가로 데뷔했을 때 내 번역료가 정말 보잘것없었다는 사실이다. 지금 받는 번역료의 1/5에 불과했다. 게다가 지금처럼 강사료나 외부 기고로 받는 원고료, 방송출연료 등 다른 부수입도 없었다. 오로지 저렴한 번역료가 수입의 전부였다. 할 수 없이 부족한 수입은 라이프스타일의 변화로 돌파하고자 했다.

 수입이 많으면 많은 대로, 적으면 적은 대로 적응해야 하는 게 인생이다. 그리고 수입이 적은 직업은 분명 나름대로 장점도 있기 마련이다. (예를 들어 번역을 직업으로 삼으면, 직장생활을 할 때처럼 옷값, 화장품값, 경조사비, 교통비, 심지어 용돈도 그리 많이 들지 않는다. 많은 돈을 들여 직장에서 가까운 곳에 집을 구할 필요도 없어서, 한적한 곳에 저렴한 비용으로 생활할 수도 있다. 여행을 가고 싶으면 비싼 성수기를 피해 저렴하게 다녀올 수도 있다)

 번역가로 전업한 뒤, 나는 우선 그동안 미안했던 마음을 씻고자 아이들과 낮에 놀아줄 시간을 내기로 했다. 물론 낮에 놀면 밤에 고생해야 했지만, 한국에서 방학 때 아이들과 낮에 놀아줄 수 있는 아빠가 얼마나 되겠는가. 난 어린 시절에 부유하게 자랐지만, 사업 때문에 늘 바쁘셨던 아버지와 함께 놀아본 기억이 없다. 내 아들에게는 돈 대신 시간으로 보상해주리라 마음먹었다.

그런데 돈을 아끼면서 생활을 즐기려면 알뜰한 아줌마형 안테나를 가동해야 한다. 동네 슈퍼의 세일 소식, 각종 할인쿠폰 정보는 필수다. 그 무렵 마침 동네에 새로 수영장이 딸린 실내 찜질방 겸 스파가 문을 연다는 반가운 정보를 포착했다. 게다가 개업행사로 낮에 수영장 이용료는 반의반 가격이었다. 아이들과 개천에서 보트 타고 놀던 나는 아이들을 데리고 새로 개장한 스파에 한동안 다녔다. 스파와 찜질방을 이용하려면 돈을 추가로 내야 했지만, 다행히 우리 아이들은 수영장에만 풀어놔도 저녁에 문 닫을 때까지 몸이 퉁퉁 불 정도로 지칠 줄 모르고 놀았다. 구내식당에서 끼니를 해결할 때도 내게 그런 아줌마다움이 있었는지 새삼 놀라웠다. 장사하시는 분들께는 죄송스럽지만, 눈치껏 공깃밥을 추가해 인원수를 맞추고 반찬을 적당히 추가로 얻어냈다.

"아빠, 부자들은 이런 행복 모를 거예요, 그죠?"
초등학생 아들의 입에서 나온 한마디가 나를 어리둥절하게 만들었다. 아내와 나는 어처구니없이 얼굴을 마주 보고 웃었다. 하지만 온 식구가 물에 퉁퉁 불은 몸으로 수영장을 나서면 상쾌한 밤공기가 우리를 맞아주었다. 그렇게 행복하게 파주에서의 밤은 깊어갔다.

현직 출판번역가들의 조언

〈글로 먹고살기〉라는 네이버 카페에는 기성 번역가들의 인터뷰가 실려 있다. 이 중에서 입문과정에 관련된 질문과 답변들을 모아봤다.

Q. 어떻게 번역가가 되셨나요?

A. 처음부터 번역가가 되어야겠다고 두 주먹을 불끈 쥔 것은 아니고요. 졸업 후, 출판사에 근무하면서 교정 교열 업무나 번역 기획 관련 업무를 두루 접해봤고, 그러다가 자연스레 번역의 기회가 찾아왔던 것 같습니다. 물론 기회가 왔을 때 번역이든, 검토서든, 교정 교열이든 최선을 다해서 정말 열심히 했고요. 저를 찾아오는 일을 거부하지 않고 반갑게 맞이했더니, 어느 순간 주위에서 저를 번역가라고 부르

더라고요. 처음에는 저 스스로 번역가 명함을 내미는 일조차 낯설었는데 말이지요.

〈황소연 일어 번역가〉

A. 단지 영어 공부가 재미있어서 영어 공부 삼매경에 빠져 지내던 어느 날, 영어 공부를 왜 하냐는 질문을 받게 되었습니다. 뭔가로 머리를 한 대 맞은 기분이 들었고 그 뒤로 영어 관련 일을 찾아보기 시작했습니다. 책을 좋아하고 조용히 혼자 작업하는 일을 좋아하는 성격 탓에 다른 일보다는 번역에 마음이 갔고, 번역 기회를 찾아다니던 어느 날 동화번역 기회를 얻게 되어 번역계에 입문했습니다. 지금은 영어를 좋아했던 열정 이상으로 한국어가 좋습니다.

〈김경숙 영어 번역가〉

A. 우연이었습니다. 저는 어릴 때 소아마비를 심하게 앓아 거동이 자유롭지 못합니다. 그래서 세상과 단절된 상태에서 혼자 책을 벗 삼아 지냈지요. 그러다가 아주 늦게 아는 분의 권유와 소개로 신학 서적을 번역하게 되었어요. 그 후 영어 학습 잡지의 외신 기사 번역을 잠시 하다가 브리태니커 백과사전 한국어판을 펴낼 때 사회과학 분야 번역에 참여하게 되었죠. 2007년 6월인가 샘플 심사를 받고 바른번역 회원이 되었고, 지금까지 번역서를 10여 권 냈습니다. 나에게는 바른

번역과 인연을 맺게 된 것이 큰 행운이라 할 수 있습니다.

〈김정수 영어 번역가〉

Q. 번역가가 되려면 어떻게 해야 하나요?

A. 우선은 외국어를 잘하는 일과 번역을 잘하는 일은 전혀 별개의 문제라는 진실을 깨치셔야 할 것 같고요. 단순 독해와 번역을 구분하고 또 번역이 무엇인지 대충 감 잡으셨다면, 자신을 알리기 위해서 적극적으로 부딪쳐야 할 것 같습니다. 그리고 가장 중요한 건 검토서든 샘플번역이든 기회가 왔을 때, 그것이 아무리 사소하고 보잘것없는 일이라도 자신의 모든 것을 쏟아부어야 한다는 거지요. 자신이 간절히 원했던 번역 작업이 아니라고 푸대접한다면, 정작 자신이 원하는 번역의 기회가 오지 않습니다. 요는 지금 현재 맡은 일에 충실한 것이 번역가로 향하는 지름길이라는 진실, 잊지 마세요.

〈황소연 일어 번역가〉

A. 작가의 의도를 파악하며 원서를 빠른 속도로 읽을 수 있는 외국어 실력과 이를 자연스러운 우리말로 옮기는 우리말 문장력과 어휘력을 갖추도록 늘 노력해야 합니다. 혼자 공부할 수도 있겠지만 선생님과 동료에게서 도움을 받을 수도 있습니다. 저도 주저앉고 싶고, 그만두고 싶을 때마다 선생님의 조언이 큰 도움이 되었습니다.

〈정영수 아동/청소년 전문 번역가〉

A. 많이 연습하고 많이 읽어야겠지요. 특히 책이든 신문이든 글자 매체를 통해 다양한 지식과 접하는 노력을 게을리하지 말아야 해요. 어린이 책을 번역하고 싶다면서 어린이 책을 안 읽는 사람이 더러 있는 것 같아요. 어린이 책에는 어떤 문체를 쓰고 어떤 분위기인지 알려면 유사한 책을 읽어둬야 하거든요. 그러면 번역도 자연스럽게 할 수 있지 않을까 생각해요.

〈이경희 아동/청소년 전문 번역가〉

Q. 번역가로 생활하며 좋았던 때와 힘들었던 때, 가장 기억에 남는 순간은 언제인가요?

A. 번역가로 지내면서 유독 좋았다거나 힘들었다거나 그런 특별함은 없었던 것 같습니다. 그도 그럴 것이 번역은 제 일상이니까요. 다만 딸아이가 어렸을 때는 집안일과 번역을 병행하기가 좀 벅찼지요. 그런데 중학교에 입학하더니, "엄마, 글쎄 친구 집에 놀러 갔는데, 거실 책장에 엄마가 번역한 책이 있더라. 으쓱했지 뭐." 하며 어느새 든든한 지원군으로 저를 격려해줄 때 가슴이 뭉클하더라고요.

〈황소연 일어 번역가〉

A. 첫 번역서를 손에 쥐었을 때가 가장 기억에 남아요. 번역가로 활동하려면 단독 번역서가 있어야 한다는 얘기를 듣고 앞뒤 재지 않고 열심히 번역했거든요. 너무 오래 앉아 있다가 허리를 다치기도 했고

손목이 고장 나기도 했죠. 하지만 번역을 하면서 지적 호기심을 채워 나가는 재미에 푹 빠지고, 슬픈 내용에 울고 재밌는 내용에 소리 내어 웃으면서 번역을 즐겼던 순간들이 잊히지 않네요.

〈안기순 영어 번역가〉

A. 책을 맡을 때, 마감 원고를 넘길 때, 책이 출간될 때가 가장 좋고, 번역하는 기간은 힘듭니다. 김연아 선수의 말처럼 좋은 건 잠깐이고 늘 힘들다고 봐야죠. 힘들어도 보람 있고 좋아하는 일이기에 행복하게 하고 있습니다. 번역 기간이 더 넉넉하다면 좀 더 행복하게 번역하리라 봅니다. 가장 기억에 남는 순간이라면 아무래도 첫 작품을 맡았을 때와 첫 책이 출간되었을 때인 듯합니다.

〈김경숙 영어 번역가〉

Q. 번역 공부는 어떤 식으로 하셨나요? 번역 공부 노하우를 알려 주세요.

A. 10년 넘게 번역하면서 번역 공부를 따로 시간 내서 해본 적은 단 한 번도 없습니다. 직접 번역 작업, 혹은 검토서 작업에 부딪혔을 때, 그 순간만큼은 최고의 번역을 위해 최선을 다했습니다. 검토서 하나, 역서 한 권이 저에게는 큰 공부가 되었던 것 같아요.

〈황소연 일어 번역가〉

A. 직접 번역을 하는 것만큼 좋은 공부가 없는 것 같아요. 번역 노하우를 가르쳐주는 책은 거의 다 봤고, 국어에 관한 책도 열심히 보려 합니다. 다른 번역가의 좋은 번역을 분석해보기도 하고요.

〈김정수 번역가〉

A. 전 외국에 살다 보니 한국어 사용할 기회가 많지 않아 일부러 기회를 만들어 한글 필사를 4년째 해오고 있습니다. 작업하는 책 내용과 관련되거나 문체가 비슷한 책을 필사하기도 하고 문학 서적을 필사하면서 우리말을 잊지 않으려고 노력합니다. 최근에는 영어 필사를 시작했어요.

〈이선미 중국 거주 번역가〉

Q. 번역가 지망생들에게 조언 한 마디 부탁드립니다.

A. 이 세상에 사소한 일, 사소한 책, 사소한 사람은 단 하나도 없습니다. 번역하면서 부딪치는 모든 일과 모든 책, 그리고 모든 사람은 분명 의미가 있습니다. 그러니 지금 자신 앞에 놓인 일, 책 그리고 곁에 있는 사람에게 자신의 모든 것을 보여주세요. 그럼 분명 좀 더 중요한 일, 중요한 책, 중요한 사람을 만날 기회가 오리라 확신합니다. 그리고 지금 번역 일을 시작하시는 분, 특히 일본어 번역을 하시려는 분들께 이런 말씀을 드리고 싶습니다. "항상 받는 돈보다 더 많이 일하면 언젠가는 일하는 것보다 더 많이 받게 될 것입니다."

〈황소연 일어 번역가〉

A. 不怕慢, 只怕停. 제가 신조로 삼는 말입니다. '느린 것을 걱정하지 말고, 중도에 그만두게 되지 않을까 걱정하라.'라는 뜻이에요. 느리지만 멈추지 않는다면 언젠가는 꿈을 이루게 될 겁니다

〈이선미 중국 거주 번역가〉

A. 번역 세계에 발을 들여놓기가 힘들다고들 해요. 하지만 기회는 항상 있어요. 기회가 왔을 때 그걸 해낼 수 있는 만반의 준비를 했다면 꿈은 곧 실체가 된답니다.

〈이경희 영어 번역가〉

번역가의 일기 06

첫 번째 작업실

"사무실 한 켠 대여합니다. 보증금 없이 월 15만 원"
벼룩시장을 보던 나의 눈이 번쩍 뜨였다. 집에서만 작업하다 보니 시간 관리가 잘 안 되는 듯해 자전거로 갈 수 있는 가까운 시내에 번역 작업실을 하나 구하려던 참이었다. 찾아간 사무실은 낡은 건물에 있었지만, 책상이 7개나 있는 곳이었다. 알뜰살뜰 아줌마 정신을 발휘하여 그 15만 원을 또 월 10만 원으로 깎아 사무실 한쪽의 책상 하나를 임대했다.

 그런데 그 사무실은 도대체 뭘 하는 곳인지 알 수 없었다. 계약 당시 사장(원래 임차인) 말로는 쇼핑몰을 운영하는 사무실이라고 했지만, 웹디자이너도, 웹마스터도, MD도 없었고 그저 덩그러니 빈 책상들만 있었다. 한쪽 진열장에 놓여 있는 다양한 상품들만이 어쩌면 쇼핑몰과 관련이 있을지 모르겠다는 생각이 들게 했다.

 출근하는 직원도 없었다. 사장은 한동안 아침에 문 열어주고는 가버리더니 며칠 지나자 아예 열쇠 하나를 주면서 문을 열고 나왔다가 퇴근할 때 잠그고 가달라고 했다. 게다가 나처럼 다른 책상을 임대하러 오는 사람이 있으면, 인상 잘 보고 선택해서 한 달 치 임대료를 대신 받아두라는 주문까지 남겼다. 하지만 다행스럽게도 나처럼 사무실의 일부 공간을 임대하러 찾아오는 사람은 전혀 없었다.

빈 사무실을 내 전용 작업실로 이용한 지 한 달 만에 드디어 그 회사에도 신입사원이 들어왔다. 최 실장(사실 별도의 '실'은 없었다)의 직함을 단 덩치 큰 사내는 몹시도 무료한 듯 보였다. 처음에는 스피커를 끈 채 컴퓨터로 고스톱을 치는가 싶더니, 슬슬 내게 말을 걸어오기 시작했다. (무료한 사람이 말을 걸어오는 것은 낚시하러 달려드는 네이버의 헤드라인 기사들만큼 번역가에게는 무서운 존재다!)
　하루 작업량을 채우느라 급급한 내가 말동무를 잘해주지 않자, 그는 다방에 커피를 시키기 시작했다. 단골 배달원 미스 정은 꼬박꼬박 설탕과 프림을 잔뜩 넣어 내게도 한 잔씩 줬다. 차츰 커지기 시작하는 "쌌어요!" "흔들었어!"란 고스톱 사이트 음향에 나도 모르게 고스톱 판돈을 가늠해보곤 했다. 차츰 대범해지는 신입사원 최 실장의 행동은 낮술로 이어졌다. 팔보채에 한 잔씩 나눠 마시는 이과두주는 하루 벌어 하루 먹고 사는(?) 번역가에겐 독약이었다.
　'왜 사장은 이런 사람을 뽑았을까? 사장이 나오면 최 실장의 만행을 넌지시 폭로하리라.'

　하지만 나의 폭로 계획은 곧 없던 일이 되었다. 우울한 얼굴을 한, 이 회사의 첫 번째 고객이 들어왔을 때 쇼핑몰의 진실이 드러났기 때문이다. 사장은 다름 아닌 최 실장의 장인이었으며, 불법 사채업을 하다가 지명수배 중이었던 것이다. 장인과 사위는 오랫동안 사채업에 몸담았던 한 식구였고, 진열장의 상품들은 우울한 얼굴을 한 손님들이 소위 '깡'을 해간 물건들이었던 듯싶었다.

　'아아…… 보증금을 모으는 게 살길이다.'
　이후 나는 친구 오피스텔을 낮에만 (친구가 출근한 뒤) 빌려서 작업을 하기도 하다가, 결국 보증금을 모아 나만의 1인 공간을 갖게 되었으며, 해마다 조금씩 공간을 늘려갔다. 나의 번역서가 쌓이는 만큼 나의 작업실 공간도 차츰 넓어지게 되었다.

3장

출판번역가로 먹고사는 노하우

이 세상에 쉬운 직업은 없다. 번역가도 마찬가지다. 실제로 해 봐야만 안다. 번역 작업도 만만치 않지만, 일감을 얻고, 단가를 높이고, 번역료를 제때 챙겨 받는 일도 중요하다.

'번역이나 해볼까'라고?

나는 모르는 사람으로부터 '번역이나' 해보겠다는 e메일, 혹은 편지를 자주 받는다. 내용은 이런 식이다.

메일1 | "○○전자에서 해외 지사장으로 오래 근무하고 얼마 전 은퇴를 한 사람입니다. 뉴욕과 LA에서 각각 5년, 그리고 파리와 베를린에서도 근무했던지라 영어라면 자신 있습니다. 요즘엔 시간에 여유가 있어서 책이나 번역하며 살려고 생각하고 있습니다. 책을 보다 보면 번역이 서투른 경우가 너무 많은 거 같아요. 제 경력을 참고하시고 저에게 맞는 책 몇 권 줘보세요."

쓰지 못한 답변1 | "한국 최고의 대기업에 다니셨던 분이라 역시 당당하

십니다. 몇 년이나 지나야 울트라 '갑'의 향기가 사라질까요?"

메일2 | "저는 미국 ○○○ 대학에서 유학을 하고 지금은 학원에서 영어를 가르치고 있습니다. 오랫동안 영어를 써왔고 미국 생활도 오래해서 영어가 유창합니다. 남편도 미국 사람이어서 전 네이티브나 마찬가지입니다. 주말과 저녁 시간을 이용해서 번역이나 해볼 생각인데 일감을 주실 수 있는지요?"

쓰지 못한 답변2 | "네이티브 강사들은 강사료도 많이 받으실 텐데, 학원에서 주말반 강의를 하나 더 맡으시는 게 수입을 늘리는 데 더 보탬이 되실 듯합니다."

메일3 | "저는 3년 전에 대학을 졸업하고 그 동안 공무원 시험을 준비해왔습니다. 번역은 어릴 적부터 제 꿈이었는데, 번역을 할 수 있을까요? 영어를 좋아하기 때문에 번역이나 해볼까 합니다."

쓰지 못한 답변3 | "평소의 꿈이라면 진작 번역가를 준비하시지, 뭣 하러 3년씩이나 공무원 시험을 준비하셨는지요?"

메일4 | "저는 만기출소를 앞두고 있는 재소자입니다. 이곳에서 우연히 선생님의 번역서를 보고 연락을 드리게 되었습니다. 저의 이런저런

사정을 감안할 때 번역이나 해볼까 생각하고 있습니다. 가능할지요?"

쓰지 못한 답변4 | "저의 이런저런 사정상 도움을 드리기 어려울 것 같습니다. 덜덜덜……"

　물론 편지를 보내왔던 사람 중에는 내가 데뷔를 시켜드린 분도 있다. 하지만 그런 분들은 엄격한 테스트를 봐서 선별한 극히 소수일 뿐만 아니라, '번역이나 해보려 한다'는 표현으로 날 자극하지도 않았다. 'ㅇㅇ이나'라는 표현이 그 직업을 가진 상대를 얼마나 자극할 수 있는지 미처 깨닫지 못하는 사람이라면 굳이 자질 테스트를 해볼 필요도 없다. '번역이나'라는 표현을 쓰는 사람은 그 앞에 '달리 할 게 없으니까', '별로 어렵지 않을 테니', '그까짓 거'라는 생각을 달고 있는 사람이다. 그런 사람들은 내게 와서 번역을 배워도 번역가로 입문할 수가 없다. 내가 특별히 차별대우해서가 아니라, 번역가란 '달리 할 게 없어서', '별로 어렵지 않아서' 시도해볼 수 있는 만만한 직업이 아니기 때문이다. 다른 직업과 마찬가지로 많이 좋아하고 흥미가 있어서 꼭 하고 싶어야만 제대로 할 수 있는 직업이다. 영어를 잘한다고 만만히 볼 수도 없고, 반대로 자질만 있다고 성공할 수 있는 것도 아니다. 많은 사람이 자신에게 자질이 있는지 걱정하는데, 자질을 따지기 이전에 본인이 얼마나 좋아하는지 확인해볼 일이다. 때로는 노력과 태도가 재능을 이기기도 한다.

번역가의 일기 07

두 번째 작업실

사채업자 사무실의 일부 공간을 빌려 작업실로 사용하던 이듬해에, 나는 드디어 단독 작업실을 구하게 되었다. 건물의 한 층을 벌집처럼 나눠놓고 여러 명에게 각각 사무실로 빌려주는 곳이었다. 나는 그중에서도 가장 작은 사무실, 책상 하나 놓으면 자리가 거의 남지 않는 곳을 저렴하게 빌렸다.

그런데 곧 여름이 되자, 에어컨도 없는 독방 같은 곳에서 작업하고 있자니 아무리 찬물에 발을 담그고 작업하더라도 한계가 있었다. 시간마다 흐르는 땀을 씻으러 화장실을 왔다 갔다 하지 않을 수 없었는데, 지나가는 길에 언뜻 다른 사무실을 들여다보니 옆 사무실은 시원하게 에어컨을 틀어놓고 있었다. 그곳에서는 3명의 데이 트레이더들이 각자 여러 대의 모니터를 들여다보며 조용히 마우스만 딸깍이고 있었다.

하루는 뜨거운 몸을 잠시라도 식힐 겸해서 옆방에 들어가 통성명을 했다. 그리고 매일 혼자 일하다 보니 누구와의 대화가 그립기도 해서, 가끔 점심시간에 가서 함께 점심을 시켜 먹으며 이야기도 나눴다. 매일 주식을 사고파는 그들의 세계가 궁금하기도 해서 이것저것 물어보다 보니, 돈을 다루는 단위가 나와 참 많이 달랐다. 개미 투자자들임에도 클릭 한 번에 몇백만 원씩 쉽게 왔다 갔다 하는 이야기를 들으니, 하루에 일당 10만 원을 벌기 위해 찬물에 적신 수건을 목에 두르고 고군분투하는 내 모습이 궁상맞게 느껴졌다. 특히 세 사람 중 한 명은 유독 실력이 뛰어나서, 하루에 최소 50만 원씩은 꾸준히 번다고 하였다. 그러다 보니, 내가 번역가로 전업할 당시, '무슨 남자가 번역을 업으로 삼느냐'며 안쓰럽게 쳐다보던 지인의 얼굴이 새삼 떠올랐다. 상대는 그 당시를 이제 기억하지 못하겠지만, 나는 그 표정을 십 년이 지난 지금도 잊지 못한다.

결국, 짬짬이 몸을 식히러 들어갔던 곳에서 슬럼프를 얻어서 나왔다. 그저 저자와의 대화가 즐거워서 했던 번역 작업이 이제는 시간당 얼마 안 되는 가치를 지닌 작업 그 이상은 아니었다.

그러던 어느 날, 뜻밖의 사실을 알게 되었다. 세 명의 데이 트레이더 가운데 거의 매일 돈을 버는 사람은 단 한 명뿐이었다. 나머지 둘은 거의 매일 돈을 잃다가 결국 방을 빼고 말았다. 나는 그 고수에게 물었다.
"다른 두 분한테도 매수나 매도 타이밍을 알려주시지 그러셨어요. 같이 계시면서 야박하게 혼자만 돈을 버시고……."
그러자 그가 낮은 한숨을 쉬며 말했다.
"웬걸요. 저도 알려주지요. 하지만 옆에서 아무리 알려줘도 욕심을 부리다 매번 시기를 놓치더라고요. 저는 마음을 비우고 일단 하루의 목표 수익을 채우고 나면, 아침 일찍이라도 그날은 더는 거래를 하지 않고 마감합니다. 그 이후부터 폐장시간까지는 그저 다른 이들의 거래상황을 지켜보며 공부만 해요."
실제로 그는 수익을 내는 것보다는 리스크를 관리하는데 더 중점을 두고 있었다. 많은 돈을 척척 베팅하는 것처럼 보여도 사실은 리스크 관리 원칙을 세워두고 철저히 지키고 있던 것이다. 그런데 그 스스로의 원칙을 지키는 게 생각만큼 쉬운 일은 아니다. 대부분의 투자자는 욕심이나 공포에 휩싸여서 매번 시기를 놓친다는 것이다. 그 고수도 마음을 다스리며 지금처럼 매일 수익을 내기까지 거의 10년의 세월이 걸렸다고 했다. 결국, 주식의 고수도 적은 돈에 만족하며 마음을 다스리는 게 비결이었던 것이다.

"그래도 이젠 좋으시겠어요. 요즘 같은 주식시장 불황에도 거의 매일 수익을 올리시니……."

"네, 만족합니다. 이제는 설령 벌지는 못하더라도 잃지는 않을 자신이 있어요. 그리고 잃지만 않으면 조금씩 버는 건 충분히 가능하고요."

"부럽습니다. 이제는 계속 돈을 버시니, 집에서도 좋아하시겠네요."

이 말을 들은 그가 빙그레 웃더니 잠시 뜸을 들인 뒤 말했다.

"맞습니다. 그런데요……. 제가 처음에 굴릴 투자 자금을 마련하기 위해 집을 팔았거든요. 10년 전에 집을 팔지 않고 계속 갖고 있었다면, 지금보다는 훨씬 부자였을 거예요. 하하하."

세상은 넓고 번역할 일은 많다

번역 일감은 충분할까? 일 년에 우리나라에서 출판되는 출판 총수가 약 4만8천 종 정도 되기 때문에 참고서와 학습서를 제외한다고 해도 번역해야 하는 출판물의 양은 엄청나다. 국내 저자의 책이 조금씩 늘어가고는 있지만, 아직 우리나라에서 출판되는 책 중에 번역서 비중은 여전히 압도적이다. 그렇다면 우리나라에 출판번역가는 과연 몇 명이나 될까? 불행히도 번역가의 수를 집계한 자료는 없다. 다만 수천, 수만 명이 있으리라 가늠해볼 뿐이다. 그러나 번역가 한 명이 일 년에 번역할 수 있는 책의 양은 많아야 5~6권 정도에 불과하다. 게다가 다른 일을 병행하는 번역가도 많으므로 일 년에 한두 권의 역서밖에 내지 못하는 번역가도 부지기수다. 결론적으로 번역가는 늘 부족하다. 아니, 정확히 말하자면 번역을 잘하는 번역가는 늘 부족하다.

그래서 출판기획자, 편집자들은 번역가를 잘 구하는 것이 늘 중요한 과제며, 까다롭고 번거로운 업무다.

언어와 분야에 따라 번역가의 수급 상황이 다르기도 하다. 한때 일본 경제가 잘나가던 시절에는 일본어책이 많이 출판됐으므로 일본어 번역 일감이 많았다. 몇 년 전 일본 소설이 잘 팔리던 때는 내가 아는 일본어 소설가들이 일감을 쌓아놓고 작업했다. 출간 타이밍에 맞춰주느라 살인적인 스케줄을 소화하는 사람들도 있었다. 그 후 침체를 겪다가 최근 들어 몇몇 일본 책들이 크게 히트하면서 일본 책의 번역 수요가 다시 살아나고 있다. 독일어 번역에 대한 수요는 3~4년 전에 피크를 쳤다. 당시 영어권 유명 저자들의 선인세가 하늘 높은 줄 모르고 치솟던 때라 출판사들이 비영어권 국가들의 책으로 눈을 돌렸기 때문이다. 비영어권 국가들 가운데는 프랑스 책보다는 독일 책이 우리나라 사람들의 정서에 가까워 독일 책이 많이 소개됐다. 하지만 독일 책 중에서 그다지 크게 인기를 누린 책이 많이 나오지 않은 까닭에 독일어 번역 수요는 요즘 많이 줄어든 상황이다. 중국 책의 번역 수요는 전망이 밝지만, 아직은 수입할 만한 중국 책이 생각만큼 많지 않아서인지 실제로 우리나라에 소개되는 중국 책이 많지 않다. 그밖에도 이탈리아나 스페인 등 비영어권 국가의 책이 간간이 들어오고는 있지만, 아동서를 비롯해 몇몇 전문 분야로 제한돼 있다. (사실 비영어권 책이 우리나라에 많이 들어오지 않는 이유는 출판사에서 책을 검토해 볼 인력이 많지 않기 때문이다. 따라서 제2 외국어권 번역가가 좋은 책을 출판사에 제안하면 좋다) 반면 영어책 번역 수요는 늘 많다. 우리나라에 들어오는 외국 서적 가운데 영어권 책이 압도적 대다수를 차지하고 있기 때문이다.

분야별로도 번역 수요는 달라진다. 몇 년 전 금융위기 때는 금융 분야 번역가를 구하지 못해 출판사마다 전전긍긍했다. 심지어 은행에서 근무한 경력이 있다는 이유만으로 아직 제대로 공부를 마치지 못한 번역가 지망생에게조차 일감이 주어졌다. 사실 금융 분야 책을 제대로 번역하는 사람은 많지 않기 때문에 지금도 이 분야 번역가들에게는 일감도 많고 번역 단가도 높다. 크게 보아 경제경영 분야는 늘 책이 많기 때문에 이 분야 번역가에 대한 수요도 늘 많은데, 〈경제학 콘서트〉가 유행하면서 경제학 바람이 불 때는 경제학을 전공한 번역가들을 많이 찾았다. 나도 그 당시 책 이름에 '경제학'이라는 표현을 붙이고 싶어 하는 책의 번역을 부지기수로 의뢰받았던 기억이 있다. 최근에는 선진국의 미래가 불투명해지고 중국이 부상하면서 세계의 주도권이 어디로 이동하는지에 대한 관심이 높아졌다. 이 때문에 정치/경제 분야를 아우르는 거시적인 미래예측서가 인기를 얻고 있는데 이를 제대로 번역하는 번역가도 많지 않다.

일반적으로 정치, 경제, 사회 분야 전문 번역가는 수요에 비해 매우 적은데 이는 번역가 가운데 남성의 비율이 여성보다 낮기 때문이기도 하다. 서점에 따라 경제/경영서로 분류되기도 하는 자기계발서는 전문성이 높지 않기 때문에 번역할 수 있는 번역가가 많다. 자기계발서 안에서도 유행이 있는데, 〈누가 내 치즈를 옮겼을까?〉 〈마시멜로 이야기〉처럼 우화 형식의 자기계발서가 유행하던 시절이 있었는가 하면, 요즘은 〈아프니까 청춘이다〉처럼 직설적으로 마음을 어루만져주는 책이 유행이다. 우화 형식의 책이라면 스토리텔링을 잘 번역하는 번역가가 더 유리할 것이다. 몇 년 전부터는 심리학 관련 책들이 유행하면서 심리학 관련 번역가들의 인기가 치솟았고, 20~30대 직장 여성들을 위한 자기계발서가 유행하면서 여성 번역가들이 자기계발서를 많이 번역하게 되었다.

 남성과 여성은 서로 어투에서도 차이가 나기 때문에 남성이 쓴 책은 주로 남성 번역가에게, 여성이 쓴 책은 주로 여성 번역가에게 맡기는 경향이 있다. 흔히 남성은 논리력이 상대적으로 높고, 여성은 표현력이 상대적으로 높다. 따라서 남자들은 주로 논리적으로 독자를 잘 설득하는 책이 어울리고, 여성들은 감성적으로 표현을 잘 살려야 하는 책이 어울린다. 이런 차이가 별거 아닌 것 같지만 실제로는 매우 중요하다. 만약 반대로 일을 맡길 경우, 오역이 훨씬 많이 발생하거나 가독성이 많이 떨어질 수 있다. 남녀차별을 하려는 게 아니라 남녀가 상대적으로 발달한 능력을 이용할 수 있어야 한다는 말이다. 일반적으로 남성은 공간지각 능력이 여성보다 많이 발달해 자동차 주차를 잘 하는 경향이 있고, 여성은 상대적으로 언어능력이 발달해서 상담처럼 남을 배려하는 커뮤니케이션에 더 능한 경향이 있다.

 여성 번역가의 경우, 일반적으로 어문계열 전공자들이 많은데 소설을 번역하고 싶어 하는 사람이 많다. 하지만 소설 역시 제대로 번역하는 사람을 찾기 어렵다는 게 출판사 편집자들의 말이다. 언젠가 나는 한 남성 번역가에게 논리적인 책을 맡겼다가 낭패를 본 적이 있다. 그 사람의 번역 실력에 몹시 실망했는데, 그는 다시 '소설 번역'을 해보겠다고 주장했다. 결국, 소설 번역을 맡겼더니 출판사가 대만족했다. 소설 번역가 중에 남성이 상대적으로 많지 않은 실정이어서 지금도 그는 여러 출판사에서 러브콜을 받고 있다.

 이처럼 번역가로 안정을 찾으려면 자신이 잘할 수 있는 자신만의 전문 분야를 갖는 게 좋다. 물론 초보자 시절에는 기회가 닿는 대로 가리지 말고 이책 저책 다 번역해봐야겠지만, 경력이 쌓일수록 자신이 가장 잘하고 또 즐겁게 할 수 있는 분야를 정하는 게 낫다. 그래야 번역하는 당사자나 일을 맡기는 출판사에 서로 이익이 된다. 하기 싫어하는 분야의 책을 억지로 하면 결과물이 좋을 리 없다. 나도 '바른번역'을 하기 전에는 알고 있는 편집자들이 출판사를 옮겨 다니면서 이 분야 저 분야의 책을 가리지 않고 줘서, 닥치는 대로 작업을 했다. 한번은 의학 관련 책을 맡았는데, 관심 없는 분야여서 그랬는지 어찌나 재미가 없고 하기가 싫던지 평소 다른 책을 번역할 때보다 시간이 거의 두 배 가까이 걸렸다. 그래서 그다음부터는 내게 들어오는 일감 중 나와 잘 맞지 않는 책들은 주변의 다른 번역가들에게 나눠주고 소개해줬다. 그러다 보니 번역가 모임을 자주 열게 되었고, 결국 번역 일감을 중개해주는 '바른번역'이라는 조직까지 만들게 되었던 것이다.

나는 지금도 번역가 지망생들에게 앞으로 자신이 전문으로 할 분야를 서서히 정해나가라고 말하곤 한다. 때로는 자신의 전공 분야가 너무 싫어서 절대 그쪽 분야로는 나가지 않겠다고 하는 사람도 있다. 그렇다면 자신의 전공 대신 본인이 좋아하는 분야를 주력 분야로 정하면 된다. 어떤 분야든 좋아서 일하는 사람을 당할 수는 없기 때문이다.

 그렇다면 특정 분야의 전문 번역가가 되려면 어떻게 해야 할까? 반드시 해당 분야를 전공하거나 관련 업계에서 일했던 경력이 있어야만 할까? 반드시 그렇지는 않다. 물론 전공과 경력이 그 분야와 관련이 있다면 그쪽 분야의 책을 보다 정확히 번역할 수 있겠지만, 자신이 평소에 좋아해서 나름대로 열심히 노력하며 그 분야의 역서를 하나씩 늘려간다면, 어느 순간 그 분야의 전문 번역가가 된 자신을 발견하게 될 것이다. 예를 들어 〈OOO 리더십〉이라는 책을 몇 권 번역하고 나면 자연히 리더십 분야 전문 번역가로 인식된다. 나도 〈리더십의 명장 알렉산더〉란 책을 번역하고 나자 〈케네디 리더십〉을 비롯해 여러 리더십 분야의 책을 번역해달라는 요청을 받았다. 좋아서 열심히 하다 보면 어느새 그 분야의 전문가가 되는 법이다.

번역가의 일기 08

번역가의 직업병

1. 말과 글이 나를 괴롭히기 시작한다
예전에는 조용히 붙어 있던 안내문들이 소리치기 시작한다. 아파트 엘리베이터 안에 붙어 있는 공지문, 식당 화장실에 붙은 안내문, 심지어 인터넷 신문기사에 이르기까지 온통 내 눈을 찔러댄다. 보지 않으려, 생각하지 않으려 해도 자꾸 눈에 밟힌다.
 '도대체 왜 주술호응이 맞지 않는 거야', '주어는 왜 저렇게 늦게 나오는 거야.' '얼씨구, 멋대로 목적어를 생략하고', '저 촌스러운 표현 하며……쓸데없이 어려운 한자어는 왜 우스꽝스럽게 붙여놓은 거야.'
 글뿐만이 아니다. 일기예보와 교통정보의 어색한 피동형 문장도 나를 괴롭힌다. 듣지 않으려 해도 어법에 맞지 않는 라디오 CF의 표현들이 귀를 파고든다. 심지어는 지하철 옆자리 사람들의 대화까지 나도 모르게 머릿속으로 어법에 맞게 수정하고 있다. 피곤할 수밖에 없다. 하지만 집으로 돌아와도 말과 글의 공격은 그치지 않는다. 아이들 태권도 사범님은 안내문으로 나를 괴롭히고, '아악! 아파트 관리사무소의 안내 방송은 나의 머리를 파괴한다!'

2. 책의 내용이 눈에 들어오지 않는다
이젠 책을 읽어도 책 내용보다는 어색한 문장 표현이 자꾸 마음을 어지럽힌다. '내가 편집자인가? 왜 이미 출판된 책의 문장들을 다듬고 난리야. 제발 내용에 집중하자.' 아무리 다짐해도 자꾸 결심이 흔들린다. 오지 랖도 넓지. 결국, 고쳐야 할 문장을 형광펜으로 칠까지 하고 앉아 있다.

3. 어이없는 생각이 든다
'링'에 나오는 우물 귀신처럼 모니터로 기어들어 갈 듯 목을 빼고 작업하노라면 어이없는 일을 저지르기도 한다. 언젠가는 책상 위에 올려놓았던 지우개가 바닥에 떨어졌는데, 허리를 굽혀 주울 생각은 하지 않고 어이없게 한글 프로그램 상단의 '되돌리기' 버튼을 누르고 기다렸다. 그리고는 2~3초 동안 '왜 상황이 해결이 안 되지?'라며 어리둥절했다. 2~3초라면 짧은 시간이라고 생각할지 모르지만, 우리 뇌의 사고 흐름 속도에 비교해보면 얼마나 긴 시간인가.

4. 외계인 체형으로 바뀐다
근육이라곤 자판을 두들기는 손가락 근육만 사용하다 보니 똥배가 점점 나온다. 팔다리는 가늘어지고 배가 볼록하니 ET를 닮아간다. 혹시 스티븐 스필버그 감독이 주변에 있는 번역가를 보고 영감을 얻은 게 아닐까.

출판번역가 원고료 현황

프리랜서로 일하는 직종이라면 어느 분야나 마찬가지겠지만, 인기 있는 소수와 그다지 알려지지 않은 다수가 받는 대우에는 많은 차이가 난다. 박지성이나 추신수 같은 빅리거가 수백억 원대의 연봉을 받는가 하면, 연봉 천만 원에 그치는 마이너리거들도 있기 마련이다. 유재석이나 강호동처럼 일 년에 수십억을 버는 연예인이 있는가 하면, 대다수 개그맨, 연기자, 가수들은 일반 직장인들보다 훨씬 적은 수입을 올린다.

그런데 번역 업계에서는 번역 단가 자체가 그 정도로 크게 차이가 나지 않는다. 물론 몇몇 인기 번역가들은 인세로 계약을 해서 높은 번역 인세를 받는 경우도 간혹 있지만, 잘 팔릴만한 책은 출판사들이 인세로 계약을 안 하는 경향이 있으므로 인세가 크게 터지길 기대하기는 어렵다(나도 책 한 권을 번역해서 최대 6천만 원까지 인세를 받아봤지만, 그런 경우는 드물다). 대부분은 매절로 계약하는데, 경력 2~3년인 번역가나 10년 이상을 한 번역가나 매절로 계약하는 번역 단가는 크게 차이가 없다. 원고지당 보통 3,500원에서 6,000원 사이에서 결정되는데, 근속연수와 직급에 따라 일반 직장인들의 월급이 많이 차이 나는 것에 비하면 단가의 차이는 그리 크지 않다고 할 수 있다(원고지 매수는 한글 프로그램에서 자동으로 계산할 수 있다).

　결국, 한 달에 얼마의 수입을 올릴 수 있는지는 번역 속도에 상당히 좌우되므로, 자신이 하루에 원서를 몇 페이지 번역할 수 있는가 재보고 한 달에 작업할 수 있는 일수를 곱하면 대충 계산이 된다. 예를 들어 내가 최근에 번역했던 책은 원서가 247페이지였고, 번역문은 1,450매 나왔다. 하루에 6~7페이지 번역할 수 있는 속도라면 약 35~40일 정도 걸린다. 물론 이보다 빠른 사람도 있고 느린 사람도 있다(책의 난이도에 따라 속도가 달라지기도 하고 번역가가 하루에 얼마나 시간을 투입할 수 있느냐에 따라 하루 작업량이 달라지기도 한다. 초심자는 생각보다 속도가 안 나올 수 있으므로 본인의 속도를 잘 재보시길). 여기에 쉬는 날과 나중에 교정보는 날(내 경우 2~3일 걸린다)을 합하면 대충 한 달 수입이 계산될 것이다. 싱글 수입으로는 괜찮은 편이지만 부양가족이 있는 중년의 가장(특히 나처럼 자식이 셋이나 있는!)에게는 넉넉지 않은 수입일 수 있다. 참고로 일본어는 영어보다 단가가 조금 낮지만, 일반적으로 번역속도가 더 빠르며,

독일어, 프랑스어, 중국어는 영어보다 단가가 조금 더 높다. 〈번역에 살고죽고〉라는 책을 쓴 일본어 번역가 권남희 씨는 월 400만 원 정도 번다고 한다. 하지만 그분은 20년째 번역을 하신 베테랑임을 고려해야 한다.

 문제는 번역 경력이 꽤 되면서도 번역 단가를 높이지 못하는 경우다. 본인이 직접 출판사와 계약하는 경우, 자신의 몸값을 잘 올리지 못하는 경향이 있다. 단가를 올려달라고 부탁했다가 '다음부터 올려주겠다'는 대답에, 공허한 약속만 믿고 수년째 같은 단가를 받는 번역가도 있다. 본인이 자신의 번역 단가를 잘 협상하지 못하는 성격이라면, 수수료를 조금 주더라도 능력 있는 번역 에이전시를 통하는 것도 방법이다. 단, 수수료가 합리적이고 본인의 경력 발전과 여러 가지 면에서 도움을 받을 수 있는 곳을 신중히 선택해야 한다.

 그런데 번역 단가를 몇백 원 더 받는 것보다 중요한 일이 있다. 번역료를 받는 지급 시점이다. 출판사들은 책을 인쇄해서 서점에 공급해야 돈을 받기 때문에 '출간 후 지급'을 선호한다. 하지만 번역가 입장에서는 그렇게 계약하면 영영 번역료를 받지 못할 수도 있다. 번역료를 받지 못할 뿐 아니라 책마저 나오지 않는 경우도 있다. 출판사 입장에서는 책을 찍어내고 난 후에 번역료를 주는 조건이라면, 일단 책을 번역해보고 책 내용이 생각처럼 재미있지 않을 경우 출간을 포기할 수도 있기 때문이다. 대강의 내용은 파악하고 있더라도 막상 번역해놓고 보면 생각과 달리 시장성이 없어 보이는 책도 많다. 물론 작정하고 여차하면 번역료를 안 주겠다는 심보로 그렇게 일을 시키는 악덕 출판사는 별로 없겠지만, 그럴 작정이 아니더라도 이런저런 사정 때문에 출간이 미뤄지는 일이 흔하다. 번역을 맡기는 시점에서는 책을 몇 달 내에 꼭 출간할 테니 걱정하지 말라고 번역가를 설득하지만, 막상 번역을 다 해서 넘기고 나면 담당 편집자가 퇴사했다거나, 회사 사정이 급격히 나빠져서 출시가 무기한 연기된다거나, 아니면 비슷한 책이 나와 선수를 놓치는 등 시장 상황이 급변해서 아예 몇 년씩 출간이 안 되는 경우도 비일비재하다. 따라서 아무리 초심자라 하더라도 (단가 몇백 원 올려 받는 데 급급하기보다는) 반드시 '출간 후 번역료 지급' 조건이 아니라 '납품 후 번역료 지급' 조건으로 계약해야 한다. '출간 후 번역료 지급' 조건을 주장하는 출판사에서는 그것이 회사 규정이라 바꿀 수 없다고 하면서, 확실히 몇 달 안에 출간할 테니 걱정하지 말고 양보해달라고 말한다. 그럴 때는 '출간 후 번역료 지급' 조건으로 하되 부칙에 '납품 후 O달 이내에는 반드시 출간한다. 출간이 그 이상으로 미뤄질 경우에는 번역료를 지급한다.'는 조항을 넣어달라고 요청해야 한다. 불안한 조건으로 번역 작업을 하면 원고 품질이 좋아질 리 없다. 일을 맡겨준 출판사에는 돈을 늦게 받는 조건이 아니라 좋은 번역문으로 보답해야 한다.

그리고 사소한 일로 감정이 상하지 않으려면 계약 전에 해당 출판사의 원고지 매수 정산 방법도 물어보고 계약하는 게 좋다. 출판사마다 원고지 매수 정산법도 조금씩 다르기 때문에 정산 방법에 따라

10~30만 원까지 차이가 날 수도 있다. 미주, 참고문헌, 인덱스의 번역 여부도 미리 확인해야 한다. 굳이 번역할 필요가 없어 원어를 그대로 싣는 부분이 많은 경우 나중에 옥신각신할 수 있기 때문이다.

번역가의 일기 09

악몽의 변천사

누구나 심리적으로 불안할 때면 반복해서 꾸게 되는 꿈이 있다. 시험 보는 꿈이 대표적이다. 내 경우 어렸을 때는 바지 입는 걸 깜박 잊고 외출했다가 창피해서 어쩔 줄 모르는 꿈을 간혹 꿨다. 그리고 입시 스트레스에 시달리던 시절에는 역시 시험 보는 꿈을 자주 꿨다. 그러다 군대를 다녀온 후에는 무대가 군대로 바뀌었다. 군 시절이 꽤 지긋지긋했던지 꿈에서 여전히 군 생활을 하고 있었다. 군대 꿈은 수년이나 지속했는데, 다행스럽고 신기하게도 꿈을 꿀 때마다 조금씩 진급을 하고 있었다. (잠재의식으로 지난번 꿈속의 계급을 기억이라도 하고 있던 걸까?) 훈련병에서 이등병으로, 이등병에서 상병으로, 그리고 다시 병장으로 아주 조금씩 올라가고 있었다. 드디어 군 생활이 며칠 남지 않은 말년 병장이 되고 난 다음에는 '이 지긋지긋한 군대 꿈도 얼마 남지 않았군.'이라는 생각에 기뻐했던 기억이 난다. 그리고 몇 개월 후에는 정말로 전역신고 하는 꿈을 꿨으니, 그때는 정말 제대했을 때와 비슷한 희열을 느낄 정도로 속이 후련했다.

그러나 일 년쯤 지났을까? 꿈속에서 청천벽력 같은 소식을 들었다. 행정착오로 군대에 다시 가야 한다는 것이었다. '억울하다고 아무리 호소해도 아무도 믿어주지 않는' 억울한 군대 생활이 꿈에서 다시 시작되었다. 그런데 다행인지 불행인지 직장을 본의 아니게 그만둔 후에는 군대 꿈을 다시는 꾸지 않았다. 그 자리를 '다시 회사 다니는 꿈'이 대체했기 때문이다. 군대 꿈과 다른 점이라면, 지겹다기보다는 다시 조직의 품에 안긴 안도감이 들었다는 사실이다. 현실에서의 불안감을 꿈에서나마 치유받는 것 같았다. 다만 꿈속에서는 내가 한동안 결근을 했던 잘못을 반성하며 상사와 부하직원들의 눈치를 보는 정도였다.

그런데 프리랜서의 이런 불안은 나만 느끼는 감정은 아닌 듯했다. 어느 자유기고가가 내게 이런 말을 해서 함께 웃음을 터뜨린 적이 있었다.

"전 처음에 프리랜서로 독립하고 나서, 명절 때 참치 선물세트를 들고 퇴근하는 사람들이 그렇게 부러울 수 없었어요. 직장생활을 할 때는 무겁다고 투덜대던 참치 쪼가리들이 왜 그리도 부럽던지요."

과부 사정은 홀아비가 안다고 했던가. 그 말을 듣고 나는 웃으며 맞장구쳤다.

"참치 쪼가리가 다 뭔가요, 전 비누와 치약 쪼가리 들고 가는 사람들도 그렇게 부러웠는걸요."

수입을 늘리는 방법

어떤 분야든 같은 일을 해도 늘 수입이 변함없는 사람이 있는가 하면, 늘 궁리하고 고민하면서 자신의 몸값과 수입을 늘려가는 사람이 있다. 같은 일을 하면서도 남보다 수입을 더 올리려면 자신의 고객이 누구이며, 그들이 뭘 원하는지 정확히 알아야 한다. 사실 출판 시장은 성장성이 높은 시장은 아니다. 따라서 늘 하던 대로만 일하는 무기력한 사람은 수입이 늘어나길 기대할 수 없다.

1. 번역 품질을 높여라

번역가로서 수입을 늘리기 위해 가장 먼저 생각할 수 있는 방법은 번역 단가를 높이는 일이다. 그리고 번역 단가를 높이기 위해서는 무엇보다 번역을 잘해야 하는 건 물론이다. 오역이 없어야 하는 건 당연하고, 메시지 전달력과 가독성도 높아야 한다. 출판사 입장에서는 설령 초보 번역가에게 번역을 싸게 의뢰했더라도 편집자가 문장을 한참 다듬어야 한다면 결국은 손해다. 번역료는 번역료대로 들고, 윤문과 교정 교열에 시간과 인건비가 이중삼중으로 든다면 출판사 입장에서는 차라리 번역 단가가 조금 높더라도 문장을 깔끔하게 번역해주는 번역가를 찾는 게 낫다.

 만약 자신이 번역한 책이 베스트셀러에 오른다면 번역 단가를 높이는 데 큰 도움이 된다. 물론 베스트셀러의 여부는 저자에게 가장 큰 요인이 있겠지만, 일단 그 번역가의 문장으로 표현된 책이 베스트셀러가 되었다는 사실은 번역가로서 시장에서 어느 정도 검증된 것으로 여기기 때문이다. 이 때문에 유명 저자의 책을 의뢰받았다면 주저하지 말고 최대한 스케줄을 조정해볼 일이다. (나의 경우 경제/경영 분야의 웬만한 유명 저자의 책은 다 번역해 봤지만, 말콤 글래드웰의 책만큼은 매번 일정이 맞지 않아 번역할 수 없었다. 최근 국내에서 나온 그의 책은 번역이 너무 형편없어서, 내가 최대한 일정조정을 해서 맡았어야 했다는 아쉬움을 느꼈다. 해외의 좋은 책이 번역가를 잘못 만나 우리나라 시장에서 사장되는 모습을 보면 마음이 안 좋다.)

2. 전문성을 높여라

프리랜서들의 몸값 차이를 결정짓는 요소 가운데 또 중요한 것은 전문성과 희소성이다. 번역가 역시 전문성을 높일수록 몸값을 높일 수 있다. 닥치는 대로 번역하는 번역가보다는 자신이 가장 좋아하고 또 잘할 수 있는 분야를 정해 그 분야에 특화하게 되면 전문성이 높아져 번역 단가도 올릴 수 있다. 또 번역 속도도 빨라져 결국 수입이 늘어나는 간접적인 효과도 누린다. 정확하면서도 얼마나 빠르게 번역하느냐가 수입에 직결되는 요소이기 때문이다.

 물론 희소성이 높은 분야라면 더욱 좋을 것이다. 예를 들어 요즘처럼 경제위기가 심심치 않게 재발하는 상황에서는 금융 분야를 전공하거나 금융권에서 근무했던 경력이 있는 번역가는 높은 몸값을 받는다. 하지만 번역하려는 사람이 많은 소설 분야라 하더라도 장르를 세분한다면 본인의 전문성을 높이는 일이 가능하다. 예를 들어 소설에도 무척 다양한 분야(판타지, 로맨스, 역사물 등등)가 있으므로, 자신이 좋아하는 분야를 세분화해서 전문성을 높이고 이를 출판사에 적극 어필해보자. 아마도 그 분야의 소설을 출간하려는 출판사가 환영할 것이다.

3. 마케팅을 도와라

프리랜서의 몸값을 결정짓는 데 또 하나 중요한 요소는 팬을 확보하는 일이다. 팬을 많이 확보한 영화배우들이 많은 출연료를 받는 것은 관객을 영화관으로 끌어모으는 능력이 있기 때문이다. 그리고 흔히 그들은 영화 개봉에 맞춰 적극적으로 매스컴에 출연해 영화 홍보를 돕는다.

책의 경우에는 아직 번역가를 보고 구매하는 사람이 많지 않아서 연예인이나 스포츠 선수처럼 팬의 규모가 수입 확대에 큰 영향을 미치지는 않는다. 하지만 최근에 일부 번역가들은 자신이 번역한 책을 블로그와 카페를 통해 적극적으로 홍보하기도 한다. 번역가도 마치 영화배우들이 시사회나 TV 연예프로그램에 출연해서 자신의 출연작을 홍보하듯 자신의 인맥과 온라인 채널을 통해 본인의 번역서를 홍보하는 마인드를 가질 필요가 있다.

나도 새로운 번역서가 나오면 지인들에게 이메일로 홍보를 하고 블로그 등을 통해 마케팅에 일조하고자 노력한다. 또 기업체에 강연하러 가면 새로 나온 내 번역서를 기업체 교육 담당자에게 나눠 주면서 단체 주문을 권유하거나, 혹은 기업 내 필독서로 추천하기도 한다.

〈기업체와 학교에서의 강연은 또 다른 수입이 되고 있다.〉

사실 출판사 입장에서는 광고 홍보비가 가장 크게 들고 또 중요하기 때문에 마케팅을 도와줄 수 있는 번역가라면 번역 단가 몇백 원 올려주는 일은 크게 개의치 않는다. 심지어는 대리 번역가를 찾아 작업을 시키고, 많은 돈을 지급하면서까지 명의 역자를 붙이기도 한다. 혹은 별 내용도 없는 해제를 삽입하여 감수자의 마케팅 능력에 기대려 하기도 한다. 대리 번역을 하는 번역가들은 하는 일도 없이 자기 대신 번역자로 이름을 올리고 돈을 챙기는 유명인들을 곱지 못한 시선으로 보는데, 책을 많이 팔아 생존해야 하는 출판사들의 입장도 이해 못 할 건 아니다. (물론 대리 번역 풍토는 없어져야 할 악습이다) 오히려 요즘같이 대중과 소통할 수 있는 개인 미디어가 발달한 시대에는 번역가들도 적극적으로 대중과 소통해서 자신의 번역서 홍보에 기여해야 한다. 번역가만큼 그 책의 내용을 속속들이 꿰는 사람도 없지 않겠는가.

4. 좋은 책을 찾아 제안하라

출판사에서 의뢰받은 책을 잘 번역하는 일도 중요하지만, 본인이 직접 해외 서적 중에서 좋은 책을 발굴해 출판사에 추천하는 것도 좋은 방법이다. 해외에서 막 출간된 신간이라면 굳이 번역가가 소개하지 않더라도 저작권 에이전시에서 잘 소개하고 있기 때문에 신경 쓸 필요가 없지만, 따끈따끈한 신간이 아닌 책 중에도 출판사에서 놓치고 있는 좋은 책이 많다.

해외의 유명 저자들 책은 출판사의 눈에도 쉽게 띄지만, 저자에게 줘야 하는 인세가 높기 때문에 큰 재미를 보지 못하기도 한다. 이 때문에 미처 출판사들이 발견 못 한 보석 같은 책을 발굴해서 출판사에 추천해준다면, 출판사로서는 매우 고마운 일이 된다. 이처럼 국내에서 아직 발간되지 않은 외서를 발굴해서 출판사에 제안하는 일을 소위 '외서 기획'이라고 한다. 출판사가 제한된 내부 인원으로 우리나라 시장에서 인기를 얻을만한 해외 서적을 찾아내기가 어려우므로, 번역가들이 책을 찾아서 제안한다면 크게 환영받을 수 있다.

해외 기획은 본인의 전문성을 높이는 데도 도움이 된다. 경력이 아주 많은 번역가가 아니라면, 자신의 입맛에 맞는 책만 골라서 번역하기는 어렵다. 그럴 때 자신이 정한 전문 분야의 책을 잘 조사해서 출판사에 제안한다면 본인이 원하는 방향으로 전문성을 키워나갈 기회가 된다. 출판사와 잘만 이야기하면 기획료도 별도로 받을 수 있으며, 일감이 부족한 초보 번역가가 일감을 얻기도 좋다.

해외 기획을 할 때는 그냥 '무슨 책 해보세요.'라고 말하는 게 아니라, 정식으로 기획서를 작성해 출판사에 보내야 한다. 책의 성격과 내용을 갈무리하고, 장점과 단점은 각각 무엇인지, 어떤 독자층을 타깃으로 하는지 등을 자세히 적어 정식으로 제출한다. 정식으로 제안서를 제출하지 않으면, 아이디어만 주고 결국 번역은 다른 번역가에게 **뺏기는** 수모를 당할 수도 있다. 흔히 사용하는 출간제안서 양식을 소개하면 다음과 같다.

출 간 기 획 서

제목:	분야:
저자:	주제(관련태그):
	주요사양(분량/장정/컬러 등):

개요:	핵심내용:

주요 차례:	유사도서:
타깃 독자:	핵심컨셉:

SWOT · 강점	· 기회
· 약점	· 위협

기획 편집 의견:	출간조건	출판사 기재용
	초판부수	출판사 기재용
	제작비	출판사 기재용
마케팅 의견:	예상정가	출판사 기재용
	손익부수	출판사 기재용
	판매목표	출판사 기재용

〈출간 기획서 양식의 사례〉

5. 강의 및 칼럼 등의 부수입

몇 년 전부터 음반 시장은 커다란 위기를 겪었다. 과거에 유명 가수들은 몇백만 장씩 음반을 팔았지만, 지금은 노래가 꽤 히트를 쳐도 몇만 장을 팔기 힘들다고 한다. 그러나 가수와 기획사들은 새로운 돌파구를 찾았다. 해외 시장도 개척했고, 여러 가지 부대 수입도 늘려 나갔다. 예를 들어 컬러링이나 노래방 등 새로운 음원 수입원을 찾아냈고, 가수들은 연예프로그램이나 드라마 출연 등으로 새로운 소득원을 발굴했다.

요즘 출판 시장도 불황이다. (솔직히 출판시장이 불황이 아니었던 적은 없다!) 종이책은 예전만큼 팔리지 않고, 전자책 보급은 아직 미미하다. 설령 전자책이 잘 팔려도 혹시 종이책 판매를 갉아 먹지는 않을까 전전긍긍한다. 이런 상황에서 번역료 단가를 올리는 데만 신경을 쓴다면 수입을 늘리는 데 한계가 있을 수 있다.

가요 시장에서 힌트를 얻어 보면 어떨까? 출판 시장에도 컬러링이나 노래방 등 새로운 음원 소득원이 생겨난다면 참 좋겠지만, 똑같지는 않더라도 그 비슷한 것은 있다. 우선 기업체 사보나 주간지에 칼럼을 기고하는 일이다. 가끔 나는 내가 번역한 책에 대한 칼럼을 써 달라는 의뢰를 받는데, 그 단가가 번역 단가보다 몇 곱절 많다. 그리고 내가 이미 번역한 책에 대한 내용이므로 쓰는 데 큰 부담도 없다.

〈최근에 모 주간지에 실렸던 번역서 관련 기고문〉

 또 다른 수입원으로 생각해볼 수 있는 건 기업체나 학교 등의 강연이다. 나는 가끔 내 번역서를 보고 기업체에서 직원들을 대상으로 강연해달라는 의뢰를 받는다. 요즘은 독서 경영이란 말도 있듯이, 기업체에서 책을 통해 직원들을 교육하는 일이 많다. 그런데 대부분의 번역가는 강연 의뢰를 받아도 강연 경험이 없다면서 극구 사양한다고 한다. 그래서 내가 강연을 하겠다고 허락하면 기업체 연수 담당자들은 오히려 아주 고마워한다. 기업체마다 사정은 조금씩 다르지만, 대기업 강연료는 꽤 쏠쏠하다. 한두 번만 하더라도 한 달 내내 번역 작업 하는 것보다 나은 경우도 있다. 나 역시 처음에 강연 의뢰를 받았을 때는 강연 경험이 없다고 고사했다. 하지만 이제는 오히려 내가

출판번역가로 먹고살기　131

먼저 기업체에 강연을 제안하기도 하고, 재요청을 받기 위해 강연을 성심성의껏 준비하기도 한다. 내가 처음에 강연한 곳은 국내 최대 기업이었다. 그것도 수백 명의 간부 직원들을 강당에 모아놓고 강연을 하는데, 손이 떨려서 마이크를 잡지 못할 지경이었다. 하지만 한 번 두 번 강연하다 보니 이제는 청중을 지겹게 만들지 않으면서도 효과적으로 내용을 전달하는 요령을 터득하게 되었다. 요즘엔 한 번 강연을 한 곳에서 두 번 세 번 계속 의뢰를 받기도 한다. 세상만사가 처음이 어렵지 요령이 생기면 쉬워지는 법이다.

6. 번역 인세 수입

역사가 깊은 출판사는 크게 무리하지만 않으면 요즘 같은 불황에도 비교적 잘 견디는 편이다. 왜냐하면, 지속해서 팔리는 스테디셀러들이 있기 때문이다. 나는 개인도 마찬가지여야 한다고 생각한다. 추가적인 노력을 별로 들이지 않더라도 지속해서 돈이 들어오는 수입원이 조금이라도 있다면 생활의 안정에 크게 도움이 되기 때문이다.

 번역료는 흔히 인세가 아닌 매절로 계약을 한다. 그러므로 한번 목돈을 받고 나면 책이 아무리 많이 팔리더라도 돈을 더 받지는 못한다. 물론 매절로 계약한 책이 대부분 생활비가 되어 주지만, 때로는 인세로 계약했던 책 덕분에 시시때때로 돈이 들어와 적잖은 도움이 되기도 한다. 물론 정직하고 안정적인 출판사를 만나야 인세도 제대로 받겠지만, '바른번역' 회원 번역가 중에는 수년 전에 번역해서 넘긴 책 덕분에 지금도 꾸준히 분기마다 돈을 받는 분들이 있다. 크지 않은 돈이라도 이처럼 꾸준히 돈을 받을 수 있는 계약을 적절히 할 수만 있다면 전반적인 생활 안정에 도움이 될 것이다.

요즘엔 여러 곡을 히트시킨 작곡가들에게 저작권료가 어마어마하게 들어간다고 한다. 그런 수입은 본인이 죽을 때까지 계속 들어오기 때문에 한 곡 한 곡 히트곡이 쌓일 때마다 노후 준비가 착실히 되는 셈이다. 심지어 자식에게까지 물려줄 수도 있는 것이 저작권 수입이다.

그런 의미에서 전자책 번역도 권할 만하다. 앞서 번역 공부 편에서 밝혔듯이 최근 들어 전자책의 판매가 늘어나고 있다. 이 때문에 예기치 않은 공백 기간이 생겼을 경우에는 해외 저자의 저작권이 만료된 책 중에서 본인의 기호에 맞는 책을 찾아 틈틈이 번역해두는 것도 좋다. 연금을 붓는다 생각하고 한 권 한 권 번역해서 전자책으로 내는 것도 방법이다.

7. 저자 인세 수입

또 하나. 나는 번역가들에게 자기 책 쓰기에 도전하라고 틈나는 대로 권한다. 우리나라 출판 시장에서는 아직 번역서의 비중이 절대적으로 높지만, 차츰 국내에서의 비중이 높아지는 추세다. 책을 반드시 전문가만 쓰라는 법은 없다. 여러분도 알다시피 시골 의사 박경철 씨는 투자지침서를 써서 유명해졌고, 노총각 김용환(나물이) 씨는 자취하며 밥 해 먹던 경험을 책으로 써서 10년 차 주부들도 저마다 한 권씩 사보게 했다. 내 도움으로 책을 펴내게 된 동료 및 제자 번역가들도 많다. 과거 펀드 매니저 경력을 바탕으로 투자 지침서를 쓴 번역가도 있고, 동유럽 여행기를 쓴 번역가도 있다. 자전거 여행기를 쓰신 분도 있고, 아이를 키우는 이야기를 콩트 형식으로 쓰신 분도 있다.

 나는 번역할 때마다 내가 직접 책을 쓰고 싶은 욕망이 넘친다. 번역서는 아무리 내용이 좋아도 외국의 사례들만 있어서 답답할 때가 많다. 반면 한국의 생생한 사례로 엮은 책은 한국 독자들에게 더욱 가까이 다가갈 수 있다. 수년간 남의 글을 옮긴 번역가라면 이제는 자신이 좋아하는 분야의 전문가가 되어 자신의 책을 쓰기 시작해야 한다. 번역하면서 유명작가들의 글을 분석하고 뜯어보면서 공부가 많이 되는 면도 있다. 무라카미 하루키는 유명한 소설가이기도 하지만, 훌륭한 번역가이기도 하다. 고故 이윤기 씨도 마찬가지였다. 나 역시 남의 글을 옮기는 번역가이자 내 글을 쓰는 작가로 살아갈 것이다. 이를 위해 〈글로 먹고살기〉 카페 회원들과 함께 노력을 계속하고 있다.

번역가의 일기 10

외계인 체형 극복기

번역가로 데뷔하고 몇 년간 무리하게 일하다 보니 몸에도 이상 신호가 왔다. 선천적으로 신체가 부실한 나는 목, 어깨, 손목에 통증을 달고 살았다. 관절 통증뿐만 아니라, 불러오는 뱃살과 가늘어지는 팔다리를 한 외계인의 모습을 벗어나기 위해서라도 운동을 하나 정해서 꾸준히 해야 했다.

사정상 꾸준히 할 수 있는 운동을 정하는 데는 몇 가지 조건이 있었다. 첫째, 내가 원하는 시간에 할 수 있어야 하고, 둘째, 짧은 시간 내에 많은 운동량을 채울 수 있는 운동이어야 했다. 상대방이 있어야만 하는 구기 종목과 격투기는 시간을 맞춰야 하고 운동량도 내 마음대로 정하지 못하므로 제외했다. 셋째, 장비를 사는 데 돈이 너무 많이 들어가도 안 됐다. 장식물도 아니면서 마지막으로 사용해본 적이 언제인지조차 기억이 안 나는 검도 호구, 스키, 인라인스케이트 등등이 집안에 뒹굴고 있었기 때문이다. 사이클링도 심각하게 검토했지만, 위험을 무릅쓰고 도로를 달리자니 늦둥이 막내아들 얼굴이 아른거려서 포기했다. 그리고 마지막으로 넷째, 내가 흥미를 갖고 계속할 수 있는 운동이어야 했다. 결국, 할 수 있는 건 저렴하게 그저 뛰기만 하면 되는 마라톤이나 벗고 헤엄치기만 하면 되는 수영이었다.

몇 년간 고심하며 차일피일 미루다가 수영으로 정했다. 그런데 나이 마흔이 되어 수영을 처음 배우자니 여간 창피한 게 아니었다. 이상은 박태환인데 현실은 벽 잡고 물장구치는 초등학생이었다. 그나마 벽 잡고 물장구치기는 양반이었다. 수영장 주변 바닥에 배를 대고 팔다리 동작을 배울 때는 정말 아는 사람이라도 볼까 봐 식은땀이 흘렀다.
 '수영 코치야, 제발 물속에만이라도 날 넣어주렴!'
 수영은 해도 해도 의문투성이였다. '도대체 물에 얼굴을 넣고 어떻게 숨을 쉬라는 걸까?' '내 팔과 다리는 왜 따로 놀까?' 뻣뻣하기만 한 내 몸에 늘 실망하고 또 남이 볼까 창피하기도 했지만, 이상하게 그만두고 싶은 생각은 들지 않았다. 재미가 있었기 때문이다. 5~6개월마다 한 단계씩 상급 코스로 올라가겠다는 목표를 세우니 이상하게 도전 정신이 샘솟았다. 그것이 모든 어려움을 상쇄했다. 그로부터 4년이 흐른 지금까지 나는 수영을 꾸준히 하고 있다. 그리하여 초급 라인에서도 다른 사람에게 뒤떨어졌던 내가 지금은 최상급자 라인에서 펄펄 날고 있다.

 번역이나 수영이나 마찬가지였다. 꾸준히 손을 놓지 않고 하다 보면 어느새 달라져 있는 나 자신을 발견할 수 있었다. 나는 흔히 초심자들에게 '선생님은 그런 자연스러운 표현을 어떻게 생각해 내세요?'라는 질문을 받는다. 그건 마치 좋아서 꾸준히 하다 보니 물속에서 호흡도 자연스러워지고, 팔다리도 조화롭게 돌아가게 되었던 수영과 마찬가지였다고 대답하곤 한다. 그리고 도전할 수 있는 작은 목표를 세워 하나하나 달성해 나가는 일도 지치지 않기 위해선 중요하다.

4장

출판번역 실전 노하우

출판번역의 특성을 제대로 이해하지 않으면 아무리 영어 실력이 좋고 국어 표현능력이 좋다고 하더라도 책을 제대로 번역할 수 없다. 반드시 알아야 할 출판번역의 노하우를 공개한다.

출판번역은 뭐가 다를까?

기업, 단체, 개인으로부터 의뢰받아서 하는 일반적인 문서번역을 오래 하신 분 가운데는 출판번역으로 전향하고 싶어 하는 분들이 많다. 그런데 출판번역은 일반적인 문서번역과는 분명 다른 점이 있다. 이러한 차이점을 깨닫고 이를 극복하는 기술을 익히지 않는다면 출판번역가로의 전향은 어렵다.

 예를 들어 최근에 유명 영한 대역신문 인터넷판에 오른 신문기사를 보자. 아무리 속보성이 중요하다고는 하지만 이렇게 가독성이 떨어지는 문장력으로는 출판번역을 할 수 없다.

 ……그들은 오바마가 대통령으로 취임한 첫날 이미 한미 FTA 문제를 의회에 보낼 수 있었다는 것을 안다. 그들은 오바마가 미국의 우방국들을 이용해 미국 내

연장을 날카롭게 갈고닦는 사람이라는 것도 알게 되었다……

이 계획에 방해가 되는 단 한사람은 바로 오바마 대통령이다. 의회가 무역지원을 먼저 통과시켜야 한다고 고집함으로써 그는 <u>의회 의원들이 스스로 해결했을 법적 절차 속으로 자신을 밀어 넣게 된다.</u> 하원 공화당 의원들은 결코 무역지원을 먼저 통과시키지 않을 것이다. 대통령이 FTA를 계속 지연시킬 거라는 충분히 근거있는 두려움 때문이거나 아니면 의회에 보내긴 해도 <u>미적지근하게 지지하는 태도를 보여</u> 최종 통과를 어렵게 만들고 콜롬비아인들을 고민에 빠지게 할 거라는 이유에서다. 후자가 더 가능성 있다……

위의 기사 속 표현 하나하나가 바로 이해가 되지 않는 어색한 문장이지만, 특히 밑줄 친 부분은 출판번역에는 어울리지 않는 표현이다. 이 신문사가 과연 어떤 곳인지 찾아보았는데, 회사 소개를 번역한 글 역시 가독성이 떨어지기는 마찬가지였다.

○○○○○은 ○○○○○○[미국 신문사 이름]에서 운영하는 한국 블로그로, 한반도에서 일어나는 뉴스에 대한 날카로운 분석과 통찰력을 제공합니다. 저희는 세계의 부유한 나라 클럽에 들어서고 있는 나라이지만 현재 북한이라는 중대한 역풍을 맞고 있는 한국이 직면한 여러가지 어려운 점들을 기록해 나갈 것입니다.

출판번역의 가장 큰 특징은 가독성에 있다. 서점에서 팔리는 단행본 서적들은 기업체에서 발주하는 일반 문서처럼 소수의 전문가나 기업 내부 인사들만 보는 게 아니기 때문에, 일반 독자가 쉽게 이해할 수 있는 쉽고 간결한 표현을 써야 한다. (물론 쉽게 쓰는 것은 어렵게 쓰는 것보다 훨씬 어렵다)

그렇다면 어느 수준의 독자를 기준으로 삼아야 할까? 출판물에서 기준으로 삼는 대상은 중3이다. 즉 아무리 책 내용이 심오하다 하더라도, 이를 표현하는 문장은 중학교 3학년도 이해할 수 있도록 쉽게 써야 한다. 그런데 출판번역의 특성을 잘 모르거나 한 번도 출판번역을 배운 적이 없는 사람들이 번역한 문장은 독자를 괴롭히는 경우가 많다. 요즘은 전문번역가가 아닌 대학교수에게 번역을 맡기는 출판사가 별로 없지만, 번역 교육을 받지 않은 교수들이 번역하면 다음과 같이 어색한 표현이 총출동한다.

> 현실에 대한 순간포착적인 견해: 우리는 너무 자주 시간을 동결시킨 채 사회의 특정부분을 바라보고 문제를 바로잡을 행동을 요구한다… 바로 여기에서 잠재적으로 자유주의자일 수 있었을 많은 사람들이 자유주의의 버스를 내린다… 이 장에서 나온 제안들은 많은 경우 정부의 과도한 개입으로 빚어진 현실세계의 문제들에 자유주의 원칙들을 적용하여 "오믈렛이 제자리를 찾게 하려는" 시도들이다.

물론 시간을 들여 문장을 곰곰이 곱씹어 읽고 생각하면 무슨 뜻인지 추측할 수 있다. 하지만 전혀 이해되지 않을 정도는 아니라도 가독성이 낮은 문장이 반복된다면 문제는 심각해질 수 있다. '가랑비에 옷 젖는다'는 말이 있듯이, 책을 읽는데 문장마다 바로 이해되지 않고 잠시라도 갸우뚱하게 된다면, 독자들이 책 전체를 다 읽을 확률은 크게 떨어진다. 역자가 고생하며 표현을 다듬을수록 독자들은 읽기 편해지기 마련이다. 반대로 위의 문장처럼 번역자가 편하게 번역하면 독자들이 고생하게 된다. 위의 글을 보면 우리나라 독자가 쉽게 이해하기 어려운 비유적인 표현을 그대로 옮겨놓았기 때문에 가독성이 크게 떨어졌다. 심하게 말하자면, 번역이 아니라 각각의 낱말에 대한 영한사전의 우리말 표현을 1:1로 대응시켜 놓은 것에 불과하다.

영어 속담이나 격언도 알기 어렵게 번역되어 그대로 굳어진 것들이 있다. 내가 어린 시절에 도통 이해할 수 없던 격언이 있다.

"하늘은 스스로 돕는 자를 돕는다."
Heaven helps those who help themselves.

도대체 누가 이렇게 번역을 해놓았을까? 어렸을 때 나는 "스스로 돕는다."라는 표현이 뭔지 도대체 이해가 안 됐다. "하늘은 스스로 노력하는 사람을 돕는다."라고 하면 금방 이해될 것을 왜 아무도 이의를 제기하지 않고 그대로 사용한단 말인가? 어릴 때는 내가 무식해서 이해가 안 되는 줄 알았다. 그런데 요즘도 어린 시절의 나 같은 어린이가 다수 있는 것 같다. 네이버 지식인에는 이 속담의 뜻을 묻는 어린이들의 질문이 많다. 조회 수도 보시라.

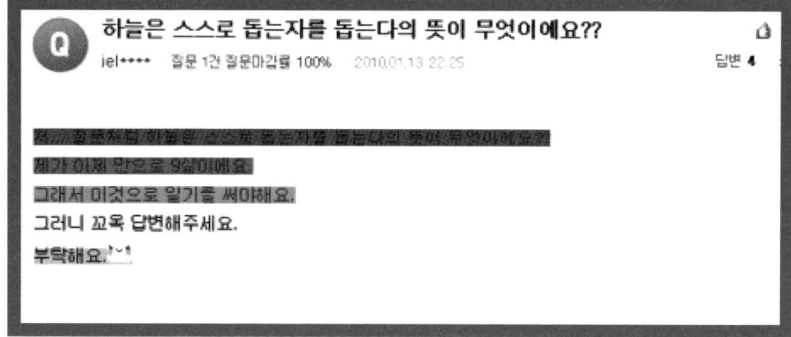

〈네이버에 올라온 9살 아이의 질문〉

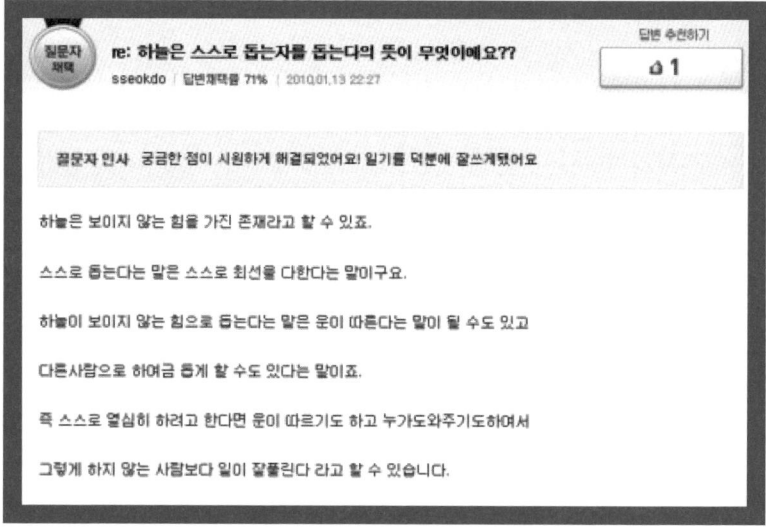

〈다행히 제대로 번역해서 알려준 어른이 있었다〉

가독성을 높이는 번역을 공부하기 위해서는 남이 해놓은 어색한 번역문을 의미가 잘 전달되도록 고쳐보는 것도 방법이다. 다음 번역문을 읽기 좋게 바꿔보자.

» 어색한 번역1

엄청난 양의 사고가 린 생산방식같이 유형 자산의 생산성을 어떻게 증가시킬 수 있을까 하는 고민에 사용되었다

» 수정 번역문1

유형 자산의 생산성을 높이는데 많은 노력(예를 들어 린 생산방식)을 기울여왔다.

» 어색한 번역2

람세스가 지닌 인상과 명성을 보고 판단하건대, 카리스마는 분명히 그의 인격에서 중요한 특징이었지만, 카데시 전투에서 보인 그의 행동에서 명백히 드러난 것은 오만과 성급함이라는 그다지 매력적이지 않은 개인적인 특징이었다.

» 수정 번역문2

람세스가 지닌 인상과 명성으로 판단해볼 때, 그에게는 강한 카리스마라는 중요한 특성이 있었지만, 카데시 전투에서는 오만함과 성급

함이라는 그다지 매력적이지 않은 성향을 드러냈다.

» 어색한 번역3

두 사람이 한 사람보다 나음은 그들이 수고함으로 좋은 상을 얻을 것임이라. 혹시 그들이 넘어지면 하나가 그 동무를 붙들어 일으키려니와 홀로 있어 넘어지고 붙들어 일으킬 자가 없는 자에게는 화가 있으리라. (전도서 4장 9절~10절)

» 수정 번역문3

두 사람이 한 사람보다 나은 것은 혹시 하나가 넘어지면 다른 하나가 그를 붙들어 일으키어 제자리로 쉬이 돌아갈 수 있기 때문이다. 하지만 홀로 있어 넘어질 때 붙들어 일으켜 줄 사람이 없다면 어찌 가엾지 않겠는가. (전도서 4장 9절~10절)

번역가의 일기 11

번역가가 미소 지을 때

지하철에서 옆자리 승객이 내 책을 열심히 탐독할 때, 내 책이 베스트셀러에 올랐을 때, 번역 인세가 터졌을 때, 그리고 대형서점 베스트셀러 진열대에서 내 이름을 발견한 아들 녀석이 날 새삼스러운 눈으로 쳐다봤을 때 난 미소 짓는다. 그 밖에도 내 책이 조금이나마 사람들에게 영향을 미치고 있다는 걸 직감할 때 홀로 미소 짓곤 한다.

"낯선 여자에게서 내 남자의 향기를 느꼈다."
예전에 어느 남성 화장품 선전에 이런 카피가 있었다. 물증은 없지만 심증은 갈 때, 혹은 은연중에 뭔가를 알아차릴 때 공감하는 광고 카피가 아닐까 한다. 나는 때로 유명 인사들의 한마디에서 내 책(내가 번역한 책)의 향기를 느낄 때가 있다.
"아, 이 사람이 내 번역서를 최근에 읽었구나……."
한때 민주당 강금실 전 장관이 유력한 서울 시장 후보로 물망에 오르던 시절이 있었다. 상대 당 국회의원으로서 이를 근심스레 지켜보던 전여옥 의원이 케네디 대통령 부친인 조 케네디의 말을 인용한 적이 있었다. "이미지는 현실이다." 즉 '강금실 의원은 실적은 없고 이미지로만 부상한 인물'이라고 공격하는 동시에, 그래도 한나라당이 강금실 전 장관을 만만히 보면 안 된다는 내부 경고였다. 그런데 그 당시는 내 번역서 〈케네디 리더십〉이 출간된 지 얼마 되지 않은 때였다. 케네디 대통령의 말도 아니고 그 부친이 한 말(다른 자료에서는 찾기 어려움)을 인용한 걸 보니 아마도 전여옥 의원이 그 책에서 읽었을 것이란 생각이 들었다.

 최근에는 기획재정부 윤증현 장관의 재미있는 연설이 뉴스를 탔다. 그분은 딱딱한 다른 공무원 연설과는 달리 여러 소재와 스토리를 섞어가며 재미있는 연설을 한다고 한다. 신문기사에 따르면 러시아에서 열린 한–러 경제공동위원회에서 한 연설에서 "불행한 가정이 불행한 이유는 다 제각각이다."라는 톨스토이 소설 〈안나 카레니나〉의 한 대목을 인용했다고 한다. 어쩌면 윤 장관(혹은 연설문을 작성한 참모진)이 정말로 소설 〈안나 카레니나〉를 읽고 감명 깊어 그 구절을 기억했다 사용한 것일 수도 있지만, 내 생각엔 최근에 나온 내 번역서이자 짐 콜린스의 저서 〈위대한 기업은 다 어디로 갔을까?〉라는 책에서 봤을 것이란 심증이 강하게 든다. 윤 장관은 기업이 몰락하는 이유가 여러 가지인 것처럼 국가도 리스크를 다각도로 검토하고 대비해야 한다고 연설하면서 이 구절을 인용했기에 내 심증은 더욱 굳어졌다.

 물론 낯선 동성에게서 자기 애인의 향기를 느낀다면 불쾌하겠지만, TV를 통해 유명 인사의 말을 듣다가 내 책의 향기를 느낄 때는 기분이 좋다. 그리고 만나서 조용히 물어보고 싶다.
"그 대목, 제가 번역한 책에서 읽으신 거 맞죠?"

출판번역가는 명탐정이다

"암만 봐도 네 직업은 참 편할 것 같다."

가정의학과 전문의인 친구를 만나서 내가 실없는 농담을 했다.

"뼈가 이상한 것 같으면 정형외과로 보내고, 여자들 병인 것 같으면 산부인과로 보내고, 피부 트러블인 것 같으면 피부과로 보내고……."

"그뿐이야? 감기 환자 오면 감기약 줘서 2~3일 있다 또 와보라고 하고, 그래도 안 나으면 항생제 줘보고, 그래도 안 나으면 큰 병원 가보라고 하면 되잖아……. 뭐, 나도 할 수 있겠다, 의사 면허증만 있으면."

피식 웃더니 친구가 반격한다.

"네 직업이야말로 정말 세상 편하지!"

"무슨 이야기를 써야 할지 고민하는 창작의 고통이 있나, 아니면 어떻게 써야 책이 잘 팔릴까 고민할 필요가 있나. 그저 저자가 써놓은 대로 한국말로 옮기기만 하면 되잖아, 세상에 그보다 속 편하고 쉬운 일이 어디 있냐?"

'어라? 이 친구 표정이 농담 같지 않네. 정말 그렇게 생각하는 거야?'

결국, 농을 걸었던 내가 먼저 핏대를 올리고 말았다.

"몰라도 한참을 모르는구먼. 번역이 얼마나 머리를 써야 하는 일인데!"

하지만 친구는 멈추지 않는다.

"뭐, 모르는 단어 나오면 사전 찾아보면 되잖아. 머리 쓸 일이 있어?"

친구의 웃는 모습에 속이 상한다.

"번역은 추리야 추리. 저자의 논리를 추리하지 못하면 사전이 있어도 번역 못 해!"

사실 처음 당하는 일은 아니다. 번역을 해보지 않은 사람이라면 번역이 얼마나 머리를 써야 하는 작업인지 모른다. 번역이 왜 머리를 써서 추리해야 하는 세계인지는 예문을 들어서 살펴보자. 아래 예문은 클레임이 걸린 다른 번역가의 번역문이다. 당신의 추리력을 시험해볼 겸 문제를 풀어보기 바란다.

| 문제1 |

아래는 포드 자동차의 창업주 헨리포드의 자서전 중 한 토막이다. 아래 번역문 중에서 밑줄 친 문장의 문제가 무엇인지 살펴보고, 어떻게 다시 번역하면 좋을지 앞뒤 문맥으로 추리해보자.

» '원문이 그래요' 번역가의 번역문

빠른 자동차라야 유명세를 탈 수 있다면, 속력 면에서는 온 세상에서 따를 차가 없는 자동차를 만들겠다고 결심했다. 정말로 그랬다. 나는 80마력을 내는 초대형 4기통 엔진을 장착했다. 그야말로 전대미문의 엔진이었다. 엔진 굉음만으로도 사람의 넋을 반쯤 빼놓기에 충분했다. 좌석은 하나뿐이었다. <u>차에 한 사람만 타도 충분했다.</u> 나는 차를 시운전해 보았다. 쿠퍼도 시험해 보았다. 우리는 차들을 최고 속력으로 달렸다. 그 기분은 뭐라 말로 설명할 수가 없다. 그 차들을 타 보고 나면 나이아가라 폭포를 건너는 것쯤은 심심풀이 오락거리로 느껴질 것이다.

» 문제 제기

잠시 읽기를 멈추고 잘 추리해보기 바란다. 위 번역문이 뭐가 문제인지 모르겠다면 진짜 문제다. 원문을 굳이 보지 않아도 밑줄 친 문장이 오역임을 직감할 수 있어야 한다. 논리적으로 말이 되지 않기 때문이다. '~해도'라는 부분의 앞에 있는 조건과 그 뒤에 있는 결과가 서로 논리적으로 호응이 맞지 않기 때문이다. 그럼 이제 그 문장의 원문을 보자.

» 밑줄 친 부분의 원문

One life to a car was enough.

» 독자들의 추리

"실내 공간이 넉넉했다는 뜻 아닐까요?"
"옛날 차들은 혼자서 시동을 걸 수 없었다고 들었어요. 바깥에서 쇠꼬챙이 같은 걸 열심히 돌리며 엔진의 시동을 걸어줘야 했다는데 그게 필요 없다는 이야기 아닐까요?"
"너무 훌륭해서 일생동안 한번쯤 꼭 타봐야 할 차라는 뜻 같습니다."

» 해설

독자들이 이렇게 여러 가지 추리를 한다는 건 번역가가 저자의 뜻을 완전히 이해한 후 확실히 전달하지 못했기 때문이다. 우선 첫 번째 추리처럼 실내공간을 의미하는 것 같진 않다. 두세 명이 타도 넉넉했다면 모를까, 실내공간을 말하면서 한 사람만 타도 충분했다고 말하지는 않을 것이다. 두 번째 추리나 세 번째 추리는 앞뒤 문장 어디를 봐도 그렇게 추리할 근거를 찾을 수 없다.

 이렇게 번역가가 추리해야 하는 경우는 명사중심 언어인 영어권 저자가 명사와 전치사로 툭 던져놓은 표현에서 흔히 발생한다. 이를 우리말로 옮길 때는 명사를 그대로 두어서는 안 되고, 적당한 서술어를 찾아 넣어서 설명해줘야 한다. 우리말은 동사중심 언어이기 때문이다.

 그리고 추리를 할 때는 본인의 상상력에만 의존해서는 안 된다. 명탐정이 사건 현장에서 단서를 찾듯이, 번역가는 앞뒤 문장에서 단서를 찾아야 한다. 사건 현장에 남겨진 단서들이 범인을 지목하고 있듯이, 명사와 전치사로 툭 던져진 표현도 앞뒤 문장에 남겨진 단서들이 그 의미를 웅변하고 있기 마련이다.

 여기서는 life를 어떻게 표현할 것인가가 관건인데, 뒤의 문장을 보면 '나이아가라 폭포를 건너는 것쯤은 심심풀이 오락거리로 느껴질 것이다'란 대목이 있다. 이 차를 타는 게 얼마나 위험한지 잘 말해주고 있다. 몇 문장 앞에는 '속력 면에서는 온 세상에서 따를 차가 없는 자동차'란 표현도 있다. 그렇다면 여기서 life는 '사람'이라는 우리말 표현보다는 '목숨'이란 표현이 어울리는 듯하다. 즉 너무나 속력이 빨라서 위험한 차이므로 '목숨을 하나만 걸어도 좋으리라'는 식으로 번역하는 게 논리적으로 맞다. 그래서 좌석을 하나만 만들어 놓았다는 뜻이다.

 어떤 의미인지 명확하지 않은 번역은 해서는 안 되는 번역이다. 이렇게 번역한 번역가에게 의미가 뭐냐고 물으면, 자신도 잘 모른다고 고백한다. 흔히 머리를 긁적이며 "원문이 그래서 어쩔 수 없어요."라고 말한다. 하지만 번역가가 의미를 확실히 추리하지 못하고 이렇게 성의 없이 번역하면 독자들은 책 읽기가 여간 곤란해지는 게 아니다. 번역가가 고생할수록 독자는 편해지고, 반대로 번역가가 편할수록 독자는 고생한다. 당신의 도전 정신에 불이 붙었다면 아래의 문제를 다시 풀어보기 바란다.

| 문제2 |

역시 헨리포드 자서전의 일부이다. 아래 번역문을 보면서 논리적으로 이상한 데는 없는지 찾아보자.

» '원문이 그래요' 번역가의 번역문

이듬해 우리는 대성공을 거두었던 품목을 버리고 50 마력에 엄청난 속도를 내는 6기통 대형차를 설계했다. 소형차 제작도 계속했지만, 1907년 불황이 닥치고 더 비싼 모델로 수요가 옮겨가면서 판매량은 6,398대로 감소했다.

» 문제 제기

논리력이 있는 사람은 굳이 원문을 보지 않아도 밑줄 친 부분의 번역에 오류가 있다는 사실을 깨달을 수 있다. 불황이 닥쳤는데 비싼 모델로 수요가 옮겨갔다는 것이 논리적으로 이상하지 않은가? 참고로 원문은 아래와 같다.

» 원문

We continued making our small cars, but the 1907 panic and the diversion to the more expensive model cut down the sales to 6,398 cars.

» 해설

원문을 보면서 차분히 생각하면 diversion이 수요가 옮겨간 걸 뜻하는 게 아니라, 포드 자동차에서 생산하는 모델이 비싼 모델로 옮겨간 걸 의미한다는 걸 알 수 있다. 즉, 비싼 모델로 생산 차종을 바꿨는데(비록 소형차 생산을 그만두지는 않았지만), 불황이 오는 바람에 판매량이 감소했다는 뜻이다. 분명 앞에서 생산 모델을 바꿨다는 대목이 있을 것이다.

 이처럼 영어에서 한두 단어(주로 명사나 전치사)로 표현한 부분을 그대로 한두 개의 우리말 단어로 옮기면 무슨 뜻인지 알 수 없게 되는 경우가 아주 많다. 번역가가 앞뒤 문맥을 파악해서 친절히 설명해줘야 한다. 그래서 영한번역(특히 출판번역)은 기계가 절대 할 수 없는 것이다(적어도 이 책을 읽으시는 독자 여러분들의 살아생전에는!). 번역할 때 논리적인 사고와 추리는 매우 중요하다.

 영어 낱말로는 하나지만, 우리나라 말로 바꿀 때는 세세하게 구분해야 할 때도 추리력을 발휘해야 한다. 예를 들어 power란 낱말은 문맥에 따라 '권력'이 될 수도 있고, '능력'이 될 수도 있으며, '권한'이라고 옮겨야 적절할 수도 있다. 때에 따라서는 '전기'를 뜻하기도 하고, '강대국'을 의미하기도 한다. business도 문맥에 따라 '기업'이 될 수도 있고, '사업'이 될 수도 있으며, 그냥 '비즈니스'라고 음독하는 게 가장 어울리기도 한다. 이와 관련해 다음 문제를 더 풀어보자.

| 문제3 |

스파르타가 번성하던 시절에 스파르타인들의 행동 특성을 설명하는 대목이다. 아래 번역문을 보면서 논리적으로 이상한 데는 없는지 찾아보고 고쳐보자.

» '원문이 그래요' 번역가의 번역문

스파르타 사람들이 가정에서 노예로 잡은 농부인 농노를 지배하기 위해 억압이라는 방식을 사용했듯이 외국에서도 그들은 자신들의 목적을 달성하기 위해 무력에 의존했다.

» 문제 제기

일단 '가정에서 노예로 잡은 농부'라는 대목이 어색하다. 물론 해당 번역가는 '가정에서'가 '지배하기 위해서'를 수식하고 있는데 순서를 제대로 맞추지 못해 수식 관계가 헷갈렸을 뿐이라고 말할지 모른다. 하지만 '가정'과 '국외'는 대조를 이루는 말이 아니다. 마치 '그는 가정에서는 훌륭한 아버지요, 국외에서는 든든한 직장인이었다.'라고 하듯이 어색하다.

» 원문

Just as the Spartans used repression at home to hold down an enslaved peasantry, the helots, so abroad they relied on the force of arms to get their way.

» 해설

at home과 abroad가 어떻게 대조를 이루도록 해야 하는지 추리해 보자. 번역문은 다음 번역문처럼 해야 논리에 맞는다. "스파르타인들은 나라 안에서 헬로트, 즉 농사일을 시키는 노예를 무력으로 제압했듯이, 나라 밖에서도 자신들의 목적을 달성하기 위해 무력을 사용했다."

| 문제4 |

디지털시대에는 정보가 너무 많아서 오히려 공해를 일으키고 있다고 서술하는 책이다. 마지막 문장은 영어식 표현을 그대로 옮기면 우리나라 독자들에게는 뜻이 통하지 않는다.

» '원문이 그래요' 번역가의 번역문

정보공해: 당신 앞에 놓인 모든 자료와 메일들에 다 답하거나 심지어 읽지 않아도 된다. 어떤 사람들은 정보를 과감하게 지우는 행위를 금기시하기도 한다. 하지만 검열에 더 가까운 것은 사실 자기보존이다.

» 문제 제기

'검열에 더 가까운 것은 사실 자기보존이다.'란 표현이 무슨 뜻인지 알기 어렵다. 위 번역문은 너무 불친절해서 이해가 안 된다. 언어의 벽을 넘지 못하고 사전에 나온 뜻을 1:1로 대입시킨 데 불과하다.

» 원문

Info clutter: You don't have to answer or even read everything that comes to you. The very idea of actively eliminating information is a taboo for some. But what sounds like censorship is, in fact, self-preservation."

» 해설

but이란 단어를 쓴 것으로 봐서 앞 문장을 반박하는 내용이 이어져야 한다. 그러므로 불필요한 정보를 과감하게 지우는 행동으로 자신을 보호할 수 있다는 내용으로 추리가 가능하다. 적극적으로 다음과 같이 번역해야 우리나라 독자들이 이해할 수 있다. "하지만 정보를 걸러내는 검열관 같은 태도를 지녀야 정보공해로부터 자신을 보호할 수 있다."

후배들에게 보내는 편지 01

슬럼프에 빠진 당신께

"이 길이 제 길 맞을까요? … 제가 가능성이 있을까요?"
 수강생들에게 이런 질문을 받을 때가 종종 있습니다. 번역이든 글쓰기든, 공부하고 준비하다 보면 가끔 이런 생각이 드는 게 당연합니다.
 그런데 이런 질문을 스스로 한 번도 해보지 않은 사람이 있을까요? 기성 작가든, 번역가든, 심지어 교실에서 강의하는 선생님조차 이런 생각이 들 때가 있을 겁니다. 오죽하면 '가지 않은 길'이라는 시에 그토록 많은 사람이 공감할까요.
 최근에 제가 번역한 자기계발서에는 '자신이 재능을 보이는 분야'를 선택하라는 글이 있었습니다. 맞는 말이지만 너무 뻔한 조언인 데다 실제로는 말처럼 쉽게 되는 일도 아닙니다. 자신의 재능이 뭔지 알기도 어려울뿐더러 재능 있는 분야를 택해도 일인자가 된다는 보장은 없으니까요. 어떤 분야든 모든 사람이 리오넬 메시나 아마데우스 모차르트가 될 수는 없잖아요. 하지만 다행스러운 건 재능이 가장 큰 사람만 살아남는 것도 아니고, 재능의 크기 순서대로 성공하는 것도 아니란 사실 같아요. "강한 자가 살아남는 게 아니라, 살아남는 자가 강한 자다."라는 말이 생각납니다. 그래서 전 속담을 변형해 수강생분들께 이렇게 답변하곤 합니다. "소질 있는 사람이 번역가가 되는 게 아니라, 끈질기게 번역하는 사람이 번역가가 된다."고요. 물론 재능 있는 사람은 남보다 빨리 데뷔할 수 있지만, 한 반에서 극소수의 사람을 제외하고는 항상 실력이 비슷

비슷합니다. 그리고 보통은 끈을 놓지 않고 꾸준히 하다 보면 실력은 늘어나기 마련입니다. 그렇다면 결국 자신이 번역을 잘하는지보다는 "끈질기게 계속할 수 있을 정도로 번역을 좋아하는지"가 적절한 질문이 아닐까 합니다.

영어 회화 능력에 대해 생각해보시죠. 물론 영어 회화에 재능이 있는 사람은 금세 영어가 유창해질 수 있겠지만, 노력해도 영어 회화가 안 되는 사람이 있을까요? 미국에서는 거지도 영어를 하는데? 암만해도 영어 회화가 안 된다고 생각하기 이전에 과연 얼마나 영어 공부를 했는지 곰곰이 따져보면 미국 유치원 아이들보다도 영어로 말하기 연습을 한 시간이 적다는 걸 알게 될 겁니다.

번역이나 글쓰기도 마찬가지인 듯해요. '아무리 해도 번역이 늘지 않는' 게 아니라 별로 번역을 연습하지 않은 겁니다. 사실 대부분은 글 쓰는 연습도 별로 하지 않았거든요. 학창시절부터…….

게다가 어떤 분야든 오로지 한 길만 있는 건 아닙니다. 역도 선수를 하다 골프로 전향한 최경주나 야구 선수를 하다 농구로 전향한 서장훈처럼, 하나의 길처럼 보이던 길이 여러 갈래로 뻗어 있음을 깨닫는 날이 오리라 생각합니다. 현역에서 늘 벤치 신세였던 히딩크도 명장이 될 수 있었고, 그저 '아이들' 중 하나였던 양현석도 지금은 서태지를 능가하는 활약을 하고 있습니다. 그렇다면 번역은 다양한 글쓰기와 글밥으로 가는 출발점일 수도 있을 겁니다.

※출처: 본인. 네이버 카페 〈글로 먹고살기〉 게시물

명사를 깨야 문장이 산다

번역을 하다 보면 때로 횡재를 하는 수가 있다. 한국 사람이 영어로 쓴 책을 맡는 경우다. 한국 사람이 영어로 쓴 책은 작업 시간이 다른 책에 비해 절반 정도밖에 들지 않기 때문이다. 그리고 작업 기간이 줄면 당연히 수입은 늘어나기 마련이다. 이런 원서는 마치 한글로 된 책처럼 직독직해 되면서 읽기도 아주 편하다. 대체 왜 그런 것일까? (자세한 내용은 다음의 '전치사를 풀어야 문장이 산다' 편 참조)

그것은 한국인들이 문장을 구성하는 방식이 영미인들과는 다르기 때문이며, 영어로 책을 쓴 한국인 저자들이 영어로 문장을 구성할 때도 한국어로 문장을 만들듯이 하기 때문이다. 언어는 인간의 사고를 담는 그릇이다. 영어와 한국어를 쓰는 사람들의 기본적인 의식구조가 다른데, 이는 각기 언어습관에 그대로 반영된다. 영미인들은 개체의 '독립성'을 중시하기에 명사를 중심으로 말을 하고, 한국인들은 개체 간의 '관계'를 중시하기에 동사를 중심으로 말을 한다. (동사란 품사는 관계성을 드러내는 품사이다) 이는 동서양의 일반적인 차이기도 하다. 예를 들어 개체 간의 독립성을 중요시하는 서양에서는 아이들을 벌줄 때 가둬놓거나, 혹은 한쪽 구석에 놓아둔 '생각하는 의자 thinking chair'에 앉아 있도록 해서 자유를 구속한다. 하지만 동양에서는 교실 밖으로 내보내 무리에서 쫓아내는 벌을 준다. 미국 영화나 드라마에서는 배우자를 선택할 때 본인의 의사를 부모라도 거스르지 못하는 게 일반적(심지어는 먼저 결혼해놓고 부모에게 전화로 통보하기도 한다!)인 데 반해, 한국의 TV 드라마에서는 부모가 결혼을 반대하는 일이 단골 소재다. 결혼이란 두 집안의 '관계'라는 면이 부각되기 때문이다. 때문에 '호적에서 파겠다'는 말이 부모가 자식에게 하는 가장 커다란 위협이 되기도 한다.

 이처럼 동서양의 사고방식 차이는 언어생활에도 그대로 나타난다. 간단히 예를 들자면, 아침 인사를 서양에서는 명사로 "Good morning!"이라고 하지만 우리나라에서는 동사로 "안녕하세요!"라고 한다('좋은 아침!'이라고 인사하는 직장은 오로지 드라마 월드에만 존재한다!) 아이들을 칭찬할 때 우리나라에서는 "참 잘했어요!"라고 동사로 이야기하지만, 서양에서는 "Good job!"이라고 동사로 이야기한다. 기다려달라고 양해를 구할 때, 우리나라에서는 "잠시만 기다리세요."라고 동사로 이야기하지만, 서양에서는 "Just a minute."라고 명사로 주로 이야기한다. 영어권에서는 명사를 중심으로 이야기하기 때문에 명사가 동사로 의미가 확대되었다(사전을 보라. 무슨 놈의 단어들이 명사기도 하고 동사기도 한 경우가 태반이다). 반면 우리나라 단어들은 문장 안에서 서로의 관계가 확실히 보인다. 동사(서술어)의 위치는 고정되어 있고, 단어마다 서로의 관계를 알려주는 조사들이 붙어 있다.

이러한 차이 때문에 영어를 옮길 때 명사 번역에서 오역이 가장 많이 발생한다. 이제 간단한 문장으로 언어습관의 차이부터 살펴보자.

» 원문

1. He watched her dance through the window.
2. Did you see the lightning last night?

만약에 이를 다음과 같이 번역했다면 당신은 가만히 있겠는가?

» '원문이 그래요' 번역가의 번역문

1. 그는 창문을 통해 그녀의 춤을 보았다.
2. 어젯밤에 번개를 봤어?

당연히 아래와 같이 고쳐서 번역할 것이다.

» 수정 번역문

1. 그는 창문을 통해 그녀가 춤추는 것을 보았다.
2. 어젯밤에 번개 치는 거 봤어?

춤에는 '추다'란 동사가 붙어야 직성이 풀리고, 번개에는 '치다'란 동사를 붙여야 직성이 풀린다. 참고로 한자어 다음에는 '하다'라는 동사가 단골로 등장한다. 번역가는 이처럼 영어에서 명사로 이야기한 부분에 해당하는 동사를 찾아내 붙여줘야 한다. 때로는 더 적극적으로 추리하고 번역해야 하는 경우도 있다.

» 원문

He was his own doctor at home.

'원문이 원래 그래요'라는 핑계를 입버릇처럼 대는 번역가라면 이렇게 번역할 것이다.

» '원문이 그래요' 번역가의 번역문

그는 집에서 자신의 의사였다.

번역문만 보면 무슨 소리인지 모를 것이다. 원래부터 한국 사람이 썼더라면 과연 이런 문장이 나오겠는가? 출판번역은 최대한 한국저자가 쓴 것과 비슷해야 좋다. 아무리 '원문이 그래도' 한국어에 맞게 번역해야 한다고 생각하는 번역가라면 뜻이 통하도록 아래와 같이 바꿔 번역할 것이다.

» 수정 번역문

　그는 집에서 스스로 치료했다.

'his own doctor' 부분이 '스스로', '치료했다'는 부사와 동사로 바뀌었다. 특히 'be 동사 +명사'도 된 문장은 '명사 +이다'로 그냥 두면 이상한 경우가 많다.
　혹시 지금까지의 예문이 너무 쉬운가? 물론 위와 같은 간단한 문장들에서는 명사를 그대로 놓고 번역하는 사람은 거의 없을 것이다. 하지만 본격적으로 책을 번역하다 보면 그런 문장을 만드는 사람이 비일비재하다. 아래 번역문의 경우를 보라.

» 원문

　To the strength and fierceness of barbarians they added a contempt for life, which was derived from a warm persuasion of the immortality and transmigration of the soul.

» '원문이 그래요' 번역가의 번역문

그들은 야만족다운 힘과 사나움에 더해, 영혼의 불멸과 윤회에 대한 열띤 믿음에서 나오는 삶에 대한 멸시가 더해졌다.

어렵다. 읽기 정말 어렵다. 명사로 점철된 원문을 그대로 명사형으로 옮겼기 때문이다. 이 하나의 문장만 곰곰이 읽고 생각하면 물론 뜻을 이해할 수 있지만, 만약 이런 식으로 책 전체에 걸쳐 명사형 표현들을 그대로 두었다면 끝까지 참고 읽어낼 독자가 몇이나 될까? 지금까지 자신이 무식해서 끝까지 못 읽었다고 생각한 많은 책이 사실은 당신이 무식해서가 아니라 대부분 역자가 능력이 부족해서였다. 난해한 표현으로 가득한 위의 문장은 뭐 대단할 것도 없는 내용을 담고 있다. 다음과 같이 고쳐서 읽어보자. 훨씬 쉬울 것이다.

» 수정 번역문

그들은 야만족답게 강인하고 사나웠을 뿐 아니라, 영혼의 불멸과 윤회를 믿었기 때문에 목숨을 스스럼없이 내던졌다.

영어는 명사를 중심으로 이야기하는 특성 때문에 조어에 유리하다. road kill이니, school zone이니, moving walk니 하는 식으로 얼마든지 새로운 표현을 쉽고 간결하게 만들 수 있다. 이러한 신조어는 순우리말(한자로 조어하는 경우 말고!)로 짧게 옮기기가 쉽지 않다. road kill을 옮긴다고 '도로에서 차에 치여 죽은 동물'이라고 옮기면 너무 길다. moving walk는 어떻게 하면 좋을까? '움직이는 길'이라고 해도 번거롭고 길다. 어떤 신조어가 경쟁력을 갖고 살아남느냐를 따질 때는 한두 자의 차이가 결정적이다. 그래서 요즘엔 영어로 된 신조어가 들어오면 그대로 음독을 하는 추세이다(번역가가 편해졌는걸!) 이를 두고 우리말을 오염시킨다고 비판하는 사람도 있지만, 굳이 영어권에서 온 단어를 한자어로 조어할 필요는 없을 것이다(물론 '나들목'처럼 우리말로 조어할 수 있으면 좋겠다). 오히려 외래어를 쉽게 표기할 수 있는 한글의 장점을 십분 발휘할 수 있다.

비판받아야 할 점은 신조어를 음독해 표기하는 번역이 아니라, 영어와 한국어의 언어적 차이를 무시하고 명사형으로 글을 쓰는 행위다. 특히 교수들이 신문 잡지 등에 기고하는 칼럼을 보면 우리나라 언어의 특성을 무시하고 명사로 점철된 문장들이 자주 눈에 띈다. 유학을 다녀온 티라도 내는 걸까? 과거 '타진요'라는 카페가 문제가 되던 시절에 신문에 실렸던 다음 칼럼을 보시라.

온갖 거창한 표현, 온갖 번역 투를 고루 갖췄다. 그중에서도 두드러진 점은 명사형으로 문장을 만드는 영어식 문장 구성이다. 물론 문단별로 메시지가 완결되지도 않고, 논리가 정연하지도 않다. 흐름도 중구난방이다. 표현들이 거창하지만 사실 거창할 게 하나도 없는 주제를 어깨에 잔뜩 힘만 주고 썼을 뿐이다. 더욱 놀라운 사실은 저자가 언론계열 교수라는 점이다.

> 제목: 왜 타블로를 물고 늘어질까
>
> 갈등과 경쟁은 같은 눈높이의 경쟁자 사이에서나 벌어진다. 싸울 때는 같은 성질의 무기를 들고 달려든다. 그러나 둘은 서로 다른 무기를 내지르고 있다. 겉으로 보면 타블로는 개인사적 진정성을, 타진요는 그 진정성에 대한 의심을 주장한다. 하지만 타진요는 타블로가 교포, 스탠퍼드대, 수재, 가수 등의 외국물, 잘남을 내세운 것이 성공의 한 요인이므로 이에 대한 의혹을 밝혀야 한다고 주장한다. 이로 미루어볼 때 타진요의 무기는 외국물, 잘남으로 포장된 타블로의 정체성에 대한 위화감을 뒤에 감추고 있는 게 아닌가 싶다.
>
> 요컨대 이 논란은 사람이 특정한 영역에서 일어나는 일에 대해, 그 영역의 논리가 아닌 다른 논리를 들이미는 현상의 전형적 사례라고 할 수 있다…… 세상이 열려버린 것이다. 누구나 어디든 들락거리고, 말을 걸고, 시시비비를 논한다. 옳든 그르든 손쉬운 넘나듦으로 빠져든다…… (중략)
>
> 넘나듦이 첫 번째 발견이라면 두 번째 발견은 이런 넘나듦이 지칠 줄 모른다는 사실이다……온라인의 동원력을 강화하는 것은 오프라인의 공조. 제도권 권력인 검찰의 개입은 비제도권의 넘나듦을 제도권으로 끌어들여 결국 정상적인 현상의 하나로 도장 찍어주는 역할을 한다……. 세 번째 발견은 검찰의 개입으로 넘나듦의 생태계 구성이 완성된다는 것이다. 남의 일에 대한 비판과 관심이 온·오프라인의 공방으로 확대되면서 우리 삶에 일상적으로 자리 잡아버리는 현실을 목도한다. (이하 생략)

후배들에게 보내는 편지 02

"직역이 좋나요, 의역이 좋나요?"

"직역이 좋나요, 의역이 좋나요?"
"부드럽게 술술 읽히는 번역문이 좋아요?, 아니면 원문에 충실한 번역문이 좋아요?"
 꽤 자주 듣는 질문입니다. 이럴 때마다 나의 대답은 항상 똑같습니다.
"저자의 메시지가 잘 전달되는 번역문이 좋습니다."
 흔히 원문에 충실한 번역을 해야 한다는 말에는 오해가 있습니다. 수사 하나, 토씨 하나 빼지 않고 모두 옮겨놓아야 오역의 시비를 피할 수 있다는 생각입니다. 하지만 단어 하나하나를 1:1로 대응해 나열하는 태도는 오히려 문장의 메시지 전달력을 떨어뜨립니다. 그렇게 문장을 구성하는 사람은 정작 중요한 정보를 빠뜨리는 경우가 많습니다.
 메시지 전달력을 높이기 위해서는 저자의 주된 메시지가 뭔지 판단해야 합니다. A, B, C, D란 정보들이 나열된 문장이라고 하더라도 저자가 D를 이야기하기 위해 A, B, C를 나열했다면 A, B, C, D를 그대로 나열해서는 안 됩니다. 문장의 논리 전개가 결국 D로 흘러갈 수 있도록 A, B, C를 배치해야 하죠. 물론 우리나라 말로 D를 이야기하는 데 A가 방해가 된다면 A를 생략하거나 약간 변형해 표현해야 하는 경우도 있습니다.
 부드럽게 술술 읽히게 번역해야 한다는 주장에도 흔히 오해가 있습니다. 부드럽게 읽히기는 하는데 저자의 메시지를 아예 왜곡하는 경우도 있고,

저자가 D를 강조한다는 사실이 묻혀버리는 경우도 있습니다. A, B, C, D가 다 부드럽게 나열되기는 했어도 저자가 궁극적으로 말하고자 하는 게 D라는 사실이 드러나지 않는다면 좋은 번역이라고 할 수 없습니다. 아니, 그건 번역도 아니라고 하고 싶네요.

이런 질문도 많이 받습니다.

"수비에 치중하는 번역이 좋다고 생각하세요? 아니면 보다 공격적인 번역이 좋다고 생각하세요?"

이때도 내 대답은 똑같습니다.

"저자의 메시지가 잘 전달되는 번역문이 좋습니다. 그리고 원문을 읽을 때의 느낌까지도 전달되면 더욱 좋겠죠."

전치사를 풀어야 문장이 산다

영어로 된 유머 중에는 한국어로 옮기기가 어려운 유머들이 있다. 명사나 전치사로 장난치는 유머가 그러하다. A와 B가 나누는 다음과 같은 대화를 보자.

A: "Do you own a pocket calculator?"
B: "No, never needed one.
　　Always known how many pockets I've got!"

여기서 pocket calculator란 주머니에 들어갈 만한 '휴대용 계산기'를 뜻할 수도 있지만, '주머니의 개수를 세는 계산기'란 뜻을 의미할 수도 있기 때문에 나온 말장난 유머다. 마찬가지로 명사의 단짝 전치사를 비튼 유머도 있다.

>Two golfers are at the first tee:
>A: "Hey, guess what!
>   I got a set of golf clubs for my wife!"
>B: "Wow…. Great trade!!!!!"

첫 번째 사람은 아내를 위해서 골프채를 장만했다고 말했겠지만, 익살맞게도 골프채와 아내를 바꿨다고 해석할 여지도 있기 때문에 나온 말장난 유머다. 'for'란 전치사는 기본적으로 "교환하다"란 의미를 내포하고 있다. 그런데 'for'의 뜻을 '위하여'라고 기계적으로 암기하고 있는 사람은 이런 유머를 이해하기 어렵다. 책에 이처럼 명사나 전치사를 비트는 유머가 나오면 골치 아파진다.

 유머야 이중으로 해석될 수 있는 여지를 즐기는 셈이지만, 웃기기 위한 문장이 아닌 일반 문장이라면 for의 의미가 아내를 위한 것인지, 반대로 아내를 처분하려는 것인지 동사를 바꾸거나 부사를 첨가해 밝혀줘야 한다.

 한국인들이 영작할 때 가장 많이 틀리는 품사가 바로 관사와 전치사다. 우리나라에는 없는 품사인 데다 동사를 중심으로 문장을 구성하는 습관이 있기 때문에 어려울 수밖에 없다. 사실 어렸을 때부터 영미권에서 자란 사람이 아닌 이상 영작할 때 전치사를 자유자재로 이용할 수 있는 한국인은 거의 없다.

나는 언젠가 네이버 카페 〈글로 먹고살기〉에서 회원들에게 영작 퀴즈를 내본 적이 있다. 외서를 번역하면서 봤던 문장 중에서 한국 사람이 영작하기 어려운 유형을 골라 문제로 만들었다. 한글 번역문을 보여주면서 원서의 문장을 추리해보라고 한 것이다.

» 한글 번역문

"상황이 아주 혼란스러웠다는 점을 감안해도, 아무 것도 보지 못했다는 그 경관의 말을 믿기는 힘들었어요."

퀴즈에 참여한 회원들은 예상대로 동사나 동사에서 연유된 품사를 많이 사용했다.

» 학생1의 영작문

Taking it into consideration that the situation **was** a mess, it **was** hard **to believe** the police officer's statement that he **didn't see** anything.

» 학생2의 영작문

The whole crime scene **could be** such a big mess, but it **was** not enough **to make** me buy the officer's **denying seeing** anything at all, though.

하지만 원저자는 'with +명사'를 사용해서 간략히 표현했다.

» 원저자의 문장

It was hard for me to believe that, even with all the chaos, he didn't see anything.

어느 것이 맞고 틀리다가 아니라, 언어 사용 습관의 차이를 봐주기 바란다. 도전 정신이 불타오르는 분은 다음 퀴즈도 생각해보시라.

» 한글 번역문

"잠시 비어 있던 심리학과 건물의 한 층을 무대로 삼고, 학생들을 연기자로 삼았다. 학생들이 두 팀으로 나뉘어 이리저리 움직이며 농구공을 패스하는 장면을 찍어 짧은 동영상을 만들었다."

이번에도 역시 동사나 동사에서 연유된 품사를 많이 넣어 번역했다. 과연 원문도 그럴까? 학생들 번역과 비교해보자.

» 학생1 영작문

I **made** a short video, **setting** in the floor of psychology building which **was** empty for a while, and **casting** my students as actors. (반쪽만 영작함)

» 학생2 영작문

Making a floor of the empty psychology building a stage and **casting** some students for actors, I **produced** a short video clip in which two teams of students **were moving** fast, **assign** a basketball each other.

한국 사람의 영작문에는 유난히 관계대명사와 분사구문이 많이 들어간다. 동사를 많이 쓰기 때문에 발생하는 현상이다. 원문은 다음과 같았다.

» 원저자의 문장

With our students as actors and a temporarily vacant floor of the psychology building as a set, we made a short film of two teams of people moving around and passing basketball.

이제는 다시 원저자의 문장을 한국어 문장으로 바꾸는 영한번역을 생각해보자. 전치사와 명사로 간략히 표현된 부분을 그대로 두지 말고 동사와 부사를 사용해 풀어줘야 우리말답게 자연스럽고 이해하기 편한 문장이 된다. 사실 with는 우리가 영어로 말할 때 잘 사용하기 어려운 대표적인 전치사이다. 우리가 영어를 처음 배울 때 with는 '~와 함께'로 외웠지만, 그렇게 사용되지 않는 경우에는 잘 쓰지 못한다.

전치사 대부분이 우리가 1:1로 외웠던 뜻과 다르게 사용될 경우에 오역 혹은 가독성이 떨어지는 현상이 많이 일어난다. 따라서 전치사를 번역할 때는 뜻을 1:1로 대입하지 말고 그때그때 상황에 맞게 풀어줘야 한다. 전치사 to, of, about의 경우도 마찬가지다.

» 원문

The people that we love, the things that we love to do, the way that we find love in the world and allow ourselves to be loved, are clues to the direction that our compass is pointing.

» '원문이 그래요' 번역가의 번역문

우리가 사랑하는 사람들, 우리가 하고 싶어 하는 것들, 우리가 세상에서 사랑을 찾고 사랑받는 방법은 우리의 <u>나침반이 가리키는 방향</u>

에 대한 단서이다.

» 수정 번역문

우리가 사랑하는 사람들, 우리가 하고 싶은 일들, 우리가 세상에서 사랑을 찾고 사랑받는 방식은 우리의 <u>나침반이 어떤 방향을 가리키고 있는지 가늠할 수 있는 단서들이다.</u>

밑줄 친 부분을 단순히 '방향에 대한 단서'라고 번역하기보다는 서술어를 넣어 보다 이해가 빠르게 번역을 하니 가독성이 높아졌다.

전치사 of도 '~의'와 같은 식으로 명사를 나열하는 방식으로 옮기기보다는 서술형으로 바꾸는 게 자연스럽다.

» 원문

Wherever there happened a calamity that left people destitute, there would go hurrying a generous consignment of the wheat flour at its "nothing" price.

» '원문이 그래요' 번역가의 번역문

사람들을 곤궁에 빠트릴 재난이 일어나면 <u>그 밀가루의 넉넉한 배급</u>

이 무상으로 신속하게 이루어졌다.

» 수정 번역문

재난으로 인해 사람들이 궁핍해질 때마다 그 밀가루가 '무료'로 빠르고 넉넉하게 배달되었다.

전치사 about도 기계적으로 '~에 대하여'로 번역하면 불친절해서 가독성이 떨어지므로 우리말답게 서술어를 넣어 번역해야 자연스럽다.

» 원문

Leadership is about confidence

» '원문이 그래요' 번역가의 번역문

리더십은 자신감에 관한 것이다.

» 수정 번역문

리더십은 자신감에서 나온다. / 리더십에서 중요한 것은 자신감이다.

후배들에게 보내는 편지 03

좋은 번역이란

"어떤 번역이 좋은 번역인가요?"
"우리말 표현력을 높이려면 어떻게 해야 하나요?"
 번역에 관해 이런 질문을 자주 받습니다. 표현 능력을 높이는 데 도움이 되는 교재를 추천해달라는 부탁도 따라옵니다.
 저는 번역이란 '언어 장벽을 넘어 저자의 메시지를 독자에게 잘 전달하는 것'이라 생각합니다. 따라서 번역가가 함부로 저자의 메시지를 왜곡해서는 안 되고 과하게 분칠을 하거나 중요한 메시지를 빼서도 안 됩니다. '더도 말고 덜도 말고 한가위만 같아라'라는 표현을 빌리자면, '더도 말고, 덜도 말고 딱 저자가 말한 대로 전달하라'고 말하고 싶습니다.
 최근 TV에서는 새내기 가수를 뽑는 리얼리티 프로그램이 인기입니다. 거기서 멘토로 등장하는 기성 가수나 작곡가가 하는 말을 잘 들어보면 공통점을 발견할 수 있습니다. 그들은 가수 지망생들이 기본 실력을 기르기 전에 기교를 넘치게 부리지 말라고 주문합니다. 저는 번역도 마찬가지라고 생각합니다. 멋진 표현, 부드럽게 읽히기 위한 문장에 연연한 나머지 과하게 분칠하여 저자의 메시지를 왜곡해서는 안 됩니다. 처음 공부할 때는 반드시 정확하게 번역하는 습관을 들여야 합니다. 저자가 쓴 동사를 함부로 바꿔서도 안 되고, 주어도 함부로 바꿔서는 안 됩니다. 항상 조심스러워야 합니다. 언어의 차이 때문에 발생하는 부득이한 경우에 앞뒤 문맥에 해를 끼치지 않는 범위 내에서 조심스럽게 바꿉니다. 문장을 함부로 잘라서도 안 됩니다.

　또한, 문장은 쉬워야 합니다. 소설가 조정래 씨는 "공장 노동자들도 힘든 일과를 마치고 나의 책을 볼 수 있도록 쉽게 쓰도록 노력한다."라고 말했습니다. 책이란 저자의 주장을 담는 커뮤니케이션 수단입니다. 어깨에 잔뜩 힘을 주고 쓴 현학적이고 권위에 찬 표현은 저자 스스로 자족하는 수단일 뿐입니다. 쉬운 표현이 가장 좋은 표현입니다.

　그리고 간결한 표현이 가장 세련된 표현입니다. 이는 말할 때와 비슷합니다. 말을 잘 못 하는 사람일수록 장황하고, 어렵게 말을 하며, 중언부언합니다. 말을 잘하는 사람은 듣는 이의 머리에 쏙쏙 들어가도록 간결하게 말합니다. 책도 마찬가지입니다. 장황하고 중복되지 않아야 합니다.

　책은 독자를 지겹게 만들어서도 안 되고, 어렵게 만들어서도 안 됩니다. 그런 책은 이미 커뮤니케이션 수단이라는 책의 임무를 포기한 책입니다.

글도 늙는다

 번역을 평생 직업으로 기대하는 분들께는 실망스러운 말일 수 있겠지만, 글도 나이를 먹는다. 그리고 다른 분야와 마찬가지로 번역 분야에서도 늙은 사람을 반기지 않는다. 하지만 자신의 나이가 너무 많다고 생각해 실망할 필요는 없다. 어차피 출판용 글은 중3 학생 수준에 맞춰야 하기 때문에 이 글을 읽는 독자라면 누구나 그들보다 나이가 많기는 마찬가지다. 게다가 얼굴을 동안으로 만들기는 한계가 있지만, 글을 늙지 않게 만드는 안티에이징 처방은 효과가 크다. 나이를 안 먹는 데 그치지 않고 더 젊게 만들 수도 있다.
 나는 학생들이 번역한 문장만 봐도 대충 그 사람의 나이를 맞출 수 있다. 공항에서 일하는 사람들이 비행기 소리만 듣고 비행기 기종을 맞출 수 있고, 실력 있는 소믈리에가 라벨을 보지 않고도 포도주를 감별하는 것과 비슷하다고나 할까. 다음의 번역문을 보고 번역자의 나잇대를 가늠해보시라.

> 서문을 쓰고 있는 지금, 나는 상전벽해의 사건에 탄식하며 비행기에서 맨해튼의 스카이라인을 내다보고 있다. 베어스턴스는 포천 500의 156위에서 추락하여 리스트에서 사라졌고, 주말에 걸친 자포자기적인 거래를 통해 JP 모건 체이스에 인수되었고, 리먼브라더스는 158년간의 성공과 발전 끝에 파산의 구렁텅이로 굴러 떨어졌다. 미 정부는 제2의 대공황을 막기 위한 전 방위적인 노력의 일환으로 최근 70여 년간 한 번도 시행하지 않은 민간 자산에 대해 포괄적인 인수를 개시하였다.
>
> 보다 정확히 하자면 본 고는 2008년의 월스트리트의 금융 위기에 관한 것도 아니며, 자본 시장의 고장난 매커니즘을 손보려는 의도는 더더욱 아니다. 본 고가 지향하는 바는 절대강자로 여겨지는 기업들조차 쇠락의 길을 걸을 수 있다는 것을 조사를 바탕으로 제시하는 것이며, 기업의 리더들로 하여금 불행한 운명을 피해 갈 수 있는 기회를 제공하려는 것이다.
>
> 리더들은 여기에서 검토되고 있는 5단계의 쇠락 과정을 이해한다면 업계 대표 기업에서 저 심연의 바닥으로 굴러 떨어질 확률을 상당 부분 줄일 수 있을 것이다.

이처럼 나이가 많은 사람일수록 한자어를 많이 쓰고, 거창하게 표현한다. 반대로 젊은 사람은 한자보다는 영어 표현을 많이 쓰는 경향이 있고, 때로는 출판물에 어울리지 않을 정도로 속된 표현을 쓰기도 한다(어떤 젊은 학생은 번역문에 '종결자'란 표현을 써서 놀라기도 했다). 어떤 이들은 영어를 음독하는 추세에 강한 반감을 보이지만, 방송과 신문에서 일반화된 영어 표현이라면 그대로 음독해서 사용하는 게 좋다. 되도록 많은 사람이 알고 있는 표현을 사용해야 가독성이 좋아지기 때문이다.

과거에 '바른번역' 회원 중에 중년의 번역가가 한 분 있었는데, 출판사로부터 문장이 너무 올드스타일이라고 지적받았다. 거듭 말씀드려도 나아질 기미가 없어서 내가 직접 조언을 드리기로 했다. 마침 그분의 번역문에서 가장 먼저 눈에 띄는 한자어가 '전전반측(輾轉反側)'이었다. 잠을 이루지 못해 전전긍긍한다는 뜻이지만, 요즘 젊은 사람들은 잘 알지 못할 표현이 분명했다. 그런데 전전반측이란 표현을 지적당하자 그분은 불같이 화를 냈다. 그 정도가 뭐가 어렵다고 하느냐고. 책을 읽는 사람이라면 그 정도는 알고 있어야 하지 않느냐고.

물론 그 말이 맞을 수 있다. 글의 표현 수준을 마냥 밑으로만 계속 끌어내릴 수 없을지도 모른다. 하지만 돈을 받고 판매하는 글이라면 요즘 젊은이들의 이해도에 맞게 표현해야 하는 것도 맞다. 그것이 책을 많이 팔고자 하는 고객(출판사)의 요구에 부응하는 길이다.

반드시 생물학적 나이와 글의 나이가 일치하는 것도 아니다. 어떤 사람은 나이가 젊은데도 글은 환갑을 넘은 사람처럼 쓰기도 하며, 또 어떤 분은 나이가 많으시지만 젊게 표현을 잘하신다. 아마도 PC 통신 시절부터 젊은 사람들과 호흡을 잘 맞춰 오신 덕분이라 추정된다. 요즘엔 몸짱 아줌마 정도가 아니라, 몸짱 할머니, 몸짱 할아버지도 있듯이, 그야말로 안티에이징이 화두인 시대다. 번역가도 글을 젊게 만드는 안티에이징 노력을 게을리해서는 안 될 것이다.

 글이 나이 들어 보이는 이유는 다음과 같은 표현들 때문이다.

1) 불필요하게 자주 강조하는 표현
(예를 들어 무성영화 시대 변사처럼 강조의 '것'을 자주 사용하는 경우)

2) 하나의 서술어를 목적어와 서술어, 혹은 주어와 서술어로 분리해 사용하는 표현
(예를 들어 '근절되다', '타결됐다' 등 하나의 서술어로 쓰면 될 것을 '근절이 되다', '타결이 됐다'는 식으로 매번 분리해서 사용하는 경우)

3) 거창한 한자어 표현
(같은 한자어라도 쉬운 표현이 있고, 어려운 표현이 있는 법이다)

4) 군더더기나 반복되는 표현

5) 옛날식 진부한 표현

참고로 너무 거창하거나 나이든 표현과 젊은 표현을 몇 개 비교해보자(물론 책의 성격에 따라서 허용범위가 달라질 수도 있다).

나이 든 표현	젊은표현
다수의	많은
통상적으로는	보통은
본인은	나는
정체 모를	알 수 없는
시기는	때는
불	달러
필수적이다	꼭 필요하다
기술하다	쓰다
~라 아니할 수 없다	~라 할 수 있다
~였던 것이다	~였다

반면 책에는 어울리지 않게 너무 속된 구어체 표현을 써서 놀라게 하는 분들도 있다. 요즘엔 특히 인터넷 매체에 익숙해져 속된 표현을 즐기는 분이 많지만, 책은 가장 정제된 표현을 써야 하는 매체이므로, 점잖게 순화시켜야 한다. 젊게 표현하라고 해서 속된 표현을 쓰면 안 된다.

속된 표현	순화된 표현
인기 짱이었다	인기가 많았다
완전 좋았다	아주 좋았다
종결자였다	최고였다
젬병이었다	소질이 없었다

약발이 떨어졌다	효과가 떨어졌다
우려먹는 이야기였다	자주 하던 이야기였다
죽이 맞았다	손발이 잘 맞았다
땡잡았다	횡재했다
놀려먹었다	마구 놀렸다
원샷했다	한숨에 들이켰다

후배들에게 보내는 편지 04

세상 속으로

번역가 지망생 가운데는 사람을 직접 대하는 데 어려움이 있어 번역이라는 직업을 선택하고 싶다고 말하는 사람들이 있습니다. 물론 번역가 중에는 세상과의 소통에 익숙하지 못한 사람들이 간혹 있습니다. 말로 소통하기보다는 이메일이나 휴대폰 문자 등 비대면 소통을 극히 선호하는데, 대면해서 말하기를 꺼리기 때문에 외출도 잘 하지 않습니다.

 그러나 유감스럽게도 번역가라는 직업 역시 인간관계를 소홀히 할 수 있는 세계는 아닙니다. 책이란 세상과의 소통을 목적으로 탄생한 도구입니다. 그런 도구를 다루는 사람이 세상과 담을 쌓고 살 수는 없는 노릇 아니겠습니까. 다른 사람들과 대면 접촉을 기피하는 번역가들은 편집자들과 불필요한 논쟁을 벌이는 경우가 있어 안타까운 일이 벌어지기도 합니다. 편집자가 번역에 대해 불만을 제기하면 심지어 "내 글을 한 자도 고치지 마라, 싫으면 내 번역문 사용하지 말고 계약 파기하라!"라고 극단적인 태도를 보이기까지 합니다(사실 그런 뒤에 후회하고 자조하는 게 더 문제입니다).

 물론 글을 쓰거나 옮기는 사람은 자신의 글에 민감한 편이어서, 누군가 자신의 글을 비판하면 예민해지기 쉽습니다. 따라서 자신의 번역에 대해 편집자가 왈가왈부하는 것을 지극히 예민하게 받아들이는 번역가가 있는데, 감정을 앞세우면 일을 더 어렵게 만들 뿐입니다.

 편집자는 번역가와 적대적인 위치에 있는 사람이 아닙니다. 번역이 잘 나와야 책도 잘 팔 수 있기 때문에 번역가와 편집자는 공생의 관계에 있다고 할 수 있습니다. 자신의 번역문에 대해 불만을 털어놓는 편집자나 출판사가 있다면 마음이 불편하겠지만, 책을 출판하느라 돈을 투자하는 출판사의 입장을 생각해서 함께 머리를 맞대고 문제를 풀어나가야 합니다.

번역에 대한 문제를 제기하면 전화도 잘 받지 않고, 대면 접촉도 거부하며 오로지 휴대폰 문자와 이메일로 공방을 벌이려는 태도를 보이는 사람이 있는데, 이는 문제해결에 도움이 되지 않습니다. 이메일보다는 전화, 전화보다는 직접 대면해서 문제를 해결하는 게 가장 좋습니다. 전화는 상대방의 얼굴을 보지 않기 때문에 자칫 감정 과잉으로 심한 말을 할 수 있고, 상대방의 예민한 부분을 건드려 감정적인 대립으로 발전할 수도 있습니다.

나는 속세에서 벗어나 도를 닦는다는 사람을 믿지 않습니다. 도는 속세에서 닦는 게 훨씬 어렵고 또 그래야 합니다. 세상 사람들과 어울리고 또 때로는 엇갈린 이해관계를 풀고 하는 가운데 인격도 성숙하는 것이니까요. 속세를 벗어나 도인인양 행세하는 사람들은 심하게 말하면 도피처를 찾아 숨고 싶어 하는 사람일 뿐이라 생각합니다. 더구나 세상 사람들에게 돈을 받고 판매하는 책을 번역하는 사람이 세상을 피하고 벗어날 수는 없는 노릇 아니겠습니까.

5장

이런 것도 궁금해요

이 책을 처음 쓴 이후로 6년의 세월이 지났다. 그동안 이 책 덕분에 많은 분을 만날 수 있었으며, 새로운 질문을 보내주신 분들도 있었다. 그래서 5장에는 이 책을 처음 쓸 당시에는 생각지 못했던 질문들에 대한 답변을 보강하였다.

많이 묻는 질문들

 이 책의 초판이 출판되고 나서, 지망생들로부터 오히려 질문을 더 많이 받게 되었다. 애초에 책을 쓸 때는 상상도 못 했던 기발한 질문들도 많이 들어온다. 이메일로 들어오는 질문도 있었고, 무조건 찾아와서 물어보시는 분도 있었으며, 인터뷰를 가장해(?) 물어오는 귀여운 학생들도 있었다.

 지금껏 그러한 모든 질문에 되도록 친절히 답변해 드리려고 노력은 했지만, 바쁠 때는 미처 답을 못한 경우도 있었다. 사람들의 질문이 많이 겹치기 때문에 날짜를 정해 한 번에 만남의 자리를 마련해 답변을 드리기도 했지만, 이 책에서도 그러한 추가적인 질문들에 대한 답변을 지면을 통해 해드리고자 한다.

 그동안 받은 질문 중에는 이미 책의 앞부분에서 설명이 되어 있지만, 더 자세한 보충설명이 필요로 한 경우도 있었고, '정말 이런 것도 물어볼 수 있겠구나' 싶은 생각이 들 정도로, 전혀 예상치 못했던 질문들도 있었다. 모쪼록 다음의 답변들이 출판번역에 관심 있는 독자들에게 많은 도움이 되길 바란다.

» Q. 책이 잘 안 팔린다는데, 장래성이 있을까요?

A. 책이 예전만큼 팔리지 않는다는 사실에는 저도 동의합니다. 예전에는 베스트셀러 목록에 이름이 올라가려면 최소한 수십만 부는 나가야 했는데, 요즘은 몇만 부만 나가도 된다는 말이 있을 정도예요. 출판사들에는 그리 달갑지 않은 현상이 분명하지요.

 그런데 말이에요, 대형 서점에 나가보면 책은 오히려 더 많아진 느낌이 들지 않으세요? 아니, 정확히 말하자면, 정말 다양한 책들이 어찌 그리 많은지 독자로서 행복하기도 하고, 어지럽기까지 한 지경이에요. 어찌 된 일일까요?

 앞서 말한 것처럼 베스트셀러의 판매량 자체가 많이 줄어든 것은 사실입니다. 예전에는 한번 베스트셀러가 되면 보통 수백만 부 나갔기 때문에, 베스트셀러가 하나 터지면 출판사가 빌딩을 짓는다는 말이 있을 정도였어요. 그래서 '저 출판사는 어떤 책 덕분에 사옥을 지었고, 또 저 출판사는 어떤 책 덕분에 몇 층짜리 건물을 올렸다'는 소문들이 출판계에서 나돌 정도였으니까요. 출판사야말로 벤처기업의 원조였던 셈이죠. 그래서인지 과당경쟁도 심했습니다. 베스트셀러가 터지기만 한다면, 그야말로 한몫 잡을 수 있기 때문에 마케팅 투자도 엄청나게 하고, 심지어 불법 사재기까지 횡횡했죠. 따라서 해외의 유명 작가들을 잡으려는 경쟁도 치열해서, 작가들에게 미리 지급하는 선인세가 천장 높은 줄 모르고 올라갔습니다. 심지어는 일본 출판사들이 곱지 않은 시선으로 볼멘소리를 할 지경이었어요. 왜냐면 미국에서 출판권을 협상하는 에이전시들이 "일본은 한국보다 출판시장이 훨씬 큰데도, 왜 선인세를 한국보다 작게 제시하느냐"고 따지는 일이 종종 있었다고 해요. 그래서 한국 때문에 일본도 미국 작가들에게 선인세를 높여 줘야 한다고 한국 출판사들에 불평을 쏟아내기도 했다네요.

그런데 이제 하늘 높은 줄 모르고 올라가던 선인세 경쟁도 거의 꺼진 듯해요. 이제는 우리나라 출판사들도 예전처럼 많은 돈을 베팅하며 경쟁하기에는 베스트셀러 볼륨이 줄었기 때문이죠. 그래서 예전처럼 홈런을 칠만한 대형 타이틀에 목매기보다는, 리스크를 줄여서 1루타나 2루타 정도를 칠 수 있는 타이틀을 꾸준히 펴내고 있답니다. 영화에 비유하자면, 수십억을 쏟아붓는 블록버스터를 제작하기보다는 투자액 대비해서 짭짤하게 성공할 수 있는 중소형 영화를 선호한다고 볼 수 있을 거예요. 그런 영화를 만들려는 제작사는 촬영비가 많이 드는 화려한 액션 장면보다는 탄탄한 시나리오에 더 관심을 기울이겠죠?

출판시장도 마찬가지예요. 출판사들이 욕심을 덜 부리고 소위 단타

위주의 작품들을 더 선호하게 되면서, 역설적으로 출판의 다양성이 더 좋아진 듯해요. 과거에는 대형 출판사들을 중심으로, 대형 타이틀 위주의 시장이었다면, 지금은 이름도 생소한 출판사들이 펴낸 소박한(?) 목표치를 가진 책들도 소소하게 참 많이 나오는 거 같아요. 그렇게 출판이 다양화되는 것은 번역가로서는 오히려 환영할 일이죠. 실제로 제가 운영하는 번역 에이전시인 '바른번역'에도 오히려 번역 의뢰가 점점 더 늘어나는 추세에요. 그만큼 다양한 종류의 책이 번역되어 나온다는 의미겠죠.

출판번역에 대해 제가 낙관하고 있는 또 다른 이유는 전 세계에서 생산되는 지식 콘텐츠가 대부분 한국어가 아닌 외국어로 나온다는 사실 때문이에요. 최근에는 과거에 비해 한국인 저자들도 많아지긴 했지만, 그래도 한국은 전 세계 주요 출판시장 가운데에서 외서 비중이 압도적으로 높은 국가에요. 왜냐하면, 세계적 차원에서 볼 때 대부분의 지식 콘텐츠는 영어를 비롯한 외국어로 생산되기 때문이죠. 지식 콘텐츠는 다른 상품과는 달리, 외국의 좋은 지식 상품을 적극적으로 수입해야 한다고 봐요. 그리고 아쉽기는 하지만, 한국어를 쓰는 인구가 북한을 제외하면 5천만 명 정도에 불과하기 때문에, 앞으로도 우리나라는 외국어로 쓰인 지식 콘텐츠를 수입해서 계속 번역해야 하는 운명에 있다고 생각합니다. 이 때문에 책이라는 상품 자체가 없어지지 않는 한(물론 그럴 일도 없습니다만), 출판번역은 영원히 존재할 '업'이라고 생각합니다.

» Q. 장래에 인공지능이 번역하면 어떡하죠?

A. 알파고가 바둑계를 제패하고 난 뒤, 이런 질문을 하는 분들이 생기기 시작하더군요. 특히 요즘은 AI(인공지능)의 발전으로 향후 10년 이내에 직업의 60퍼센트가 없어질 것이라는 둥, 심지어 열에 여덟은 없어질 것이라는 둥, 그야말로 온갖 전망이 쏟아져 나오고 있죠. 그런 기사가 언론에 오르내릴 때마다, 특히 취업을 앞둔 젊은 사람들은 고민이 깊어질 것 같네요.

그런데…, 그런데 말이에요. 자동화와 인공지능으로 대표되는 4차 산업혁명의 물결을 피해갈 수 있는 분야가 있긴 할까요? 정말 과거처럼 안정적인 직업이 남아 있을까요? 저는 없다고 감히 단언해요. 단순 반복적인 노동을 하는 직업은 말할 것도 없고요. 의사나 변호사 같은 지식 노동자들도 절대 안전하지 않아요. 지금처럼 동네 의사가 문진하고 아픈 부위를 만져보며 하는 진단 방식은 사라질 거예요. 대신 인터넷을 통한 원격진료, 혹은 피 한 방울이나 유전자 검사만으로도 훨씬 정확하게 병을 진단할 수 있는 세상이 올 테지요. 또 치료도 마찬가지예요. 인공지능과 로봇팔이 결합하여 훨씬 정교하게 수술할 수 있는 날도 올 겁니다. 법률인은 어떤가요? 인공지능이 수많은 법률과 판례, 심지어 외국 사례들까지 몇 분 만에 모조리 검토하여 최적의 변론 서비스를 싼값에 해줄 날도 올지 모릅니다. 마치 최근에 금융시장에서 AI 펀드매니저들이 펀드를 운용하기 시작한 것처럼요.

그런데 말이에요…. 그렇다고 정말 모든 분야의 직업이 아예 없어질까요? 당연히 아니겠죠. 저는 분야마다 인공지능 및 로봇과 협업하는 새로운 형태의 직군이 나올 거라 예상해요. 이왕 예를 든 김에 비행기 조종사도 생각해 볼까요? 사실 자동화 비율로 따지자면 비행기 조종사만한 직업도 없을 테니까요. 이미 자동화율이 90%가 넘는다고 하며, 심지어 가까운 미래에는 자동화율이 거의 100%에 달할 것으로 전망되고 있죠. 하지만 그렇다고 파일럿이란 직종이 완전히 사라질 것으로 보는 사람은 없을 거예요. 왜 그럴까요? 사실 파일럿이 근무시간 내내 열심히 뭔가 작업을 해야 하는 직종은 아닙니다. 근무의 90% 이상은 그저 기계가 정상 작동되고 있는지 점검만 하면 되죠. 그런데도 파일럿들이 하는 업무의 중요성을 간과하는 사람들은 없어요. 아무리 자동화가 이루어진다 해도 파일럿이 없는 민간 항공기는 상상하기 어려울 거예요.

 전 모든 직업이 마찬가지라고 봐요. 지금과 똑같은 방식으로 근무하는 일자리 자체는 많이 줄어들 수 있어도, 직업 자체가 아예 사라지는 분야는 절대 많지 않을 거로 생각해요. 대신 지금 현업에 종사하는 사람들이 시대의 변화에 맞춰 꾸준히 자신의 업을 조정하고 업그레이드할 것으로 생각해요.

 기술의 발전이 두려워 자신이 좋아하는 일에 뛰어들지 못한다면, 그것만큼 어리석은 일도 없다고 생각해요. 번역가도 마찬가지예요. 과거 컴퓨터와 인터넷이 없었던 시절에는 번역이 참 어려운 작업이었어요. 일일이 종이사전을 뒤져봐야 했고, 도서관에 가서 관련 자료도 찾아봐야 했으니까요. 원고지에 글을 쓰다 보면 수정작업도 쉽지 않았기에 시간이 참 많이 걸렸죠. 그런데 컴퓨터와 인터넷이 상용화되면서, 번역가의 생산성이 크게 올라갔습니다. 번역료 단가 자체는 많이 오르지 않았지만, 생산성 향상으로 이익이 된 면이 크죠. 저는 인공지능의 활용도 마찬가지라고 봐요. (아직은 번역기의 품질이 너무 좋지 않아 출판번역에서는 무용지물이지만, 장래에는 출판번역가에게도 도움이 될 날이 오겠죠) 번역가가 인공지능의 도움을 받게 되는 날이 오더라도, 출판번역가란 직업이 아예 없어지지는 않을 겁니다. 책은 공짜 텍스트가 아니거든요. 공짜 텍스트는 어쩌면 소프트웨어가 담당하는 1차 번역 수준에서 그대로 대중에게 제공될 겁니다. 하지만 돈을 받고 파는 유료 텍스트를 인터넷에 돌아다니는 무료 텍스트처럼 번역기 돌려서 판매할 수는 없습니다. 1차 번역은 소프트웨어가 어느 정도 도와줄 수 있지만, 반드시 원문을 함께 비교해보며 수정하고 감수하는 번역가의 영역이 고유의 '업'으로 존재할 것입니다.

 물론 번역가들도 자신을 스스로 업그레이드하려는 노력은 필요하다고 봅니다. 문진을 주로 하는 의사들이 도태되어 가듯이, 기존의 작업방식만 고수하는 번역가들은 살아남기 어려울 수 있으니까요. 인공지능의 발달로 현재 석 달 걸리는 출판번역 작업이 한 달, 아니 어쩌면 일주일에 한 권씩 번역할 수 있는 세상이 올 수도 있습니다. 그럴 경우 살아남는 번역가는 누구일까요?

 단지 번역가뿐만이 아니라, 어떤 업종이든 상위 20%는 미래에도 살아남을 수 있습니다. 아니, 단순히 살아남을 뿐 아니라, 더욱 번창할 것이라고 저는 단언합니다. 사실 지금도 전 분야의 상위 20%와 나머지 80%의 차이는 대단하죠. 이런 양극화는 사실 이 순간에도 계속 진행 중이랍니다. 4차 산업혁명으로 인해 그 속도가 더욱 빨라지는 것뿐이지요. 가수나 배우 같은 연예인들의 평균 임금이 얼마나 되는지 아세요? 어느 신문기사에 의하면 충격적이게도 최저임금에 가깝다고 해요. 우리는 상위 20%의 유명 배우나 가수들만 생각하기 때문에 연예계가 대단히 고수익 분야라고 생각하지만, 나머지 80%는 전혀 그렇지 않은 거지요.

 연예인은 물론 극단적인 직종이지만, 앞으로는 전 분야가 이처럼 극단화될 거로 생각합니다. 그러니까 앞으로 어떤 직업이 살아남을지 고민하는 것은 무의미해요. 그 시간에 차라리 어떤 직업이든 자신에게 맞는 곳에서 자신의 능력을 업그레이드하여 그 분야 상위 20%가 되도록 노력하는 것이 바람직합니다. 어떤 분야든 인공지능의 출현으로 일자리 자체가 전멸하기보다는, 그 분야의 상위 20% 전문가들에게는 더욱 반가운 미래가 펼쳐질 거예요.

 게다가 번역가는 외부에서 막연히 보는 것과는 달리, 막상 활동하다 보면 다양한 분야로 확장성을 도모할 수 있는 직업이랍니다. 저는 후배 번역가들에게 단순히 출판사에서 주는 일감을 번역하는 데만 머무르지 말고, 스스로 기획하고 또 자신의 글도 쓰는 사람이 되어야 한다고 가르칩니다. 실제로 번역가가 되고 난 뒤, 저는 여러 기업체 및 단체에서 강의를 시작했습니다. 처음에는 주로 제가 번역한 책에 대해서, 그리고 나중에는 그 밖의 책에 관해서도 강의를 해달라는 요청이 들어오기 시작했죠. 또 여러 곳에서 이런저런 원고를 써달라는 청탁도 들어옵니다. 주로 잡지사나 기업체 사보 같은 곳에서 책의 서평을 써달라는 의뢰인데, 때로는 생활 에세이를 써달라는 청탁도 들어옵니다.

 저는 제가 가르친 후배 번역가들에게 책의 기획자로 발전하라는 조언도 합니다. 사실 전 세계에서 쏟아져 나오는 출판물 가운데 우리나라에 번역 소개되는 책은 극히 일부에 불과하거든요. 그런 수많은 저작물 가운데 어떤 책을 국내에 소개할 것인지 고르고 분석하는 역할을 (외서) 출판기획이라고 합니다. 사실 이런 작업은 외서를 직접 보는 번역가들이 가장 잘 할 수 있는 분야입니다. 출판사에서는 한정된 인원으로 출판기획을 제대로 하기 어렵거든요. 그래서 외서 기획자를 외부에 고용하기도 하는데, 번역가가 이런 외부 외서 기획자로도 활동하면 좋습니다.

 그뿐만 아니라, 남의 책만 번역하지 말고 본인의 책을 내보길 적극적으로 권유합니다. 그래서 제가 가르친 후배 번역가들은 자유기고가로 활동하는 사람도, 동화작가를 병행하는 사람도, 또 여행작가를 겸업하는 사람도 많습니다. 이처럼 자신의 글을 쓰고, 남의 글을 옮기고, 또 출판기획까지 하는 사람은 과거의 좁은 번역가 울타리를 뛰어넘어 자신을 스스로 업그레이드해가는 전문 출판인이라고 할 수 있겠죠.

 사실 이것뿐만이 아닙니다. 기존의 출판 프로세스를 뛰어넘는 새로운 프로세스를 직접 만들어 가는 데도 번역가들이 진출하면 좋을 듯해요. 지금처럼 3백 페이지 분량의 책을 출판사를 통해 종이책으로 만드는 프로세스를 뛰어넘을 아이디어맨들이 나타날 것으로 생각합니다. 지금도 전자책 분야에서는 그렇게 활동을 시작한 분들이 있습니다. 그리고 그 주역이 되기 위해서는 우선 번역가나 편집자로 현업에서 활동하는 경험이 중요하죠. 다시 말씀드리는데, 기존의 직업 카테고리에만 사고가 국한된 사람에게는 그 어떤 직업도 불안하기만 할 거예요. 그보다는 자신을 돌아보고, 스스로 업그레이드해 가겠다는 사람은 그 어떤 분야에서도 승승장구할 겁니다. 그런 사람에게 번역은 출발점이지 도착점은 아닙니다.

» Q. 무료 텍스트가 범람하는 세상인데, 책이 살아남을까요?

A. 디지털의 물결은 모든 산업에서 큰 영향을 미쳤습니다. 대표적인 분야가 음반 시장인 것 같습니다. 90년대만 하더라도 우리나라 가수들의 음반 판매량은 가히 전설적이었습니다. 웬만한 유명 가수들의 음반판매량이 수백만 장씩 되었으니, 지금 생각하면 입이 떡 벌어질 정도죠. 이후 디지털화가 진행된 2000년대로 넘어오면서 음악 시장

은 공포에 사로잡혔습니다. 한국의 가요시장은 커다란 충격을 받아 전멸할지 모른다는 이야기도 돌았죠. 하지만 지금 어떻습니까? 산업의 전반적인 모습은 많이 바뀌었지만, 가수를 비롯해 여러 관련 종사자들은 여전히 높은 인기를 누리며 살아가고 있습니다.

 저의 책의 생명도 비슷하다고 봅니다. 예전에는 지하철에서 책을 보는 사람들도 꽤 있었는데, 요즘에는 다들 스마트폰만 쳐다볼 정도로 스마트폰이 많은 변화를 일으켰습니다. 요즘 지하철에는 객차 내 광고마저 많이 사라진 실정입니다. 하지만 책이라는 매체는 사라지지 않을 겁니다. 아무리 인터넷에 공짜 텍스트가 넘쳐나는 세상이지만, 그럴수록 오히려 정제된 텍스트에 목말라 하니까요. 비유하자면 홍수가 나서 집이 침수되는 지경에 이르면, 오히려 식수난을 겪게 되는 것과 비슷하다고 할까요?

 10년 전에는 종이책이 곧 사라질 것이라는 전망도 많았습니다만, 아직도 전자책이 종이책을 따라잡지는 못하고 있습니다. 아니, 전자책이 일반화된다고 해도 특히 번역가의 입장에서는 그리 달라질 것은 없습니다.

 최근에는 오히려 저작권 보호가 강화되는 추세로 나아가고 있습니다. 법으로 많이 보호되는 추세이죠. 콘텐츠 불법유통으로 가장 큰 피해를 보는 분야가 음악과 영화 분야인데요, 요즘은 과거에 비해 많이 상황이 나아지고 있습니다. 물론 책은 그보다도 훨씬 더 강력하게 보호가 되고 있고요. 앞서도 말씀드렸지만, 지식사회에서 책의 생명력은 오히려 더 강해진다고 생각합니다. 또한, 지식 콘텐츠의 수출보다는 수입이 클 수밖에 없는 우리나라 현실에서 번역이란 업에 대해서도 저는 낙관합니다.

» Q. 토익 몇 점 이상이어야 번역할 수 있나요?

A. 영어 실력이 얼마나 되어야 번역할 수 있느냐는 물음도 참 많이 듣는 질문 가운데 하나에요. 이미 책의 앞부분에서도 이에 관한 답변을 해 놓았지만, 더욱 구체적인 기준을 알고 싶다는 분들이 많아요. 그런 분들은 무 자르듯이 딱 잘라 토익점수로 합격선을 말해달라고 하기도 하는데, 참 난감해요. 그 이유는 다음과 같습니다.

 첫째, 토익시험은 이미 영어 실력 측정의 기능을 상실했기 때문입니다. 제가 대학을 다니던 1980년대만 하더라도 토익 700점 이상을 받는 사람이 드물었어요. 그런데 요즘은 900점 이상도 꽤 많이 나온다고 들었습니다. 하지만 점수가 높아진 만큼 우리나라 사람들의 영어 실력이 늘었다고는 생각되지 않아요. 토익점수는 토익전문 강사들의 족집게 강의 덕분에 인플레 된 측면이 있어요. 시험의 달인들이 많이 생겨났다고나 할까요?

 둘째, 토익 시험은 듣기 시험이 큰 비중을 차지하지만, 번역할 때는 리스닝 실력이 필요 없어요. 쓰기와 말하기 실력도 마찬가지이고요. 출판번역은 오로지 독해 실력만 있으면 됩니다. 그러면 자연히 다음 질문으로 이어지기 마련이죠. "독해 실력은 얼마나 있어야 하나요?"

그런데 그 독해 실력이라는 것도 세부적으로 나누어 생각해 볼 필요가 있어요. 영어로 된 글을 잘 읽고 이해하기 위해서는 우선 영어 어휘력이 필요하겠죠? 영어 문장의 기본 소재인 단어들을 많이 아는 사람일수록 번역 속도가 빠른 건 사실이니까요. 그다음으론 문법 실력이 있어야겠죠. 단어를 결합해서 문장을 만드는 규칙인 문법을 알아야 해석할 수 있기 때문이니까요.

하지만 제아무리 영어 단어의 뜻을 많이 외우고 있고, 또 문법에 해박하다고 하더라도 영어문장을 잘 해석하기 위해서는 또 다른 능력이 필요해요. 그리고 그 능력은 워드 파워나 문법 실력보다 훨씬 중요하죠. 그건 바로 추리력입니다. 그 추리력이라는 것의 정체가 정확히 뭔지 알아보기에 앞서, 워드 파워와 문법 실력이 왜 결정적인 변별력이 되지 않는지, 구체적으로 설명해 볼게요.

일단 번역에서 워드 파워는 생각만큼 그렇게 절대적인 요소는 아니에요. 번역은 통역과 달리 사전을 찾아볼 시간이 있기 때문이죠. 게다가 옛날처럼 종이 사전을 찾는 시대가 아니라서, 사전 찾는 작업도 참 수월해졌죠. 오히려 자신의 단어 실력이 좋다고 생각해서 사전을 부지런히 찾아보지 않는 사람이 더 문제입니다.

문법도 마찬가지예요. 단어 실력처럼 문법 실력도 어느 정도는 필요하지만, 대학 입시를 위해 나름 성실히 공부했던 사람이라면 문법은 이미 충분하다고 생각해요. 독해가 안 된다고 문법만 파고드는 사람들이 있는데, 문법에 대한 열정이 과하면 오히려 독이 되기도 해요.

나는 한국 사람만큼 영어 문법을 많이 알고 있는 국민도 없다고 생각합니다. 그런데 왜 우리나라 사람들의 영어원서 리딩 실력은 그다지 좋지 않은 것일까요?

 우리나라 학생들의 영문법 실력은 정작 영미권 학생들보다 뛰어나지 않을까 생각해요. 제가 번역을 오래 가르치다 보니, 대부분의 한국 사람들이 영문법보다는 한국어 문법을 훨씬 모르더라고요. 우리가 한국어 문법을 따로 공부하지 않아도 글이나 말로 의사소통이 원활하듯이, 영미권 사람들도 문법이 이미 체화되어 있어서 우리만큼 영문법을 따로 공부하지 않아도 책을 읽는 데 그리 지장이 없는 거예요.

 우리나라 사람들이 어려워하는 문법은 정해져 있어요. 관사, 전치사, 그리고 가정법과 시제에요. 그런데 이 부분들은 문법책을 제아무리 수백 번 다시 읽는다 해도 어차피 늘지 않게 되어 있어요. 우리나라 문법책 설명이 잘못되어 있기 때문이죠. 그리고 우리말과 영어의 근본적인 차이점 때문에 우리말을 모국어로 쓰는 사람들의 사고방식을 버리지 않고는 이해될 수 없기 때문이기도 해요. 결국, 우리나라 사람들의 문법 실력은 다 비슷해서 우열을 가리기 어려운 데다, 문법만 맹신하는 사람들은 오히려 문법 지식이 독해에 방해가 되기도 합니다.

 반면 추리력은 매우 중요해요. 아주 쉬운 예를 들어 볼게요. "this way"라는 말을 들었을 때 "저를 따라 오세요"라고 해석하고 번역하는 것은 문법이나 워드 파워로만으로는 불가능하겠죠. 문맥으로 유추하는 힘이 있어야 해요. 물론 이런 간단한 구어체 표현이야 암기로 해결한다지만, 문장 차원에서 번역할 때에는 맥락을 유추하는 논리적 능력이 가장 중요해요. 어휘력도 얼마나 영어단어의 뜻을 많이 외우고 있느냐가 중요한 게 아니에요. 결론적으로 단어를 얼마나 많이 외우고 있는가보다는, 영한사전에 나와 있는 수많은 용례 중에서 문맥상 무엇이 어울리는지 선택할 수 있는 능력이 더 중요해요. 이것도 일종의 추리력, 혹은 논리력이라고 하겠네요. 제가 수년간 후배 번역가들을 지켜봐 온 결과, 독해는 결국 추리력에서 판가름이 나더라고요.

이런 추리력, 논리력은 어떻게 길러지는 걸까요? 그건 평소에 어떤 글이든 많이 읽고, 쓰고, 다듬어 본 경험으로 형성돼요. 커뮤니케이션의 수단이 되는 언어가 한국어가 됐든, 영어가 됐든 어차피 언어는 불완전한 도구이며, 그 불완전한 부분을 논리적으로 메워 이해하는 능력이 중요하기 때문입니다.

» Q. 번역가는 이미 충분히 많지 않나요?

A. 이런 질문도 처음에 책을 쓸 때는 듣지도, 생각지도 못했던 겁니다. 처음 이런 질문을 들었을 때, '이런 궁금증도 들 수 있구나' 싶어 웃었던 기억이 납니다. 아마도 그분은 제가 번역가를 양성하고 있으니까, 그렇게 계속 번역가를 배출하면 포화하지 않을까 하는 생각을

하셨나 봐요. 그래서 전 이렇게 반문했죠. "가수가 그렇게 많은데, 또 가수 해도 될까요?", "배우나 탤런트가 그렇게 많은데, 또 지원해도 될까요?"

 우리나라에 배우나 가수의 수가 얼마나 되는지 가늠하기 어렵듯이, 번역가의 수도 얼마나 되는지 가늠하기 어렵습니다. 음반을 하나라도 낸 사람을 다 가수라고 할 수 있듯이, 책을 한 권이라도 번역한 적이 있는 사람을 모두 출판번역가라고 친다면 그야말로 수천, 수만 명이 될지도 모릅니다. 하지만 꾸준히, 생업으로 번역을 하시는 분들은 그보다는 훨씬 적습니다. 저의 제자 번역가 중에도 전업으로 하시는 분도 있지만, 별도의 생업을 하시면서 일 년에 한두 권씩만 하시는 분들도 많거든요. 또는 자신이 기획한 책만 번역하시는 분도 있고, 저작권 만료된 책 가운데 알짜배기 책을 자신이 직접 골라 기획, 번역하고 전자책으로만 출판하시는 분도 계신답니다.

 그리고 출판사들은 번역을 잘하시는 번역가에 늘 목말라 하고 있습니다. 가수는 많지만, 기획사나 음반사에서는 흥행할 수 있는 가수들을 늘 찾고 있는 것과 비슷하다고 할까요? 그래서 제가 앞에서도 말씀드렸지만, 어떤 분야든 단순히 입문하는 게 중요한 게 아니라, 그 분야에서 상위 20%가 되는 것이 더욱 중요하다고 말씀드리는 거예요.

 '바른번역'이 설립되기 전만 하더라도 예전에는 번역을 거의 영문과 등 어문계열 출신들이 했습니다. 하지만 지금은 다양한 분야의 전공자들이 출판번역 스킬을 배운 뒤에 각자 자신이 잘 할 수 있는 다양한 분야의 번역을 하고 계신답니다. 요즘은 출판사들도 그쪽을 더 선호하고요. 그래서 앞으로도 더 다양하고, 더 전문적으로 책을 잘 번역할 수 있는 번역가에 대한 수요는 꾸준할 것으로 생각합니다.

» Q. 번역가는 불안한 직업 아닌가요?

A. 언젠가 어떤 여고생이 저를 인터뷰하고 싶다고 이메일을 보내왔어요. 자신이 미래에 하고 싶은 일을 하는 직업인을 직접 찾아가서 인터뷰하는 것이 학교 숙제라고 하더군요. 그런데 사실 이런 인터뷰 요청은 너무 많이 들어오기 때문에 요즘은 정중히 사양하고 있답니다. 거의 같은 질문을 매번 일일이 인터뷰해드리기 어려우니, 제가 인터뷰했던 잡지 기사들의 링크를 보내드리는 거로 대신하곤 하죠.

그런데 이 여고생은 멀리 지방에 있는 학교에 다니고 있는데, 절 인터뷰하기 위해 이미 서울로 올라와 있다지 뭡니까. 그래서 할 수 없이 작업실로 오라고 하고 말았죠. 그런데 막상 번역가가 꿈이라는 이 여고생의 입에서 뜻밖의 말이 나왔습니다. "선생님, 그런데 전 번역가는 못 될 것 같아요. 저희 아빠가요, 번역가 되면 굶어 죽는데요."

저는 빙그레 웃으면서도 그 아빠의 심정을 이해할 것 같아 그 여학생 또래의 아들을 키우는 입장에서 성심껏 이야기를 해주었습니다. 사실 그 아빠의 말은 저도 어렸을 때 부모님으로부터 자주 듣던 이야기이기도 했으니까요. 전 어려서부터 책을 읽고 글을 쓰는 걸 좋아했습니다. 그런데 이런 모습을 보시던 어머니는 늘 이런 생각을 주입하시더군요.

"너, 행여나 국문과 같은 데 가면 안 된다. 국문과는 굶어 죽는 과다."

하도 이런 말씀을 많이 들으니까, 저도 책을 자연히 멀리하게 되더군요. 그런데요, 故 앙드레 김 선생님도 어렸을 때 부모님으로부터 많은 주의를 받으셨대요. 앙드레 김 선생님은 어려서부터 인형 옷 입히는 걸 좋아했다더군요. 남자아이가, 그것도 오래전 시대에 그랬으니, 오죽이나 혼났을까요. 하지만 앙드레 김 선생님은 온갖 꾸지람과 주위의 눈총 속에서도 결국 남자 디자이너로 성공하셨죠.

제 기억으로는 어느 유명한 원로 만화가 분 역시 언젠가 TV 프로그램에서 비슷한 말씀을 하셨어요. 어렸을 때 종잇조각이 하나라도 생기면 늘 만화를 그리셨다네요. 만화를 터부시하던 시대에 아들이 매일 만화를 끄적이고 있었으니, 부모님이 당연히 화를 내셨겠지요. 하지만 그 분도 역시 부모님의 꾸지람에도 불구하고 자신이 좋아하는 분야로 나가 '업'을 이루셨습니다.

세상이 그런 것 같아요. 아무리 앞으로는 공대 출신이 유망하다고 하여도, 모두가 로봇 공학자나 소프트웨어 프로그래머가 될 수는 없잖아요. 사람은 다 생긴 대로, 태어난 대로, 자기 소질대로 살아가는 것이 가장 행복하다고 생각해요. 그래서 자신이 잘하는 거, 아니 그보다는 좋아하는 거를 고집스럽게 추구하는 사람이 행복하게 자신의 '업'을 이루는 거고요, 다른 사람의 견해에 휩쓸리는 사람은 평생을 하기 싫은 일을 하며 힘들고 불안하게 생을 마감하겠지요.

조선 시대만 해도 직업의 종류가 한정되어 있어서, 참 불쌍했다는 생각이 듭니다. 그저 공자 왈 맹자 왈 하면서 관료가 된 사람들만 대접받는 사회였으니까요. 하지만 지금은 어떻습니까? 뭐 한 가지만 잘하면 우대받을 수 있는 사회잖아요. 심지어 남을 잘 웃기거나, 달리기만 잘해도 충분히 잘 살 수 있는 사회랍니다. 그런데 자신의 적성에 맞지도 않으면서, 우울하게 공무원 고시에만 매달리는 사람이 많은 현실이 참 안타깝습니다. 그렇게 공무원이 되었다가도 적성에 맞지 않아 결국 뛰쳐나오는 사람도 많다네요.

물론 앞으로의 시대는 늘 하던 대로 열심히만 하는 것으로는 충분치 않아요. 늘 시대의 변화를 눈여겨보며 자신을 끊임없이 업그레이드 하는 사람만이 살아남고 또 잘 사는 사회니까요. 탄탄한 회사나 조직에 입사했다고 안정적인 게 아니지요. 큰 배에 올라탔다고 해서 결국 끝까지 안전하게 항해할 수 있는 시대가 아니니까요. 그렇게 살다가 중년이 훌쩍 넘어버려 회사에서 내동댕이쳐지면 더 힘들어지거든요. 차라리 한시라도 젊었을 때, 스스로 수영하는 법을 배우는 것이 낫습니다. 그래서 많은 사람이 구명조끼 한 벌 장만한다는 심정으로 여러 자격증을 따곤 하죠. 그런데 출판번역에 있어서 그 자격증은 바로 자신의 이름을 단 책입니다. 그렇게 자신의 이름을 단 책이 나오고 나면, 그다음에는 스스로 헤엄쳐 갈 수 있습니다. 계속 번역을 할 수도 있고, 번역가란 타이틀로 여러 매체에 글을 기고할 수도 있습니다.

저처럼 여러 가지 강의를 할 수도 있고, 자신의 책을 쓸 수도 있습니다. 물론 출판 기획을 해서 출판사와 협업할 수도, 혹은 독자적으로 출판사를 운영해 나가는 사람도 있습니다. 출판평론을 겸업하는 사람도 있고, 여행을 다니며 번역과 여행 글을 전문으로 쓰시는 분도 제 주위에 계십니다.

그래서 저는 그 여고생에게 이런 말을 해주었습니다. "부모님이나 선생님, 심지어 친구의 조언도 소중히 들으세요. 하지만 가장 중요한 것은 본인이 뭘 하고 싶은 지입니다. 한 번뿐인 인생인데, 남의 말만 듣고 자신에게 맞지 않은 일만 하다 보면 결국 남의 뒤만 쫓으며 살 수밖에 없습니다. 무슨 일이든 뜻이 있다면 길이 있고, 그 일을 제일 잘 할 수 있는 사람은 바로 그 일을 즐기며 하는 사람이랍니다."

» Q. 제가 번역가 할 수 있을까요?

A. 사실 좀 난감한 질문입니다. 이런 질문은 보통 자신의 영어 실력이나 번역 실력이 걱정돼서 하게 되는 질문인데요, 제 경험으로 봤을 때는 보통 번역을 곧잘 하시는 분일수록 걱정이 더 많은 것 같습니다. 그런 분들은 제가 대부분 격려를 해드리는 편입니다만, 가끔 보면 이런 분들은 걱정만 하다가 결국 번역가의 길을 포기하는 경우가 많아서 안타깝습니다. 하지만 이렇게 자기 확신이 부족하면 어떤 길을 선택하든 뜻을 이루기 어렵겠죠.

제가 오랜 시간 제자들을 가르치면서 보아온 결과, 반드시 번역 실력에 비례해서 데뷔를 빨리하고 또 활약하는 것도 아닌 듯합니다. 어떤 분은 자질이 충분한데도 "제가 번역가 될 수 있을까요?"라는 질문을 반복하다가 결국 포기합니다. 반면 어떤 분은 제가 보기에 실력이 부족한데도 불구하고 꾸준히 노력하여 결국 현재는 번역가로 왕성히 활동하기도 합니다. 물론 그렇다고 제가 무조건 노력만 하면 다 잘된다고 말씀드리는 건 아닙니다. 지금까지 우리 학교 교육이야말로 싫은 거, 잘 못하는 것에 대해서도 무조건 노력의 미덕만 강조해 왔고, 저는 그 단점을 잘 알고 있기 때문입니다.

결국, 해답은 본인이 스스로 찾아야 합니다. 그런데 본인이 뭘 잘하는지 잘 모르겠다는 분들은 이미 자신의 앞길에 대한 선택지를 스스로 줄여왔기 때문입니다. 사실 제가 그랬습니다. 어려서부터 책 읽고 글 쓰는 걸 좋아했으면서도, 부모님 말씀대로 '글 쓰는 직업은 절대 안 된다'고 스스로 암시를 걸면서 진로 선택지를 줄여왔던 거죠. 그러다 보니 하고 싶은 일도 없고, 어머니 소원대로 의대나 갈까 하다가 그것마저 낙방하고 나니 아무 전공이나 하게 되었죠. 대학을 졸업하고 나서도 마땅히 가고 싶은 직장이 없었습니다. 직장이 거기서 거기이겠거니 하다 보니, 직장생활을 하면서도 이게 내 천직이라는 생각은 안 들었습니다. 그렇게 오랜 시간 돌고 돌아서 우여곡절 끝에 번역하고 글 쓰는 직업을 갖게 된 후에야 비로소 '이게 나의 천직이다'는 생각이 들더군요.

사실 너무 착해서 부모님 말씀 잘 듣고 시키는 대로만 하는 아이들이 더 문제인 것 같아요. 그들이 막상 사회에 진출할 나이가 되고 보면 본인이 뭘 하고 싶은지 알지를 못하는 겁니다. 그들은 부모의 뜻에 그냥 착하게 수긍하다 보니 결국 본인이 뭔가를 강하게 추구해 본 적도 없었던 겁니다. 아이들은 뭔가를 계속 추구하다 좌절도 해 보면서 자신의 길을 찾아가는 것인데 말입니다.

또 하나 드리고 싶은 말은 이 세상은 성적순이 아니라는 사실입니다. 히딩크도 현역 시절에는 그리 뛰어난 선수가 아니었지만, 감독으로서는 크게 성공했습니다. 박지성 선수는 체격 조건이 좋지 못해 축구 생명의 위기를 겪었으며, 서장훈 선수는 중학교 때까지 야구선수, 최경주 선수는 역도 선수였습니다. 축구가 좋아서, 혹은 스포츠가 좋아서 계속하다 보니 종목을 바꿔 성공하기도 하고, 선수들을 감독하거나 혹은 평론가로 새로운 길을 찾기도 하는 겁니다.

번역도 마찬가지입니다. 어떤 분들은 실력이 조금 부족하지만, 부족한 실력을 기획력으로 돌파하시기도 합니다. 그리고 궁극적인 성공은 기회를 계속 얻을 수 있느냐에 따라 갈리는 경우가 많습니다. 언어 감각이 조금 떨어지더라도 기획력으로 보강하면서 편집자와 협업을 잘 해나가시는 번역가분들은 결국 일을 계속하시면서 실력도 눈에 띄게 향상되더군요.

"내가 번역가 할 수 있을까요?"라고 남에게 묻기 전에 '내가 영어를 좋아하나?' 혹은 '영어로 된 문장을 해석하고 번역하는 작업이 재미있던가?'를 자문해 보시는 게 좋습니다. 모차르트 같은 천재들만 작곡가가 되는 세상도 아니고, 가창력으로만 대결하지 않더라도 싸이처럼 많은 사람에게 사랑받는 가수가 될 수도 있는 것이 이 세상입니다. 본인이 좋아해서 계속 도전하노라면 그것이 업이 되고, 또 계속하다 보면 실력도, 평판도, 돈도 따라오는 것이 세상의 이치 같습니다.

» Q. 영상번역과 출판번역을 겸업할 수 있을까요?

A. 번역의 종류를 일감별로 구분해 보자면 크게 출판번역, 영상번역, 그리고 기타 번역으로 나눌 수 있겠습니다. 아시다시피 출판번역은 외국 서적을 번역하는 것이고요, 영상번역은 외국 영화, 드라마, 다큐멘터리, 애니메이션 등 영상물 자막을 번역하는 것입니다. 그리고 기타 번역은 기업체나 관공서 혹은 개인이 발주한 여러 종류의 번역을 뭉뚱그려 표현한 것이지요.

출판번역과 영상번역은 여러 가지 면에서 차이점이 있습니다. 우선 납품 주기가 크게 다릅니다. 책은 보통 2~3달 정도의 작업주기를 갖고 있지만, 영상물은 한편 당 길어야 보통 1주일 정도입니다. 그리고 유명 미드를 작업하게 되는 경우, 더 시급하게 번역해야 하는 경우도 많죠. 이렇듯 납품주기가 크게 차이 나기 때문에 예를 들어 출판번역을 하면서 영상번역을 가끔 섞어서 작업하시는 분들이 있습니다. 저야 영상번역을 하지 않습니다만, 저희 글밥아카데미에서 양쪽 과정을 다 배우신 분들이 양쪽을 겸업하는 걸 자주 봤습니다. 물론 양쪽을 골고루 하기는 쉽지 않겠지만, 일감 확보 차원이나 스케줄 관리 측면에서 양쪽을 적당히 함께 운영하면 유리하다고 말씀하시는 분들이 있더군요.

번역 대상을 보자면, 책은 대부분 문어체로 되어 있고, 영상물 자막은 구어체로 되어 있다는 특성이 있습니다. 따라서 문어체나 구어체 한쪽만 계속 번역하다 보면 다른 쪽 번역을 하고 싶을 때가 있습니다. 그래서 출판번역가는 영상물도 해보고 싶어 하고, 반대로 영상번역가는 출판번역에도 관심이 있는 경우가 많습니다. 이처럼 가끔 분위기를 새롭게 하는 차원에서도 양쪽을 때로 번갈아 하면 좋을 듯합니다.

그런데 제가 보기에 영상번역보다는 출판 쪽 문장들이 아무래도 길이가 길고 구조가 복잡한 경우가 더 많습니다. 또한, 출판물은 직역을 기본원칙으로 삼는 데 반해, 영상번역은 글자 수의 제약, 씽크를 맞춰야 하는 어려움 때문에 의역을 많이 하는 실정입니다. 제가 개인적으로 생각해 볼 때는 출판번역이야말로 '번역의 기본'이며, '번역의 꽃'이라고 생각합니다. 기타 번역보다 가독성이 매우 높아야 하고요, 함부로 역자의 의견을 넣거나 의역해서는 안 되며, 문장구조 파악부터 핵심 메시지 전달까지 저자의 의도를 잘 파악하여 그대로 옮겨야 하는 난도 높은 작업이기 때문입니다. 그래서 처음에 출판번역을 공부했던 분은 다른 분야로도 비교적 수월하게 (해당 분야의 요령만 습득하면) 영역을 확장하실 수 있는 것 같습니다. 하지만 다른 분야에서 출판번역으로 확장하시는 건 제 판단으론 그리 쉽지 않습니다.

그래서 저는 정말 영어 독해를 비롯해 영어 실력을 탄탄하게 쌓고 싶으면 출판번역부터 배우고 연습하라고 조언하고 싶습니다. 처음에는 출판번역을 배우는 게 어렵지만, 출판번역을 하다 보면 영어 실력이나 논리력 등의 기본실력이 탄탄해지기 때문에, 영상번역 쪽으로 진출하여 겸업하는 것도 상대적으로 쉬우니까요. 심지어 출판번역을 제대로 해보기 전까지는 자기가 얼마나 영어독해를 엉터리로 하고 있었는지 깨닫지 못하는 사람들도 많습니다. 출판번역은 난도가 높아 진입장벽이 높은 편입니다. 그러나 진입장벽은 외부인에게는 단점으로 작용하지만, 장벽을 넘은 사람들에게는 유리한 측면이 있습니다.

» Q. 번역가로 살아가는 데 도움이 되는 조언을 해주신다면?

A. 인생을 살아가며 돈 문제는 중요한 주제 중의 하나죠. 돈이 너무 부족하면 행복할 수 없고, 친구나 심지어 가족 간의 관계도 어려울 수 있습니다. 하지만 또 돈에 대한 태도가 잘못되어 삶을 그르치게 되는 경우도 많죠. 우리는 유교 문화권이어서 그런지, 아이들에게 돈을 대하는 올바른 태도에 대한 교육이 많이 부족합니다. 전 돈의 가치와 중요성을 구태여 낮추어 보려는 위선적인 태도도 바람직하지 않게 생각하고요, 반대로 너무 돈만 쫓아다니는 삶도 결국 불행하다고 봐요. 지금껏 살아오면서 꽤 많은 사람을 겪어 봤는데요, 돈에 초

월한 척하는 사람들이 오히려 더 속물인 경우가 많았고요. 또 돈에 너무 집착하는 사람들도 결국 삶이 행복하지 못하고 오히려 자기 학대 속에 사는 걸 자주 봤습니다.

그래서 돈에 관해 제가 드리고 싶은 첫 번째 조언은 '너무 쫓아다니지 말라'는 거예요. 인생을 반백 년 넘게 살아오며 제가 느끼는 건, 돈이라는 녀석이 남녀 관계와 참 비슷하다는 겁니다. 흔히 어떤 이성을 좋아한다고 해서 너무 쫓아다니면 상대는 오히려 도망가곤 하죠? 상대에게 늘 관심을 기울이는 건 좋지만, 지나치게 쫓아다니면 오히려 독이 되는 법이에요.

여러분은 언제 이성에게 매력을 느끼나요? 열심히 자신의 분야에서 묵묵히 일하는 모습에 호감이 들지 않던가요? 제 생각엔 돈도 그런 것 같아요. 돈은 쫓아다닐수록 오히려 도망을 다녀요. 그러면 돈이 점점 미워지고, 심지어 원수처럼 느껴지기도 하죠. 하지만 자신이 좋아하는 분야에서 묵묵히 땀 흘리다 보면, 어느샌가 그 돈이란 녀석이 슬그머니 옆자리에 다가와 앉아 있더라고요.

저는 〈여행작가로 먹고살기〉란 책에서 어떤 여행작가분이 말씀하셨던 '시간의 누적 효과'란 표현에 공감을 많이 했습니다. 여행 기사의 편당 원고료가 얼마고, 사진 한 장이 얼마고 하는 식으로 한 달 수입을 계산해보면 처음에는 기대수준에 미치지 못해 많이 실망스러울 겁니다. 하지만 그분은 여행작가란 업이 좋아서 돈에 너무 연연하지 않고 여행작가를 업으로 삼아 묵묵히 이어가셨다고 해요. 처음에는 물론 생활에 어려움도 겪었지만, 경제적 가치 외에 주는 직업의 행복으로 대신 보상받으며 일을 하셨다고 해요. 그런데 점점 업력이 쌓이다 보니, 처음에는 생각하지 못했던 효과가 생겨나기 시작하더래요. 업계에서 본인의 신인도가 높아져 단가가 올라가는 것은 물론이고, 전국 곳곳, 세계 각지를 방문하며 써냈던 원고와 사진 자료가 쌓이기 시작하자, 어떤 잡지사나 매체에서 갑자기 어떤 여행지의 자료를 요청하더라도 기존 자료에서 알맞은 것을 찾아, 해당 매체의 특성에 맞게 가공해 즉시 납품할 수 있는 경지에 이르렀다고 해요. 이걸 그는 '시간의 누적 효과'라고 칭했지요. 이건 업력이 낮았던 시절에는 미처 예상치 못했던 효과였어요. 이처럼 자신의 분야에서 묵묵히 경험을 쌓아나가다 보면, 처음에는 생각지도 못한 여러 효과와 기회가 생겨나는 법이에요. 저도 번역가로 살아가다 보니, 과거에 했던 책들로부터 계속 인세가 들어오거나, 원고 집필 혹은 강연의뢰가 들어오는 등 '시간의 누적 효과'를 보고 있답니다.

 둘째로 돈에 관해 드리고 싶은 조언은 '돈을 무섭게 여기는 태도를 가지라'는 것입니다. 유대인 속담에 '돈이 부족하면 불화가 담을 넘어와 가족 사이에 찾아든다.'는 말이 있어요. 그런데 푼돈을 무서워하지 않는 태도를 가진 사람들을 보면 아쉽습니다. 물론 치솟는 집값이나 물가에 비해 소득은 적고 당장 부자가 될 예상은 안 드니까, '이런 푼돈 아껴봤자 뭐하나' 싶은 생각이 드는 건 이해합니다. 하지만 돈에 대한 그런 태도는 결국 독이 된다고 생각해요.

제 동창생 중에는 형편이 넉넉지 않아 학창시절에 돈을 꼼꼼히 아끼며 생활하기로 유명했던 친구가 있었습니다. 그런데 졸업 후 10년 뒤에 만났을 때 이 친구의 씀씀이가 많이 달라져 있었습니다. 먹는 거며, 입는 거며, 차 타는 거 등등의 씀씀이가 매우 커져 놀랐죠. 전 이 친구가 그사이에 돈을 크게 번 줄로만 알았습니다. 그런데… 그게 아니었습니다. 증권회사에 취직했던 이 친구는 고객들의 돈을 운용하는 것 말고도 자신의 개인 돈과 일가친척들의 돈까지 모두 끌어모아 주식거래를 크게 했습니다. 한때는 제법 벌기도 했지만, 결국 많은 돈을 빚지고 있었습니다. 그런데 워낙 큰돈을 굴려 버릇했더니, 적은 돈에 대한 감각이 둔해졌던 겁니다. 찰나의 주식거래로 많은 돈을 벌 수도 있기 때문에, 평일 점심으로 몇만 원짜리 먹고, 옷 몇십 만 원짜리 사는 건 대수롭지 않게 생각되는 듯했습니다. 지금 당장 어떤 주식을 사면 돈을 크게 벌 수 있다고 내게 열심히 이야기하는 친구의 모습에 전 씁쓸한 기분이 들었습니다.

그런데 전 친구와 반대였습니다. 학창시절에는 부모님 덕분에 풍족하게 생활하며 친구들과 술을 마셔도 제가 주로 내는 편이었지만, 사회에 나가면서부터는 이런저런 어려움을 겪으며 돈을 무서워하기 시작했습니다. 그리고 번역가로 전업하고 나서부터는 그야말로 짠돌이의 고수가 되었죠. 크든 작든 어떤 소비를 할 때는 '이걸 내가 번역으로 벌려면 몇 시간 일해야 하는데…….'라고 환산해보느라 적은 돈도 쉽게 쓸 수가 없었어요.

물론 그렇게 살아야 정답이라고 말하려는 건 아닙니다. 늘 지나친 건 좋지 않은 법이고, 너무 짠 내 나는 태도는 자신을 스스로 움츠러들게 하고 자신감을 상실하게 만들 수도 있으니까요. 하지만 전 돈을 아끼는 태도가 제 자존감까지 훼손하게 두지는 않습니다. 저도 나름대로 돈을 아끼지 않는 분야를 정해 놓았기 때문이죠. 가족 여행 등 경험과 추억을 쌓는 분야는 제 나름대로 과감하게 지출하는 편입니다. 남에게 보이는 소비보다는 평생 추억으로 남을 수 있는 소비에 가치를 두는 거지요. 다행히 출판번역가는 일정을 스스로 조절할 수 있기 때문에, 잘만 계획을 세우면 성수기에 비해 매우 저렴한 가격으로 여행을 다닐 수 있답니다. 나름대로 직업의 장점을 살려 돈을 아끼며 추억을 쌓아가고 있는 셈이죠. 때로는 땡처리 여행만 다니는 제가 너무 없어 보일지도 모르지만, 푼돈을 하찮게 생각하는 사람들은 설령 운이 좋아 잠깐 돈을 많이 벌더라도, 결국 그 돈을 오래 지키지 못하는 걸 수도 없이 많이 봤습니다. 돈, 그것은 유용하기도 하고, 무섭기도 하며, 때로는 너무 쫓아다녀서도 안 되는 아주 까다로운 녀석이라 생각해요.

번역가의 일기 12

책을 통해 발견하는 성공의 비밀 : 내가 주는 기회

지금 이 시각, 어떤 이는 성공에 도취하여 있고, 또 어떤 이는 실패에 흐느끼고 있지만, 이 세상엔 영원한 성공도 영원한 실패도 없다. 성공과 실패는 늘 반복되고 있기에 지금 어려움을 겪고 있는 사람이라고 해서 실패자라 규정할 수는 없다.

과거 학창시절에 〈세계는 넓고 할 일은 많다〉는 아주 유명한 베스트셀러가 있었다. 당시 김우중 회장은 대학생들의 우상이었고, 성공인의 대명사였다. 그는 성공자인가, 실패자인가? 성공과 실패가 늘 진행형이라면 결국 죽음 이후에 따져야 할 문제일까?

성공과 실패는 단편적으로 규정할 수도 없을 뿐 아니라, 그렇다 하더라도 실패는 다음에 올 성공을 준비하는 과정일 뿐이다. 문제는 실패 이후에 또 다른 기회를 얻을 수 있느냐 없느냐에 달려있다(처음에 작은 기회를 얻는 자가 조금 큰 기회를 다시 얻게 되듯이, 실패 이후에 또 기회를 얻을 수 있는 사람만이 성공할 수 있다).

때로는 책의 내용보다는 책의 선전 문구에서 지혜를 얻기도 한다. 〈스물일곱 이건희처럼〉이라는 책의 선전 문구에 보면 이런 대목이 나온다. "20대엔 평범했고, 30대엔 실패자였으며, 40대에 세계 최고 경영자가 된 사람"이라는 광고카피(나는 이 책의 내용을 비판하려는 것이 아니다. 광고만 보았을 뿐, 사실 나는 이 책을 읽어보지도 않았다)가 그것이다. 과연 '재벌 2세가 평범했을까'의 문제는 둘째 치고, 30대에 실패자였던 사람이 어떻게 40대에 세계 최고 경영자가 되었을까? 그가 부러운 것은 실패자였던 그에게 다시 기회가 주어졌다는 사실이다. 아버지가 되었든 남이 되었든, 실패했던 그에게 누군가 다시 기회를 주었기에 그가 성공할 수 있었다. 마찬가지로 이건희 회장의 아들 이재용 씨도 과거에 인터넷 사업에 뛰어들어 크게 실패한 적이 있었다. 하지만 지금은 다시 기회를 얻어 착실히 경영수업을 쌓고 있다. 그들이 겪은 실패는 다음 기회에 활용하기 위한 수업일 뿐이다.

그렇다면 기회는 다른 사람만이 주는 것일까? 아니다. 사실은 다른 사람이 주는 기회보다도 자신이 주는 기회가 더욱 중요하다. 긍정적인 사고방식을 가진 사람은 실패하더라도 자신에 대한 믿음을 거두지 않는다. 그래서 다시 한번 일어서는 기회를 스스로 준다. 그것은 자신의 능력에 대한 착각일 수도 있지만, 때로는 이런 긍정적 착각이 일을 이루어낸다. 반면 자신에게 기회를 주지 않는 사람은 실패에서 다시 일어설 수 없다. 결국, 스스로를 믿고 기회를 주었을 때 남들도 기회를 선사하는 것이기 때문이다. 따라서 자괴감에 빠져 괴로워하는 친구나 가족이 있다면 그 스스로가 다시 기회를 줄 수 있도록 주변에서 힘을 도와줘야 한다. 당신이 돈이나 인맥으로 사랑하는 사람을 도울 수 없더라도 도울 길은 있다. 오히려 스스로 기회를 줄 수 있도록, 그를 믿고 정신적인 지원을 하는 것이 그에게는 더욱 필요한 도움이다. 진정으로 실패하는 순간은 스스로에게서 기회를 거두는 순간이다.

※출처: 본인 〈북배틀〉

6장

번역 실전 강의

번역을 자신의 직업 혹은 부업으로 삼을지 판단하는 기준은 본인이 번역을 해보면서 재미가 있는지 알아보는 것이다. 직접 해보지도 않고 고민만 해서는 알 수 없다. 단편소설 하나를 골라서 직접 해보며 판단하는 것도 도움이 될 것이다.

» THE CHURCH WITH AN OVERSHOT-WHEEL

물레방아 있는 교회

1.
Lakelands is not to be found in the catalogues of fashionable summer resorts. It lies on a low spur of the Cumberland range of mountains on a little tributary of the Clinch River. Lakelands proper is a contented village of two dozen houses situated on a forlorn, narrow-gauge railroad line. You wonder whether the railroad lost itself in the pine woods and ran into Lakelands from fright and loneliness, or whether Lakelands got lost and huddled itself along the railroad to wait for the cars to carry it home.

* spur: (산 · 언덕의) 돌출부　　* tributary: (강의) 지류
* proper: [명사 뒤] 엄밀한 의미의
* forlorn: (사람이) 쓸쓸해 보이는/ (장소가) 황량한

» 지망생 번역

레이크랜드는 상류층을 위한 여름 휴양지 목록에선 찾을 수 없다. 그

곳은 컴벌랜드 산 아래 낮은 언덕 위, 클린치 강으로 흘러드는 작은 강가에 있다. 엄밀한 의미의 레이크랜드는 스물 남짓한 가구가 황량한 협궤열차 길가에 터를 잡고 그런대로 만족해하며 사는 마을이다. 철길이 소나무 숲에서 길을 잃고 무섭고 외로움에 지쳐 레이크랜드로 뛰어든 건지, 아니면 레이크랜드가 길을 잃고 기차가 집으로 데려다 줄 날을 기다리며 철로 변에 옹기종기 모여 있는 건지 알 수 없다.

» 해설

원문 마지막 문장은 기찻길이 지나가는 작은 시골 마을의 풍경을 문학작품답게 멋지게 묘사하고 있네요. 그런데 you wonder whether~는 곧이곧대로 표현하거나 혹은 '알 수 없다'라고 하면 어색합니다. '마치 ~듯 보인다' 정도로 하면 어떨까요. 첫 문장도 의미를 살려 자연스럽게 번역하는 것이 좋겠습니다.

» 저자 번역

레이크랜드는 사람들이 즐겨 찾을만한 최신 여름 휴양지는 아니다. 그곳은 클린치강의 작은 지류가 흐르는 컴벌랜드 산맥의 나지막한 산등성이에 자리 잡고 있다. 본래 레이크랜드는 황량한 협궤 철로 변에 스물 남짓한 가구가 모여 소박하게 살아가는 마을이다. 한편으론 철길이 소나무 숲에서 길을 잃은 뒤 무섭고 외로워서 레이크랜드의 품으로 달려든 것처럼 보이기도 하고, 다른 한편으론 마치 길을 잃은 레이크랜드가 고향으로 데려다줄 기차를 기다리며 철로 주변에 옹기종기 모여 있는 듯 보이기도 한다.

2.
You wonder again why it was named Lakelands. There are no lakes, and the lands about are too poor to be worth mentioning. Half a mile from the village stands the Eagle House, a big, roomy old mansion run by Josiah Rankin for the accommodation of visitors who desire the mountain air at inexpensive rates.
The Eagle House is delightfully mismanaged. It is full of ancient instead of modern improvements, and it is altogether as comfortably neglected and pleasingly disarranged as your own home.

» 지망생 번역

한편 왜 마을 이름이 레이크랜드인지도 궁금하다. 호수도 없을 뿐더러 인근 지역은 지나치게 초라해서 특별히 언급하기에도 마땅치 않다.
마을에서 팔백 미터 가량 떨어진 곳에는 맑은 산 공기를 찾아 온 방문객들이 저렴하게 묵어갈 수 있는, 조시아 랜킨이 운영하는 낡고 널찍한 이글하우스가 세워져 있다.
이글하우스는 관리가 허술해서 오히려 쾌적한 곳이다. 현대식으로 개조하는 대신 예스러운 것들을 그대로 유지했고, 대체로 편안함을 느낄 만큼 무심하면서도 마치 집에 있는 것처럼 편하게 어지럽혀져 있다.

» 해설

두 번째 문장은 이글하우스에 대한 수식어가 길게 나열되어 있으므로, 병렬로 연결된 부분에서 한번 자르는 것도 좋겠습니다. delightfully의 뉘앙스를 고려할 때 쾌적하다기보다는 반갑고 즐겁다는 게 더 어울리겠어요.

» 저자 번역

그런데 레이크랜드라는 이름이 뭔가 의아하다. 그곳에는 호수(레이크)도 없을뿐더러, 대지(랜드)라고 부를 만한 땅도 없기 때문이다.
마을에서 반 마일 떨어진 곳에는 이글하우스라는 곳이 있다. 산의 신선한 공기를 맡으며 저렴한 비용으로 이곳에 머무르고 싶어 하는 방문객들을 위해 조시아 랜킨이 운영하는 크고 넓은 옛날 주택이다.
이글하우스는 적당히 방치되어 오히려 반가운 느낌이 드는 곳이다.

현대식으로 개조하지 않아 고풍스러움이 가득하며, 모든 것이 무심한 듯 어질러져 있고 제대로 정돈되지 않은 모습이 방문객들에게 자기 집 같은 편안한 느낌이 들게 한다.

3.
But you are furnished with clean rooms and good and abundant fare: yourself and the piny woods must do the rest. Nature has provided a mineral spring, grape-vine swings, and croquet— even the wickets are wooden. You have Art to thank only for the fiddle-and-guitar music twice a week at the hop in the rustic pavilion.
The patrons of the Eagle House are those who seek recreation as a necessity, as well as a pleasure. They are busy people, who may be likened to clocks that need a fortnight's winding to insure a year's running of their wheels.

* fare: (끼니로 제공되는) 음식 * hop: (비격식적인) 무도회, 댄스파티

» 지망생 번역

깨끗한 방이 갖춰져 있고 맛있는 음식이 넉넉히 준비되어 있지만 그 밖에 다른 것은 스스로 알아서 하거나 소나무 숲에서 구해야 한다.

자연은 약수를 내어 놓고, 덩굴진 포도넝쿨로 그네를 만들고, 나무로 골대까지 준비된 크로케 경기장을 제공해 준다. 또한 감사하게도 통나무 정자에서는 일주일에 두 번 바이올린과 기타 연주를 감상할 수 있다.
이글하우스의 고객들에게 휴식은 즐거움을 위한 것만이 아니라 반드시 필요한 것이다. 그들은 시계와 비슷해서 일 년 동안 쉬지 않고 일하기 위해 2주일간은 태엽을 감아줄 시간이 필요한 사람들이다.

» 해설

두 번째 문장은 자연을 의인화해 주어로 삼아 번역했기에 번역 투가 느껴질 수 있습니다. '–' 부분은 앞부분을 수식하는 역할을 하므로, 괄호로 처리하시든지 앞 단어의 수식어로 처리하시면 됩니다. '정자'란 표현은 너무 한국적이에요. 번역서에서는 한국적인 느낌이 들게 하시면 몰입에 방해가 됩니다.

» 저자 번역

하지만 제공되는 방은 깨끗하고 음식은 풍부하다. 손님들은 소나무 숲에 나가서 스스로 휴식을 취하면 된다. 광천수가 있고 포도 넝쿨로 만든 그네와 크로켓을 할 수 있는 공터, 그리고 (역시 자연이 선사한 나무로 만든) 크리켓 경기용 위켓 wickets이 있다. 소박한 공연장에서 열리는 댄스파티에서는 고맙게도 일주일에 두 번 바이올린과 기타 연주를 감상할 수 있다.

이글 하우스를 찾는 단골손님들은 휴식을 단순한 여흥으로 생각하지 않고, 꼭 필요한 것으로 여겨 이곳을 찾는다. 그들은 바쁜 사람들이다. 시계에 비유하자면, 일 년간 톱니바퀴를 잘 돌리기 위해서 2주간 태엽을 잘 감아 두려는 이들이다.

4.

You will find students there from the lower towns, now and then an artist, or a geologist absorbed in construing the ancient strata of the hills. A few quiet families spend the summers there; and often one or two tired members of that patient sisterhood known to Lakelands as "schoolmarms."

 A quarter of a mile from the Eagle House was what would have been described to its guests as "an object of interest" in the catalogue, had the Eagle House issued a catalogue.

* schoolmarm: 여선생 (특히 고루하고 엄격한 사람)   * sisterhood: (특히 종교적인) 여성 공동체

》   지망생 번역

아랫마을에서 온 학생들을 만나거나, 간혹 예술가 또는 언덕에서 고대의 지층을 연구하는데 몰두한 지질학자를 발견할 수도 있다. 여름을 이곳에서 보내러 온 조용한 가족들도 몇 명 있고, 레이크랜드에서 "여교사"로 통하며 참을성을 신조로 삼는 지친 여인들도 한두 명씩 종종 방문했다.
이글하우스에서 사백 미터 떨어진 곳에는 안내책자를 발행한다면 방문객들에게 "볼거리"로 소개할 만한 장소도 있다.

» 해설

'You will find'처럼 상투적인 서술어는 곧이곧대로 '발견할 수 있다.'라고 번역하기보다는 우리말에서 흔히 쓰는 서술어로 그냥 '그런 사람들도 있다' 정도로 표현하시는 게 자연스럽습니다. '여교사로 통하며 참을성을 신조로 삼는 지친 여인들'이란 표현이 어색하네요. 여인들을 수식하는 한정적 수식표현이 앞에 너무 많이 나열되어 가독성이 떨어집니다.

» 저자 번역

아랫마을에서 온 학생들도 있고, 이따금 예술가들도 있으며, 부근의 고대 지층 연구에 열중하고 있는 지질학자들도 있다. 여름휴가를 보내려고 찾아온 가족들도 보이고, 레이크랜드에서 이른바 '고루한 여

선생들'이란 별명으로 불리는 여성종교단체 회원 한두 사람도 그곳에서 피로에 지친 몸을 쉬고 있는 걸 흔히 볼 수 있다.

이글하우스에서 4백 미터쯤 떨어진 곳에는, 만약 이글하우스에서 만든 선전 책자라도 있었다면 '명소'로 소개될만한 장소가 있었다.

5.
This was an old, old mill that was no longer a mill. In the words of Josiah Rankin, it was "the only church in the United States, sah, with an overshot-wheel; and the only mill in the world, sah, with pews and a pipe organ."

The guests of the Eagle House attended the old mill church each Sabbath, and heard the preacher liken the purified Christian to bolted flour ground to usefulness between the millstones of experience and suffering.

* pew: (교회의, 길게 나무로 된) 신도석   * bolt: 체질하여 가르다
* liken: (…에) 비유하다, 비기다   * ground: (가루가 되게) 간 [빻은]

» 지망생 번역

이곳은 더 이상 제 구실을 하지 않는 아주 오래된 방앗간이다. 조시아 랜킨은 이곳을 "미국에서는 물레바퀴가 있는 유일한 교회이고요.

세상에서 유일하게 신도석과 파이프 오르간이 있는 물레방아간이예요."라고 말했다.

이글하우스의 손님들은 안식일마다 오래된 물레방앗간 교회를 방문하여, 독실한 기독교 신자는 경험과 고난의 맷돌로 갈아 유용하게 사용하도록 체에 거른 밀가루와 같다고 말하는 전도사의 말씀을 들었다.

» 해설

방앗간이었던 건 과거의 사실입니다. 두 번째 문장의 겹따옴표 안의 문장은 간접 인용을 의미하는 홑따옴표로 바꾸어 번역하는 게 적절하겠습니다.

» 저자 번역

그곳은 더는 방아를 찧지 않는 아주 오래된 방앗간이었다. 조시아 랜킨의 말에 의하면, '미국에서 물레바퀴가 있는 유일한 교회인 동시에 예배용 좌석과 파이프오르간이 갖춰져 있는 세계에서 하나뿐인 방앗간'이었다.

이글하우스의 손님들은 일요일마다 이 오래된 방앗간 교회를 찾아, 정화된 기독교 신자를 경험과 고난이라는 맷돌에 갈리고 체에 결려 쓸모 있게 만들어진 밀가루에 비유하는 목사님의 말씀을 들었다.

6.

Every year about the beginning of autumn there came to the Eagle House one Abram Strong, who remained for a time an honoured and beloved guest. In Lakelands he was called "Father Abram," because his hair was so white, his face so strong and kind and florid, his laugh so merry, and his black clothes and broad hat so priestly in appearance. Even new guests after three or four days' acquaintance gave him this familiar title.

» 지망생 번역

매년 초가을 무렵 한동안 존경과 사랑을 받던 손님이었던 아브람 스트롱이 이글하우스에 찾아왔다. 하얀 머리색에 강하면서도 다정한 인상을 가진 그는 혈색이 좋아보였고, 아주 유쾌하게 웃는데다 검정색 옷과 챙이 넓은 모자 차림까지 외관상 매우 성직자처럼 보여서 레이크랜드에서는 "아브람 신부"라고 불렸다. 이글하우스에 새로 도착한 손님이라도 삼사일 지내다보면 그를 이렇게 허물없이 부르곤 했다.

» 해설

첫 문장은 관계대명사의 계속적 용법에 따라 순서대로 번역하는 게 좋겠습니다. 두 번째 문장처럼 이유를 나타내는 부사절이 길게 올 경우에는 접속사 앞에 콤마가 있다면 그 부분에서 잘라 처리해도 좋습니다.

» 저자 번역

해마다 가을이 시작될 무렵이면 아브람 스트롱이라는 손님이 이글하우스에 찾아왔는데, 그는 사람들의 존경과 사랑을 받으며 한동안 그곳에 머무르곤 했다. 레이크랜드에서 그는 "신부 아브람"으로 불렸다. 새하얀 백발에, 발그레한 얼굴은 강직하면서도 친절해 보였고, 웃음소리는 명랑했으며, 검은색 옷에 챙이 넓은 모자를 쓴 모습이 사제(가톨릭 신부를 'Father'로 호칭하기도 함—옮긴이)처럼 보였기 때문이었다. 새로 온 손님들도 사나흘 알고 지내고 나면 친근하게 그를 별명으로 불렀다.

7.
Father Abram came a long way to Lakelands. He lived in a big, roaring town in the Northwest where he owned mills, not little mills with pews and an organ in them, but great, ugly, mountain-like mills that the freight trains crawled around all day like ants around an ant-heap. And now you must be told about Father Abram and the mill that was a church, for their

stories run together.

» 지망생 번역

에이브람 신부는 레이크랜드까지 먼 길을 찾아왔다. 그는 북서부 번화한 대도시에 살고 있으며 거기에 제분소를 여럿 가지고 있었는데, 물론 예배용 의자와 오르간이 있는 조그만 방앗간이 아니라 개미집에 몰려드는 개미들처럼 온종일 화물열차가 들고 나는 별로 아름다울 것 없는 엄청나게 큰 제분소였다. 이제 에이브람 신부와 방앗간 교회 얘기를 해야겠다. 그건 두 이야기가 서로 맞물려 있기 때문이다.

» 해설

두 번째 문장을 자르지 않았더니 읽기가 부담스럽네요. 가독성을 위해 문장을 자르기로 한다면, 병렬로 연결된 부분, 관계대명사의 계속적 용법(생략 가능)이 사용된 곳을 고르세요. 내용상으로도 잘 살펴보면 그가 어디에서 살고 있는지에 관한 메시지가 하나 있고, 그곳에서 운영하는 방앗간이 어떤 모습인지 설명하는 또 하나의 메시지가 길게 이어지는 걸 볼 수 있습니다.

» 저자 번역

신부 아브람은 멀리서 레이크랜드에 찾아왔다. 그는 북서부의 크고 번잡한 마을에서 여러 방앗간을 운영하며 살고 있었다. 이곳처럼 예배용 의자들과 오르간이 있는 아담한 방앗간이 아니라, 온종일 화물열차가 마치 개미가 개밋둑을 오가듯 들락거리는 크고 아름다울 것 없는 제분소였다. 신부 아브람과 교회가 된 이 작은 방앗간에는 얽힌 사연이 있는데 지금부터는 이에 관해 이야기해 보려 한다.

8.
In the days when the church was a mill, Mr. Strong was the miller. There was no jollier, dustier, busier, happier miller in all the land than he. He lived in a little cottage across the road from the mill. His hand was heavy, but his toll was light, and the mountaineers brought their grain to him across many weary miles of rocky roads.

* toll: (방앗간의) 빻는 삯(으로 떼는 곡물)
* have a heavy hand: 손재주가 무디다
* with a heavy hand: 서투르게

» 지망생 번역

교회가 방앗간이었던 시절, 스트롱씨는 방앗간 주인이었다. 그 지역에서 스트롱씨보다 더 유쾌하고 지저분하며 분주하고 행복한 방앗간 주인은 없었다. 그는 방앗간 길 건너 작은 오두막에서 살았다. 스트롱씨의 손은 크고 육중했지만 그가 하는 수고는 대수롭지 않았다. 등산객들이 수고스럽게도 바위투성이 길을 수마일이나 걸어 그에게 곡식을 가져다 주었기 때문이다.

» 해설

dustier를 지저분했다고 하면 전하는 느낌이 부정적으로 바뀌게 되더군요. 먼지라기보다는 밀가루를 뒤집어썼다고 하는 게 어떨까요. 손이 육중했다는 거하고 수고는 대수롭지 않다는 거하고는 대조가 잘 안 돼요. 등산객도 생뚱맞고요.

» 저자 번역

이 교회가 방앗간이던 시절, 주인은 스트롱 씨였다. 그는 늘 밀가루를 뒤집어쓰고 있으면서도 이 세상 누구보다 즐겁고, 바쁘고, 행복한 방앗간 주인이었다. 그는 방앗간 맞은편에 있는 작은 오두막에서 살았다. 비록 솜씨는 서툴렀지만 방앗삯이 쌌기 때문에 산골 사람들은 멀고 힘든 돌밭 길을 마다하지 않고 그에게 곡식을 가져왔다.

9.

The delight of the miller's life was his little daughter, Aglaia. That was a brave name, truly, for a flaxen-haired toddler; but the mountaineers love sonorous and stately names. The mother had encountered it somewhere in a book, and the deed was done. In her babyhood Aglaia herself repudiated the name, as far as common use went, and persisted in calling herself "Dums."

* flaxen-haired: 아마빛 머리털의 (금발의 일종)
* sonorous: (소리가) 듣기 좋은, 낭랑한
* stately: (격식) 우아한, 장중한   * repudiate: 거부하다, 부인하다

» 지망생 번역

스트롱씨의 인생에서 그에게 커다란 기쁨을 주는 사람은 어린 딸 아글라이아였다. 아글라이아라는 이름은 걸음마를 배우는 금발의 여자아이에게 붙여주기에는 다소 용맹스러워 보이는 이름이었다. 하지만 산에 사는 사람들은 낭랑하고 위풍당당한 이름을 좋아했다. 스트롱씨의 부인은 아글라이아라는 이름을 책 속 어딘가에서 알게 된 후 딸아이에게 붙여주었다. 지금보다 더 어렸을 때 아글라이아는 본인의 이름이 흔해질 때까지 자신을 아글라이아라고 부르는 대신 "덤스"라고 불렀다.

» 해설

아글라이아란 미의 여신인데, 용맹스럽다거나 위풍당당하단 표현은 안 어울려요. 마지막 문장에서 as far as common use went 의 번역 역시 '흔해질 때까지'라기 보다는 '그냥 일상적으로 말을 할 때' 정도의 의미이므로 약하게 처리하면 좋을 듯합니다.

» 저자 번역

이 방앗간 주인에게 삶의 기쁨은 어린 딸 아글라이아였다. 사실 아장아장 걷는 금발아이에게 어울리지 않는 조금 강한 이름이었지만, 산골 사람들은 낭랑하고 우아하게 들리는 이런 이름들을 좋아한다. 아이 엄마가 책에서 이 이름을 보고는 딸에게 붙여주었다. 어린 시절에 아이는 흔히 이야기할 때 아글라이아라는 본래 이름은 제쳐놓고 자신을 '덤스'라고 불렀다.

10.
The miller and his wife often tried to coax from Aglaia the source of this mysterious name, but without results. At last they arrived at a theory. In the little garden behind the cottage was a bed of rhododendrons in which the child took a peculiar delight and interest. It may have been that she perceived in

"Dums" a kinship to the formidable name of her favourite flowers.

* coax: 구슬리다   * rhododendron: 진달래속 식물
* kinship: 친족, 유사   * formidable: 가공할, 어마어마한

» 지망생 번역

스트롱씨와 아내는 아글라이아가 이 이상한 이름을 고집하는 이유를 알아내려고 했지만 헛수고가 되곤 했다. 그러던 중 마침내 두 사람은 그 이유를 알게 되었다. 집에 있는 조그마한 뒤뜰에 아글라이아가 굉장히 좋아하고 관심을 기울인 진달래꽃 화단이 있었다. 아마도 아글라이아는 "덤스"라는 이름이 자기가 가장 좋아하는 꽃의 거창한 이름과 비슷하다고 여긴 모양이었다.

» 해설

부모가 이름의 유래를 확실히 알게 된 게 아니라, theory 즉, 나름대로 추측한 거예요.

» 저자 번역

방앗간 주인과 그의 아내는 이 알 수 없는 이름을 어떻게 지었는지

딸을 구슬려 알아보려 했지만 허사였다. 결국, 어렴풋이 추측할 수밖에 없었다. 그들이 살던 오두막집 뒤의 작은 정원에는 딸아이가 유난히 좋아하고 관심을 가지던 진달래꽃 화단이 있었다. 아마도 "덤스"라는 이름이 자기가 가장 좋아하는 꽃의 거창한 이름과 비슷하다고 여긴 듯했다.

11.

When Aglaia was four years old, she and her father used to go through a little performance in the mill every afternoon, that never failed to come off, the weather permitting.

When supper was ready her mother would brush her hair and put on a clean apron and send her across to the mill to bring her father home.

When the miller saw her coming in the mill door he would come forward, all white with the flour dust, and wave his hand and sing an old miller's song that was familiar in those parts and ran something like this:

» 지망생 번역

아글라이아가 네 살 때 아빠와 딸은 매일 오후가 되면 방앗간에서 둘만의 작은 공연을 하곤 했었고 이 공연은 날씨가 허락하는 한 매일 열렸다. 저녁 준비를 끝낸 엄마는 아이의 머리를 빗기고 깨끗한 앞치마를 입히고 나서 아빠를 모시고 오라고 방앗간으로 보냈다. 방앗간 문 안으로 들어오는 딸을 본 아빠는 밀가루에 덮인 새하얀 얼굴을 하고 앞으로 다가섰다. 아빠는 딸을 향해 손을 흔들며 오래 전부터 내려오는 어느 방앗간 주인의 노래의 익숙한 구절을 이렇게 불렀다.

» 해설

첫 문장의 결론을 '매일 열렸다'로 하지 마시고 작은 공연을 했다고 하시는 게 낫습니다. 그 문장의 가장 중요한 메시지로 결론을 내려야 메시지 흐름이 좋아집니다. 아니면 차라리 콤마 부분에서 자르시는 게 낫습니다.

» 저자 번역

아글라이아가 네 살 때, 아버지와 딸은 매일 오후마다 방앗간에서 작은 공연을 펼치곤 했다. 날씨가 허락하는 한 하루도 거르는 법이 없었다. 저녁준비가 되면 엄마는 딸의 머리를 빗겨주고 깨끗한 앞치마를 입힌 뒤 집 건너편에 있는 방앗간에 보내 아버지를 데려오게 하였다. 아버지는 딸아이가 방앗간에 들어오는 걸 보면 하얀 밀가루 먼지를 뒤집어쓴 채 달려나갔다. 그는 손을 흔들며 예부터 전해 내려오는 방앗간 주인의 노래를 불렀는데, 그곳 사람들에게 익숙한 노래는 이러했다.

12.

"The wheel goes round,

The grist is ground,

The dusty miller's merry.

He sings all day,

His work is play,

While thinking of his dearie."

» 지망생 번역

"방아가 돌아가고,

곡식이 빻아지면,

먼지 쓴 방아꾼은 행복하네.

사랑하는 이를 생각하며

온 종일 노래하는

그의 일은 즐거운 놀이."

» 해설

잘 하셨습니다. 원래 가사에서
round/ground, merry/day/play/dearie
같은 단어들이 라임을 잘 맞추고 있으니, 그 맛을 살리면 좋겠습니다.

» 저자 번역

"방아가 돌아가네
곡식이 빻아지네
먼지 쓴 방아꾼은 즐겁다네.
온종일 노래하며
일은 행복하네.
사랑하는 사람을 생각하며."

13.
Then Aglaia would run to him laughing, and call:
"Da-da, come take Dums home;" and the miller would swing her to his shoulder and march over to supper, singing the miller's song. Every evening this would take place.
One day, only a week after her fourth birthday, Aglaia disappeared. When last seen she was plucking wild flowers by the side of the road in front of the cottage. A little while later her mother went out to see that she did not stray too far away, and she was already gone.

» 지망생 번역

곧 아글라이아는 웃으며 그에게 달려가 이렇게 외쳤다.
"아빠, 덤스를 어서 집에 데려가 주세요". 그리면 방앗간 주인은 딸을 번쩍 들어 올려 목말을 태운 후 방아꾼 노래를 부르며 성큼 성큼 걸어 저녁을 먹으러 갔다. 이 작은 공연은 매일 저녁 열렸다.
네 번째 생일이 겨우 일주일 지난 어느 날 아글라이아가 사라졌다. 마지막으로 보았을 때 그녀는 오두막 앞 길가에서 야생화를 따고 있었다. 잠시 후 그녀의 어머니가 딸이 너무 멀리 벗어나지 않도록 보러 나왔지만, 아이는 이미 사라지고 없었다.

» 해설

da-da가 papa를 제대로 발음하지 못한 거 같으니, 그 느낌을 좀 살려주는 게 어떨까요. 마지막 문장에서 '멀리 벗어나지 않도록 보러 나왔다'는 표현이 어색하네요. 혹시 멀리 벗어나지는 않았는지 보았다는 게 어울리는 표현이겠죠.

» 저자 번역

아글라이아는 웃으며 아빠에게 달려가 이렇게 소리쳤다.
"아…빠, 빠, 덤스랑 집에 가요"
방앗간 주인은 딸을 번쩍 들어 어깨에 올려놓고는 방앗간 주인의 노래를 부르며 저녁을 먹으러 힘차게 걸어갔다. 매일 저녁 이런 일은 반복되었다.

이제 막 4살이 되고 일주일 지났을 무렵 어느 날, 아글라이아가 없어졌다. 마지막으로 보았을 때, 아이는 오두막집 앞 길가에서 야생화를 꺾고 있었다. 잠시 후 아이가 너무 멀리까지 가지는 않았는지 엄마가 살피러 왔을 때, 아이는 이미 사라지고 없었다.

14.
Of course every effort was made to find her. The neighbours gathered and searched the woods and the mountains for miles around. They dragged every foot of the mill race and the creek for a long distance below the dam. Never a trace of her did they find. A night or two before there had been a family of wanderers camped in a grove near by. It was conjectured that they might have stolen the child; but when their wagon was overtaken and searched she could not be found.

* mill race: 물방아를 돌리는 물줄기[도랑]

» 지망생 번역

두말 할 것 없이 아이를 찾으려고 온갖 노력을 다 했다. 이웃들이 모여 부근의 숲과 산 속을 몇 마일씩 뒤졌다. 물레방아용 수로와 댐 아래 멀리 작은 시내까지 일일이 훑었다. 하지만 아이의 흔적은 어디에도 없었다. 하루나 이틀 전에 떠돌이 가족이 근처 작은 숲에 머무른 적이 있기는 했다. 그들이 몰래 아이를 데려갔을지도 모른다고 생각되어 그 마차를 쫓아가 찾아보았지만 아글라이아는 없었다.

» 해설

'두말할 것도 없이'란 표현이 군더더기처럼 느껴져요. '물론'으로 짧게 하면 좋을 듯. 마지막 문장에서도 '~되다'란 피동형 표현보다는 능동형이 낫습니다. 일반주어가 사용되거나 주어를 쉽게 가늠할 수 있어 생략할 수 있는 문장에서는 '~지다', - '~되다'란 피동형을 쓰기보다, 주어를 생략해 표현하는 게 우리말에서는 더 자연스러운 경우가 많아요.

» 저자 번역

물론 아이를 찾으려고 온갖 노력을 다했다. 이웃들도 함께 모여 멀리 숲속과 산까지 찾아보았다. 도랑과 개울을 따라 멀리 댐 아래까지 샅샅이 뒤지고 다녔지만, 아이의 흔적을 찾을 수 없었다. 아이가 없어지기 하루 이틀 전 밤에 어떤 떠돌이 일행이 근처 수풀에서 머문 적이 있었다. 어쩌면 그들이 아이를 훔쳐갔을지도 모른다고 생각해서 마차를 몰고 뒤쫓아 가 수색해 보았지만, 역시 아이를 찾을 수 없었다.

15.
The miller remained at the mill for nearly two years; and then his hope of finding her died out. He and his wife moved to the Northwest. In a few years he was the owner of a modern mill in one of the important milling cities in that region. Mrs. Strong never recovered from the shock caused by the loss of Aglaia, and two years after they moved away the miller was left to bear his sorrow alone.

» 지망생 번역

방앗간 주인은 딸이 사라진 후 거의 이년동안 방앗간을 지켰고, 그때쯤 되자 딸을 찾을 수 있다는 희망은 사라졌다. 그는 아내와 북서쪽으로 이사했다. 몇 년 동안 그는 지역에서 중요한 제분 도시 중 한 곳에서 최신 설비를 갖춘 방앗간을 운영했다. 스트롱 부인은 아글라이아를 잃은 충격에서 회복되지 못했다. 이사한지 이년이 흐른 뒤 방앗간 주인은 홀로 슬픔을 견뎌야 했다.

» 해설

영어에서 and는 참 여러 가지로 해석해야 하기에 주의해야 하는 접속사입니다. 첫 문장에서 and는 오히려 but에 가깝게 번역해야 어울려요. 이런 경우가 영어에서는 자주 있답니다. 내용을 보고 판단하시는 게 좋아요. 세 번째 문장에서 '몇 년 동안' 방앗간을 운영한 게 아니라, 아마도 열심히 일해서 '몇 년 만에' 커다란 제분공장을 갖게 된 거 같아요. 스트롱 씨의 근면 성실함을 알 수 있는 대목이네요.

» 저자 번역

방앗간 주인은 딸이 사라지고 난 후 2년 가까이 그곳에 더 머물렀지만, 결국 딸을 찾을 수 있으리란 희망을 잃고 말았다. 부부는 북서부로 이사했다. 몇 년 만에 그는 북서부 지역의 제분업 중심지 가운데 한 곳에서 현대식 제분공장을 갖게 되었다. 하지만 그의 아내는 아글라이아를 잃은 충격에서 회복되지 못해 이사한 지 2년 후에 세상을 떠났고, 스트롱은 결국 홀로 남아 슬픔을 견뎌야 했다.

16.
When Abram Strong became prosperous he paid a visit to Lakelands and the old mill. The scene was a sad one for him, but he was a strong man, and always appeared cheery and

kindly. It was then that he was inspired to convert the old mill into a church. Lakelands was too poor to build one; and the still poorer mountaineers could not assist. There was no place of worship nearer than twenty miles.

» 지망생 번역

부자가 된 아브람 스트롱은 레이크랜드의 방앗간을 찾았다. 방앗간 풍경을 본 그는 슬픔을 느꼈지만 강인한 심성을 가진 탓에 겉으로는 그냥 명랑하고 상냥해 보였다. 바로 그때 그 낡은 방앗간을 교회로 바꾸어보겠다는 생각이 떠올랐다. 궁핍한 레이크랜드 지역에는 교회가 열리지 못하고 있었다. 여전히 가난한 산악지대 사람들은 그를 도울 형편이 못되었고 근방 수십 킬로 안에는 예배드릴 마땅한 장소가 없었다.

» 해설

두 번째 문장의 and 번역은 독립적인 느낌을 주지 않고 인과관계를 넣어 잘 표현하셨습니다. 네 번째 문장에서 교회가 열린다는 표현의 호응이 좀 어색합니다. 혹시 교인들 사이에서는 이런 표현을 쓰는지는 모르겠지만, 그래도 일반인들 기준으로 표현하시는 게 좋을 듯합니다.

» 저자 번역

사업에서 성공한 뒤, 아브람 스트롱은 레이크랜드와 옛 방앗간을 다시 찾아가 보았다. 아픈 추억이 깃든 장소였지만, 그는 강인한 사람이었기에 늘 명랑하고 친절한 표정을 잃지 않았다. 이윽고 그는 옛 방앗간을 교회로 바꾸겠다는 생각을 하게 되었다. 레이크랜드는 교회를 지을 수 없을 정도로 가난한 지역이었고, 산골 사람들 역시 가난해서 교회를 짓는 데 아무런 도움을 줄 수 없는 처지였다. 인근 30킬로 이내에는 예배를 드릴 장소가 없었다.

17.
The miller altered the appearance of the mill as little as possible. The big overshot-wheel was left in its place. The young people who came to the church used to cut their initials in its soft and slowly decaying wood. The dam was partly destroyed, and the clear mountain stream rippled unchecked down its rocky bed. Inside the mill the changes were greater.

» 지망생 번역

방앗간 주인은 최대한 방앗간 그대로의 모습을 유지하면서 교회로 바꾸었다. 방앗간 왼편에는 커다란 물레방아가 있었다. 교회를 찾아온 젊은 사람들은 나무가 무르거나 서서히 삭는 부분에 자신의 이니셜을 새겨 넣곤 했다. 댐의 일부가 무너져 맑은 계곡물이 바위투성이 골짜기로 거침없이 흘러내리며 잔물결을 일으켰다. 방앗간 안쪽은 더 많이 달라졌다.

» 해설

첫 문장에서 교회로 바꾸었다고 굳이 넣으실 필요 없습니다. 앞서 이미 말했기에 중복되는 사족입니다. 두 번째 문장에서는 물레방아가 있는 게 아니라 그대로 두었다고 해야겠죠. 원문의 동사를 잘 살펴보십시오. 마지막 문장에서 dam을 그대로 음독하면 거창한 댐이라는 생각이 드니까, '둑' 정도의 소규모로 의미를 한정하시는 표현을 고르는 게 좋겠습니다.

» 저자 번역

스트롱은 방앗간의 겉모습은 되도록 바꾸지 않았다. 커다란 물레바퀴도 제자리에 두었다. 교회에 오는 젊은이들은 천천히 썩어가는 무른 나무에 자신들의 이름 머리글자를 새기곤 하였다. 둑의 일부가 무너져 깨끗한 산골짜기 시냇물이 돌투성이 강바닥을 구르며 물결을 일으켰다. 방앗간 내부는 많이 달라졌다.

18.

The shafts and millstones and belts and pulleys were, of course, all removed. There were two rows of benches with aisles between, and a little raised platform and pulpit at one end. On three sides overhead was a gallery containing seats, and reached by a stairway inside. There was also an organ— a real pipe organ—in the gallery, that was the pride of the congregation of the Old Mill Church.

» 지망생 번역

물론 방앗간 안에 있던 맷돌과 축대, 도르래와 벨트는 모두 치웠다. 통로를 사이에 두고 의자가 두 줄로 놓여 있었고 한쪽 끝에 약간 높여 놓은 단과 설교를 위한 연단이 있었다. 설교하는 곳이 보이도록 만든 이층의 세 곳에 의자가 놓인 공간이 있었고 내부 계단으로 통해 있었다. 이층에 오르간이 있었는데 진짜 파이프 오르간이었고 방앗간 교회를 찾는 신도들은 이를 자랑스럽게 여겼다.

» 해설

'단과 연단'은 모두 같은 뜻입니다. 아마도 연단을 만들고 그 위에 설교대를 놓은 거 같아요. '설교하는 곳이 보이도록 만든'이란 표현은 불필요해 보이고요. 대시는 기본적으로 괄호와 같은 기능을 합니다. 괄호로 대체하시든지 수식어로 바꾸시든지 해야 합니다. 지금은 앞의 메시지와 대등하게 병렬로 처리하셨네요. 그리고 마지막 문장의 주어를 바꾸셨는데, 한 문장에서 주어를 통일시키면 가독성이 더 좋아집니다.

» 저자 번역

굴대, 맷돌, 벨트, 도르래는 물론 모두 없앴다. 가운데에 통로를 두고 양쪽으로 예배용 긴 의자를 두 줄로 놓았고, 한쪽 끝에는 약간 높이를 두어 연단을 만들고 설교대를 놓았다. 머리 위쪽으로는 삼면으로 좌석이 놓인 회랑이 있어 안쪽으로 계단을 통해 올라갈 수 있었다. 또한, 오르간 (진짜 파이프 오르간)을 놓아 이곳 '낡은 방앗간 교회'에서 예배를 보는 사람들을 뿌듯하게 했다.

19.
Miss Phœbe Summers was the organist. The Lakelands boys proudly took turns at pumping it for her at each Sunday's service. The Rev. Mr. Banbridge was the preacher, and rode down from Squirrel Gap on his old white horse without ever missing a service. And Abram Strong paid for everything. He paid the preacher five hundred dollars a year; and Miss Phœbe

two hundred dollars.

» 지망생 번역

포브 서머스양이 오르간 연주자였다. 레이크렌드의 소년들은 서머스양이 일요일마다 오르간을 연주할 수 있도록 뿌듯한 마음으로 번갈아가며 오르간에 공기 넣는 일을 했다. 밴브리지 목사가 설교자였는데 그는 단 한 번도 설교 하는 일을 빼먹지 않고 그가 살고 있는 다람쥐골에서 노쇠한 백마를 타고 내려왔다. 그리고 아브람 스트롱이 이 모든 비용을 지불했다. 그는 밴브리지씨에게는 일년에 오백달러, 포브양에게는 이백달러를 지급했다.

» 해설

be 동사는 '~이다'란 서술격조사로 번역하기보다 적극적인 동작동사로 바꾸면 우리말로 더 자연스러운 경우가 많습니다. 가끔 고민이 되는 부분은 다람쥐골 같은 표현입니다. 지명을 음독할 것이냐 훈독할 것이냐의 판단인데요, 저는 아이들 책이라면 '다람쥐골'이라고 할 터이지만, 여기서는 음독을 택했습니다. '다람쥐골'이란 의미가 나중에 내용을 파악하는 데 중요한 역할을 한다면 물론 그렇게 해야겠지요.

» 저자 번역

오르간 연주는 피이브 서머스양이 맡았다. 레이크랜드의 소년들은 일요일 예배 때마다 신이 나서 교대로 오르간에 바람을 넣어주었다. 설교는 베인브리지 목사가 했는데, 그는 스쿼럴갭에서 늙은 백마를 타고 한 번도 빠짐 없이 설교하러 왔다. 이 모든 비용을 아브람 스트롱이 댔다. 그는 설교자에게 연간 5백 달러를 지급했고 피이브 양에게는 2백 달러를 줬다.

20.
Thus, in memory of Aglaia, the old mill was converted into a blessing for the community in which she had once lived. It seemed that the brief life of the child had brought about more good than the three score years and ten of many. But Abram Strong set up yet another monument to her memory.

» 지망생 번역

이렇게 하여 아글라이아를 그리워하며, 오래된 방앗간은 한 때 아글라이아가 살던 지역에서 축복의 기도를 올리는 곳이 되었다. 한 아이의 짧은 삶으로 인해 많은 사람들이 살아온 칠십년 동안 좋은 일이 더 많이 생긴 듯하다. 한편 아브람 스트롱은 딸에게 바치는 기념물 또 한 가지를 준비했다.

» 해설

두 번째 문장이 어색하네요. 사람들이 대부분 칠십 년 동안 살아온 건 아닐 테지요.

» 저자 번역

결국 아글라이아를 기리기 위해 이 낡은 방앗간은 일찍이 그녀가 살고 있던 마을 사람들에게 하나의 축복으로 변모하였다. 짧은 생을 살다간 그 아이가 수십 년을 살아온 다른 많은 사람보다 더 좋은 은혜를 가져온 듯하였다. 하지만 아브람 스트롱은 그녀를 기념하기 위해 또 다른 계획을 세웠다.

21.

Out from his mills in the Northwest came the "Aglaia" flour, made from the hardest and finest wheat that could be raised. The country soon found out that the "Aglaia" flour had two prices. One was the highest market price, and the other was—nothing.

Wherever there happened a calamity that left people destitute—

a fire, a flood, a tornado, a strike, or a famine, there would go hurrying a generous consignment of the "Aglaia" at its "nothing" price.

» 지망생 번역

최상품 밀로 만든 "아글라이아" 밀가루는 북서부 지방에 있는 스트롱 씨 제분소에서 공급되었다. "아글라리아" 밀가루는 가격이 두 가지였다. 하나는 시장 최고 가격이었고 다른 하나는 무료였다.
화재, 홍수, 토네이도, 파업, 혹은 기근같이 사람들을 곤궁에 빠트릴 재난이 일어나면 '아그랄리아' 밀가루의 넉넉한 배급이 무상으로 신속하게 이루어졌다.

» 해설

첫 문장의 동사 came은 공급보다는 생산으로 표현하시는 게 이해가 빠릅니다. 마지막 문장에서 '~의 ~이 신속하게 이루어졌다'고 명사형 표현을 하시기보다는 그냥 '~가 무료로 빠르고 넉넉하게 배급되었다'로 하시는 게 더 우리말에 어울립니다.

» 저자 번역

북서부에 있는 그의 제분공장에서는 잘 자란 최고급 밀로 '아글라이아' 밀가루를 생산했다. 이 '아글라이아' 밀가루에는 가격이 두 개 존재했다. 하나는 시장에서 팔리고 있는 밀가루 가운데 가장 높은 가격이었고, 다른 하나는 무료였다.

화재나 홍수, 태풍, 파업, 기근 등의 재난으로 인해 사람들이 굶주릴 때마다 이 '아글라이아' 밀가루가 '무료'로 빠르고 넉넉하게 배달되었다.

22.

It was given away cautiously and judiciously, but it was freely given, and not a penny could the hungry ones pay for it. There got to be a saying that whenever there was a disastrous fire in the poor districts of a city the fire chief's buggy reached the scene first, next the "Aglaia" flour wagon, and then the fire engines.

» 지망생 번역

분별해서 조심스럽게 기부 됐지만 너그럽게 기증되기도 했으며 살 형편이 되지 않는 무일푼의 굶주린 사람들에게 증여되기도 했다. 도시의 빈민구역에 막대한 화재가 발생할 때마다 소방서장의 사륜경마차가 첫째로 현장에 도착하고 다음에는 "아글라이아"를 실은 사륜우마차가 따라오며 마지막으로 소방차가 도달한다는 속담이 있었다.

» 해설

'증여', '막대한 화재'란 표현들이 거창합니다. 사륜 경마차, 사륜 우마차 등도 꼬박꼬박 상세히 밝힐 필요는 없을 듯해요. 특히 소설에서는 쉽고 자연스러운 표현을 주로 사용해 주세요.

» 저자 번역

조심스럽고 신중하게 배급하면서도 배고픈 사람들에게는 한 푼도 받지 않고 무료로 나누어주었다. 사람들 사이에서는 심지어 도시 빈민 지역에 큰불이 나면 소방 지휘 마차가 제일 먼저 오고, 그다음에 "아글라이아" 밀가루를 실은 마차가 오며, 그다음에 소방 마차가 온다는 말이 돌 정도였다.

23.
So this was Abram Strong's other monument to Aglaia. Perhaps to a poet the theme may seem too utilitarian for beauty; but to some the fancy will seem sweet and fine that the pure, white, virgin flour, flying on its mission of love and charity, might be likened to the spirit of the lost child whose memory it signalized.

» 지망생 번역

이것은 아브람 스트롱이 아글리아를 기념하는 또 하나의 방법이었다. 시인이라면 그 방법이 아름답다고 하기에는 너무 실리적이라고 할 수도 있겠지만, 사랑과 자선의 임무를 띄고 세상에 전해진 순백처럼 하얗고 순수한 아글아이아 밀가루를 그것이 기리고 있는 잃어버린 아이의 영혼에 비유할 만큼 어떤 사람들에게는 소중하고 훌륭한 것이었다.

» 해설

두 번째 문장은 세미콜론 부분에서 자르는 편이 보다 정리가 되어 읽기 편하겠습니다. 밀가루를 비유하는 사람의 주체가 잘 드러나지 않아서요. 차라리 피동으로 하셔도 좋고요.

» 저자 번역

이처럼 아글라이아 밀가루는 아브람 스트롱이 잃어버린 딸을 기리는 또 하나의 기념물이었다. 어쩌면 시인은 아름다운 대상을 기리기에는 밀가루가 너무 실용적이라고 생각할지 모른다. 하지만 어떤 이들은 사랑과 자선의 의미를 담아 배달되는 희고, 깨끗하고, 순결한 이 밀가루야말로 잃어버린 아이의 영혼을 잘 상징하고 또 기념할 수 있는 사랑스러운 선물이라고 생각했다.

24.
There came a year that brought hard times to the Cumberlands. Grain crops everywhere were light, and there were no local crops at all. Mountain floods had done much damage to property. Even game in the woods was so scarce that the hunters brought hardly enough home to keep their folk alive. Especially about Lakelands was the rigour felt.

» 지망생 번역

컴벌랜드에 힘겨운 한 해가 찾아왔다. 어느 곳 하나 곡식이 제대로 여문 곳이 없었고 지역에서 기르던 작물도 전혀 거두지 못했다. 산에는 큰 비가 내려 물질적으로 심하게 피해를 입은 상태였다. 숲에는 사냥감까지 거의 사라져 사냥꾼들이 가져오는 것으로는 마을 사람들이 연명하기에도 모자랐다. 레이크랜드 주변은 특히 어려운 상황이었다.

» 해설

'물질적', '연명' 의 표현이 거창해요. 특히 대중소설에서는 좀 더 쉬운 표현이 좋습니다.

» 저자 번역

컴벌랜드에 힘든 해가 찾아왔다. 어느 곳이든 수확량이 줄어들었고, 인근 지역에서는 수확을 전혀 하지 못할 정도였다. 모두가 산악지대의 홍수 때문에 큰 재산 피해를 보았다. 숲속의 사냥감마저 귀해져서 사냥꾼들이 가족을 먹여 살릴 만큼 충분히 사냥하지 못했다. 이러한 어려움은 레이크랜드 인근이 특히 심했다.

25.
As soon as Abram Strong heard of this his messages flew; and the little narrow-gauge cars began to unload "Aglaia" flour there. The miller's orders were to store the flour in the gallery of the Old Mill Church; and that every one who attended the church was to carry home a sack of it.

» 지망생 번역

에이브럼 스트로이 이 말을 듣자마자 전갈을 보냈다. 그러자 협궤를 다니는 작은 차에서는 아글라이아 밀가루를 실어 내리기 시작했다. 방앗간에서 지시한 것은 올드 밀 교회의 화랑에 밀가루를 쌓아두는 것이었다. 그러면 교회 예배에 참석하는 모든 사람들이 집에 갈 때 한 자루씩 들고 갈 수 있었다.

» 해설

문장이 너무 토막 나 있는 느낌입니다. 세미콜론으로 연결된 문장들은 한 문장으로 번역해도 읽는 데 문제가 없으면 한 문장으로 처리하는 게 좋습니다. 그리고 마지막 두 문장의 'be' 동사를 다른 동사형으로 바꾸시는 게 좋습니다.

» 저자 번역

아브람 스트롱은 소식을 듣자마자 지시를 내려, 협궤열차 편으로 "아글라이아" 밀가루를 보내도록 했다. 오래된 방앗간 교회 복도에 밀가루를 쌓아두고는 예배에 참석하는 사람들이 한 포대씩 집으로 가져갈 수 있도록 했다.

26.
Two weeks after that Abram Strong came for his yearly visit to the Eagle House, and became "Father Abram" again.
That season the Eagle House had fewer guests than usual. Among them was Rose Chester. Miss Chester came to Lakelands from Atlanta, where she worked in a department store.

» 지망생 번역

아브람 스트롱이 매년 방문하던 이글하우스로 온지 2주 만에 그는 다시 "아브람 신부"가 되었다. 그 시기에 이글 하우스에는 평소보다 손님이 적었다. 손님 중에는 로즈 체스터라는 아가씨가 있었는데 체스터 양은 그녀가 백화점 점원으로 일하고 있는 애틀랜타에서 온 손님이었다.

» 해설

방문한 지 2주 만에 무엇이 된 게 아니라, 앞 문장의 일이 있고 난 뒤 2주 후라는 의미입니다. 같은 부사어를 보더라도 문맥에 어울리게 번역하셔야 합니다. 마지막 문장에서 '손님'이란 단어가 겹쳐서 군더더기 느낌이 듭니다.

» 저자 번역

그로부터 2주 후, 아브람 스트롱은 예년처럼 이글하우스를 방문해, 다시 '신부 아브람'의 모습을 보였다.
그즈음 이글하우스에는 예년보다 손님이 적었다. 손님 가운데에는 로즈 체스터란 아가씨가 있었다. 체스터 양은 애틀랜타에서 왔는데, 그곳 백화점에서 일하고 있었다.

27.

This was the first vacation outing of her life. The wife of the store manager had once spent a summer at the Eagle House. She had taken a fancy to Rose, and had persuaded her to go there for her three weeks' holiday. The manager's wife gave her a letter to Mrs. Rankin, who gladly received her in her own charge and care.

» 지망생 번역

체스터양은 난생 처음 먼 곳으로 휴가를 왔다. 지점장의 부인은 한때 이글하우스에서 여름휴가를 보냈던 적이 있었다. 지점장의 부인은 로즈를 맘에 들어 했고, 삼 주 동안의 휴가를 이글하우스에서 보내라고 설득했다. 지점장의 부인은 랜킨 부인에게 쓴 편지를 로즈 편에 주었고, 랜킨 부인은 이글하우스 특유의 저렴한 가격과 편안한 분위기로 로즈를 반갑게 맞아주었다.

» 해설

마지막 문장이 거창하네요. 여기서 charge는 가격이 아니라, 문맥상 '~에 대한 책임, 담당' 쯤으로 해석해야 어울릴 듯하네요.

» 저자 번역

로즈의 생애 첫 휴가여행이었다. 그녀가 근무하는 백화점 지배인의 아내가 이글하우스에서 여름을 보낸 적이 있었다. 로즈를 맘에 들어했던 그녀는 로즈에게 3주간의 휴가를 이글하우스에서 지내라고 권했다. 지배인의 아내는 랜킨 부인에게 로즈를 부탁하는 편지를 써주었고, 부인은 기쁜 마음으로 로즈를 맞아 직접 챙기며 보살펴주었다.

28.
Miss Chester was not very strong. She was about twenty, and pale and delicate from an indoor life. But one week of Lakelands gave her a brightness and spirit that changed her wonderfully. The time was early September when the Cumberlands are at their greatest beauty. The mountain foliage was growing brilliant with autumnal colours; one breathed aerial champagne, the nights were deliciously cool, causing one to snuggle cosily under the warm blankets of the Eagle House.

» 지망생 번역

체스터양은 몸이 아주 허약했다. 그녀는 스무살정도였고, 실내에서 생활을 한 탓에 안색이 창백하고 연약했다. 그러나 레이크랜드에 온지 일주일만에 그녀는 명랑해졌고 놀랄만큼 활력이 넘쳤다. 그 때는 9월초였고 컴벌랜드의 풍경이 가장 아름다운 시기였다. 산에 나뭇잎은 단풍이 들어 눈부시게 빛나서 공중에 샴페인향이 가득한 느낌이었다. 밤에는 아주 기분좋게 서늘해서 이글하우스의 따뜻한 담요속에 몸을 편안하게 파묻었다.

» 해설

아주 허약한 게 아니라 그리 건강하지는 않다죠. 단풍이 들어 눈부신 것과 샴페인 향이 가득한 것과는 직접적인 인과관계로 처리하기에는 무리네요.

» 저자 번역

체스터 양은 몸이 그리 튼튼하지 못했다. 나이는 스무 살가량이었으며, 실내에서 생활해 왔기 때문에 얼굴이 창백하고 허약했다. 하지만 레이크랜드에서 한 주가량 지내면서 얼굴에는 화색이 돌고 놀라울 정도로 명랑해졌다. 때는 컴벌랜드가 가장 아름다워지는 9월 초순이었다. 산의 나무들은 눈부신 가을의 색으로 물들어가고 있었고, 공기는 샴페인처럼 향기로웠으며, 밤은 사람들을 이글하우스의 따뜻한 담요 밑으로 아늑하게 끌어당길 정도로 기분 좋게 선선했다.

29.

Father Abram and Miss Chester became great friends. The old miller learned her story from Mrs. Rankin, and his interest went out quickly to the slender lonely girl who was making her own way in the world.

The mountain country was new to Miss Chester. She had lived many years in the warm, flat town of Atlanta; and the grandeur and variety of the Cumberlands delighted her.

» 지망생 번역

아브람 신부님과 체스터양은 정말 좋은 친구가 되었다. 나이 든 방앗간 주인은 랜킨 부인으로부터 그녀의 사연을 듣고는 곧 세상 속에서 스스로의 길을 만들어나가고 있는 약하고 외로운 이 아가씨에게 마음을 썼다. 체스터 양에게 산동네는 새로웠다. 애틀랜타의 따뜻한 평지 마을에서 여러 해 동안 살아온 그녀는 컴벌랜드의 장관과 다채로운 모습들에 기뻐했다.

» 해설

표현들이 조금씩 엇박자가 나는 느낌이에요. '정말'은 빼고 싶고요. '나이 든' 보다는 '옛'이 조금 더 어울릴 듯하고요, '마음을 썼다'는 표현보다는 관심이나 호감을 느끼게 되었다 정도가 더 어울릴 듯해요.

» 저자 번역

신부 아브람과 체스터 양은 좋은 친구가 되었다. 옛 방앗간 주인은 랜킨 부인으로부터 그녀의 이야기를 듣고는 혼자 세상을 헤쳐 나가는 가냘프고 외로운 처녀에게 이내 관심을 갖게 되었다.
산골은 체스터 양에게 새로웠다. 그녀는 오랫동안 애틀랜타의 따뜻한 평지마을에서 살아왔기에 컴벌랜드의 웅장하고 다채로운 풍경에 즐거워했다.

30.
She was determined to enjoy every moment of her stay. Her little hoard of savings had been estimated so carefully in connection with her expenses that she knew almost to a penny what her very small surplus would be when she returned to work.
Miss Chester was fortunate in gaining Father Abram for a friend and companion. He knew every road and peak and slope of the mountains near Lakelands.

» 지망생 번역

체스터는 산골에서 지내는 동안 매 순간을 즐기기로 마음먹었다. 사용할 돈에 딱 맞추어 적은 돈을 모아왔기 때문에 일터로 가고 나면 얼마나 남아있을지 동전 한 개까지 알고 있을 정도였다.
체스터양은 아브람 신부를 친구이자 말동무로 얻게 되다니 운이 좋았다. 아브람은 레이크랜드 근처 산길과 산봉우리와 산비탈 등을 모두 파악하고 있었다.

» 해설

사용할 돈만큼 모아왔다기보다는 모아온 저축 중에서 쓸 만큼만 가져 왔다고 봐야죠. 쓸 만큼만 저축하고 낭비하는 캐릭터는 아닌 듯합니다.

» 저자 번역

그녀는 이글하우스에 머무는 동안 매 순간을 즐기기로 했다. 그녀는 세심하게 여행경비를 예측해 알뜰하게 경비를 마련해 왔기 때문에, 다시 일터로 돌아갈 때는 돈이 거의 남지 않으리란 사실을 잘 알고 있었다.
체스터 양이 신부 아브람을 친구로 얻은 건 행운이었다. 그는 레이크랜드 인근의 모든 길과 산봉우리, 비탈을 속속들이 알고 있었다.

31.

Through him she became acquainted with the solemn delight of the shadowy, tilted aisles of the pine forests, the dignity of the bare crags, the crystal, tonic mornings, the dreamy, golden afternoons full of mysterious sadness.

So her health improved, and her spirits grew light. She had a laugh as genial and hearty in its feminine way as the famous laugh of Father Abram. Both of them were natural optimists; and both knew how to present a serene and cheerful face to the world.

» 지망생 번역

그를 통해서 그녀는 그늘지고 삐뚤삐뚤한 소나무 숲길에서 느껴지는 잔잔한 기쁨과 헐벗은 험준한 바위산의 위엄 있는 모습을 알게 되었다. 그리고 수정같이 맑고 치유의 기운이 있는 아침, 신비로운 슬픈 감정으로 가득한 꿈결 같은 황금빛 오후를 접하게 되었다.

그러면서 그녀의 건강이 회복되고 마음이 밝아졌다. 그녀는 아브람 신부의 유명한 미소에 견줄만한 상냥하고 따뜻하며 여성스러운 미소를 갖게 되었다. 그들 모두 타고난 낙천주의자들이었고 평화롭고 쾌활한 얼굴로 세상 사람들을 대하는 법을 알고 있었다.

» 해설

첫 문장을 굳이 잘라서 두 문장으로 할 필요는 없습니다. 그리고 마지막 문장의 and에 인과관계를 좀 넣어 번역하시는 게 좋을 듯합니다.

» 저자 번역

그녀는 덕분에 그늘이 드리운 소나무 숲 사이 비탈길에서 느끼는 장엄한 기쁨, 벌거숭이 바위산의 위엄, 기운을 돋우는 맑은 아침, 알 수 없는 슬픔으로 가득한 꿈결 같은 황금빛 오후를 알게 되었다.
그리하여 체스터 양의 몸이 건강해지고 마음도 밝아졌다. 그녀는 여성스러우면서도 신부 아브람처럼 화사하고 따뜻한 웃음을 지었다. 두 사람 모두 선천적인 낙관주의자였기에 살아가면서 늘 명랑한 표정을 띠고 있었다.

32.

One day Miss Chester learned from one of the guests the history of Father Abram's lost child. Quickly she hurried away and found the miller seated on his favourite rustic bench near the chalybeate spring. He was surprised when his little friend slipped her hand into his, and looked at him with tears in her eyes.

» 지망생 번역

어느 날 체스터양은 이글 하우스에서 지내고 있는 손님에게 아브람 신부의 잃어버린 아이에 관한 이야기를 듣게 되었다. 체스터는 급히 자리를 옮겨, 약수터 근처에 좋아하는 통나무 벤치에 앉아 있는 옛 방앗간 주인에게로 갔다. 아브람은 어린 친구가 그의 손을 잡고 눈물을 글썽이며 바라보자 약간 놀랐다.

» 해설

불필요한 수식어들을 쳐냈으면 좋겠습니다. '이글 하우스에서 지내고 있는', '자리를 옮겨', '약간' 등.

» 저자 번역

어느 날 체스터 양은 다른 여행객으로부터 신부 아브람의 잃어버린 아이에 대한 이야기를 들었다. 그녀는 서둘러 자리에서 나와 신부 아브람이 즐겨 찾는 약수터 근처의 통나무 의자에서 그를 찾았다. 그는 자신의 어린 친구가 자기 손을 잡고 눈물이 그렁그렁한 눈으로 바라보자 놀랐다.

33.
"Oh, Father Abram," she said, "I'm so sorry! I didn't know until

to-day about your little daughter. You will find her yet some day—Oh, I hope you will."

The miller looked down at her with his strong, ready smile. "Thank you, Miss Rose," he said, in his usual cheery tones. "But I do not expect to find Aglaia. For a few years I hoped that she had been stolen by vagrants, and that she still lived; but I have lost that hope. I believe that she was drowned."

» 지망생 번역

"신부님, 얼마나 속상하세요! 오늘에야 신부님의 잃어버린 따님 이야기를 들었어요. 곧 따님을 찾을 수 있을 거예요. 그럼요. 분명 그럴 거예요!" 그녀는 말했다.

신부는 강인하면서도 여유로운 미소를 지으며 그녀를 내려다보았다. "고마워요, 로즈 양. 그런데 이제 난 그 아이를 찾을 수 있을 거라고 생각지 않아요. 한동안은 그 애가 부랑자들에게 잡혀서라도 가서 목숨만은 붙어있길 바랐는데 이제는 그런 희망도 없다오. 아무래도 물에 빠져 죽은 것 같아요." 이렇게 말하는 그의 목소리는 여느 때와 다름없이 쾌활했다.

» 해설

첫머리의 대화가 너무 급작스럽게 전개됩니다. 마치 수다스러운 아줌마처럼요. 소설은 영화와 달리 배우가 대사의 완급을 조절할 수 없기 때문에 문장 중간에 있는 "she said"가 일종의 완급조절 역할을 합니다. 마지막 대화 역시 "he said, in his usual cheery tones"를 중간에 넣어서 원래의 순서를 지켜주시며, 완급을 생각해 보세요.

» 저자 번역

"아, 아브람 신부님" 그녀가 말했다. "따님을 잃어버리셨다는 이야기를 오늘에야 들었어요. 하지만 언젠가는 꼭 찾으실 거예요. 음, 꼭 만나시길 바랄게요."
옛 방앗간 주인은 이내 환한 미소를 지으며 그녀를 바라보았다.
"고마워요, 로즈 양" 그는 평소처럼 밝은 음성으로 말했다.
"하지만 아글라이아를 찾을 수 있다는 기대는 접었어요. 몇 년 동안은 차라리 부랑자들한테 납치되어서 살아있기만 바랐지. 하지만 이젠 그런 희망을 잃었어요. 아무래도 물에 빠져 죽은 것 같아."

34.
"I can understand," said Miss Chester, "how the doubt must have made it so hard to bear. And yet you are so cheerful and

so ready to make other people's burdens light. Good Father Abram!"

"Good Miss Rose!" mimicked the miller, smiling. "Who thinks of others more than you do?"

A whimsical mood seemed to strike Miss Chester.

» 지망생 번역

"이해해요" 체스터 양이 말했다. "이런 저런 생각에 마음고생이 얼마나 심하였겠어요. 그런데도 이렇게 밝으시고 항상 다른 분들의 짐을 덜어주려 하시다니요. 아브람 신부님은 정말 좋은 분이세요!"
"로즈 양도 좋은 사람이야!" 방앗간 주인이 웃으며 따라 말했다. "누가 자네보다 다른 사람들을 더 위하겠나?"
체스터양이 문득 엉뚱한 생각을 떠올렸다.

» 해설

아들도 아니고 딸 같은 여자에게 '자네'라는 표현은 어울리지 않는 듯 합니다. 대화문이 소설의 특징인데, 이때 화자와 청자와의 관계를 잘 생각해서 서술어 어미를 처리하거나, 호칭을 적절히 잘 설정하셔야 합니다.

» 저자 번역

"그 마음 이해해요." 체스터 양이 말했다. "실낱같은 희망 때문에 더 견디기 어려우셨을 테지요. 그런데도 항상 명랑한 표정으로 기꺼이 다른 이들의 마음을 가볍게 해주시네요. 훌륭하세요, 아브람 신부님!"
"로즈 양도 좋은 사람이에요!" 옛 방앗간 주인은 미소 띤 얼굴로 체스터 양의 말투를 흉내 냈다. "로즈 양이야말로 누구보다 남을 배려하는 사람인걸?"
그 순간 체스터 양은 묘한 기분이 들었다.

35.
"Oh, Father Abram," she cried, "wouldn't it be grand if I should prove to be your daughter? Wouldn't it be romantic? And wouldn't you like to have me for a daughter?"
"Indeed, I would," said the miller, heartily. "If Aglaia had lived I could wish for nothing better than for her to have grown up to be just such a little woman as you are. Maybe you are Aglaia," he continued, falling in with her playful mood; "can't you remember when we lived at the mill?"

» 지망생 번역

"오, 아브람 신부님," 체스터 양이 외쳤다. "제가 신부님의 딸이었다고 하면 얼마나 멋질까요? 정말 로맨틱하겠죠? 아브람 신부님도 제가 딸이라면 좋으시겠죠?"
"정말로 좋겠지," 방앗간 주인이 진심을 담아 말했다. "아글라이아가 살아있어 체스터 양처럼 조그만 여인으로 잘 자라기만 했다면 더 바랄 것이 없을거야. 체스터 양이 아글라이아일지도 모르지," 방앗간 주인도 체스터 양의 장난스런 분위기에 빠져 말했다. "우리가 방앗간에 살았던 때를 기억하겠니?"

» 해설

cry를 꼭 '외쳤다'고 옮기면 분위기상 너무 세요. 소설에서 가끔 cry가 그리 외칠 분위기가 아닌 데서 나오는 경우가 있으니, "소리 높여 말했다" 정도로 톤다운 하셔야 합니다.

» 저자 번역

"저, 아브람 신부님," 그녀는 들뜬 목소리로 말했다. "만약 제가 신부님의 딸로 밝혀진다면 정말 멋진 일이겠죠? 낭만적이지 않나요? 신부님도 저 같은 딸이 있으면 좋으시겠죠?"
"그렇고말고." 옛 방앗간 주인은 진심으로 말했다. "아글라이아가 살아있어 로즈 양 같은 아가씨로 자라줬으면 더 바랄 게 없을 거야. 어쩌면 로즈 양이 아글라이아인지도 모르겠네." 그는 로즈의 장난기에 맞장구치며 말을 이었다. "우리가 함께 방앗간에서 살던 때 기억 안 나?"

36.
Miss Chester fell swiftly into serious meditation. Her large eyes were fixed vaguely upon something in the distance. Father Abram was amused at her quick return to seriousness. She sat thus for a long time before she spoke.

» 지망생 번역

체스터 양은 곧바로 깊은 상상에 잠겼다. 커다란 두 눈은 멍하니 어딘가 먼 곳을 바라보고 있었다. 아브람 신부는 그녀가 재빨리 다시 진지한 모습으로 돌아가는 게 재미있다고 생각했다. 그녀는 다시 입을 열기 전까지 오랫동안 앉아있었다.

» 해설

meditation을 상상으로 옮긴 게 조금 안 어울리는 듯한데요. 자기에게 그런 기억이 있는지 회상해 보는 거죠. 마지막 문장은 '앉아있었다'가 아니라 '말했다'로 마무리 지으셔야 합니다. 그게 더 중요한 메시지이니까요. before, after, until 이 나올 때는 특히 문맥을 잘 살펴서 메시지 배열 순서에 유의하셔야 합니다. 그 앞 문장도 결론을 내리는 서술어가 잘못 설정되어 있네요.

» 저자 번역

체스터 양은 이내 심각한 표정으로 생각에 잠겼다. 커다란 두 눈은 멍하니 어딘가에 고정돼 있었다. 한순간에 진지해지는 모습에 신부 아브람은 재미있어했다. 체스터 양은 그렇게 한동안 앉아있다 말문을 열었다.

37.
"No," she said at length, with a long sigh, "I can't remember anything at all about a mill. I don't think that I ever saw a flour mill in my life until I saw your funny little church. And if I were your little girl I would remember it, wouldn't I? I'm so sorry, Father Abram."
"So am I," said Father Abram, humouring her. "But if you cannot remember that you are my little girl, Miss Rose, surely you can recollect being some one else's. You remember your own parents, of course."

» 지망생 번역

"아니요." 그녀는 한숨을 푹 내쉬며 말했다. "방앗간에서 살던 기억은 전혀 나지 않네요. 아브람 신부님의 아기자기한 교회를 보기 전까지 밀가루 방앗간을 본 적도 없는 걸요. 제가 잃어버린 따님이라면 기억 못할 리가 없는데. 그렇죠? 참 아쉽네요, 아브람 신부님."
"나도 아쉽군." 신부 아브람이 그녀를 달래며 말했다. "하지만 로즈 양, 내 딸이라는 기억은 없어도 부모님 딸이라는 기억은 있겠지. 당연히 기억하고말고."

» 해설

그냥 '부모님 딸이라는 기억'이라고 하니 어색합니다.

» 저자 번역

"아니요," 잠시 후 그녀는 긴 한숨을 내쉬며 말했다. "방앗간은 전혀 생각이 안 나요. 전 신부님의 작고 재미있는 교회를 보기 전까지 밀가루 빻는 방앗간을 한 번도 본 적이 없는 것 같아요. 제가 아브람 신부님의 딸이었다면 분명 기억이 날 텐데, 그렇죠? 참 아쉽네요, 아브람 신부님."
"그러게 말이야," 신부 아브람이 맞장구쳤다. "하지만 로즈 양, 내 딸이었던 기억은 없어도 누군가의 딸인 것은 분명 기억이 날 테지. 물론 부모님은 잘 기억하고 있겠지?"

38.
"Oh, yes; I remember them very well—especially my father. He wasn't a bit like you, Father Abram. Oh, I was only making believe: Come, now, you've rested long enough. You promised to show me the pool where you can see the trout playing, this afternoon. I never saw a trout."

» 지망생 번역

"아, 그래요, 저는 부모님을 생생하게 기억해요. 특히 아버지요. 제 아버지는 아브람 신부님과는 조금 다르셨어요. 아, 내 정신 좀 봐. 빨리요, 이제 충분히 오래 쉬셨어요. 오늘 오후에 저에게 송어가 헤엄치는 모습을 볼 수 있는 연못을 보여주기로 약속하셨잖아요. 저는 지금까지 송어를 본 적이 없단 말이에요."

» 해설

I was only making believe 부분을 그냥 '내 정신 좀 봐'라고 화제를 돌리는 말로 대체하셨는데, 저자가 원한 기능을 하지 못하는 거 같아요. 저자는 독자들이 '혹시 이 두 사람이 실제로 부녀관계가 아닐까'

하고 결말을 알아차릴까 봐 이렇게 표현한 거 같습니다.

» 저자 번역

"아, 그럼요. 아주 똑똑히 기억해요. 특히 아버지를요. 아브람 신부님과는 전혀 다른 분이셨죠. 이런, 그러고 보니 제가 괜한 몽상에 빠져 있었네요. 자, 이제 충분히 쉬셨죠? 오늘 오후에 송어가 노니는 연못을 구경시켜 주신다고 하셨잖아요. 저는 이제껏 송어를 본 적이 없어요."

39.
Late one afternoon Father Abram set out for the old mill alone. He often went to sit and think of the old days when he lived in the cottage across the road. Time had smoothed away the sharpness of his grief until he no longer found the memory of those times painful. But whenever Abram Strong sat in the melancholy September afternoons on the spot where "Dums" used to run in every day with her yellow curls flying, the smile that Lakelands always saw upon his face was not there.

» 지망생 번역

어느 늦은 오후에 아브람 신부는 혼자서 옛 방앗간으로 걸음을 옮겼다. 그는 자주 그곳에 앉아서 길 건너편 작은 오두막집에서 살았던 시절을 생각했다. 시간이 지나서 그 시절 기억을 떠올려도 고통스럽지 않을 때가 되야 그의 슬픔은 잦아들었다. 그러나 아브람 스토롱이 바로 그 장소, "뎀스"가 그녀의 노랗고 곱슬곱슬한 머리카락을 휘날리며 매일같이 달려오곤 했던 곳에서 우울한 9월의 오후를 보내며 앉아있을 때마다, 레이크랜드 사람들이 항상 볼 수 있었던 그의 미소는 사라졌다.

» 해설

세 번째 문장이 좀 이상합니다. 이 문장은 until 이하를 거슬러 번역하기보다는 순서대로 번역하시는 게 나을 듯합니다. 시간을 나타내는 접속사, until, before, when은 문맥상 거슬러 번역하기보다는 시간 순서대로 번역하는 것이 어울릴 때가 있습니다.

» 저자 번역

어느 늦은 오후 신부 아브람은 혼자 옛 방앗간으로 향했다. 그는 종종 그곳에 가서 예전에 방앗간 건너 오두막에 살던 때를 생각했다. 시간이 흐르면서 송곳처럼 찔러오던 슬픔도 무디어져서 과거의 기억이 마냥 고통스럽지는 않았다. 하지만 쓸쓸한 가을날 오후, '덤스'가 노란 곱슬머리를 찰랑거리며 이리저리 뛰놀던 곳에 앉아 있노라면, 그의 얼굴에서 레이크랜드 사람들이 늘 보아오던 미소는 찾아볼 수 없었다.

40.
The miller made his way slowly up the winding, steep road. The trees crowded so close to the edge of it that he walked in their shade, with his hat in his hand. Squirrels ran playfully upon the old rail fence at his right. Quails were calling to their young broods in the wheat stubble. The low sun sent a torrent of pale gold up the ravine that opened to the west. Early September!—it was within a few days only of the anniversary of Aglaia's disappearance.

» 지망생 번역

옛 방앗간 주인은 구불구불하고 경사진 길을 따라 천천히 올라갔다. 길가에 빽빽이 늘어선 나무들이 그늘을 이루었고 그는 모자를 벗어 들고 걸었다. 오른 편 낡은 가로장 울타리 위로 다람쥐들이 신나게 오르내리고 있었다. 추수가 끝난 밀밭에서 메추라기들이 어린 새끼들을 부르고 있었다. 낮아진 가을 해가 서쪽으로 뻗은 골짜기로 옅은 황금 햇살을 쏟아내고 있었다. 9월 초였다! 며칠만 있으면 아글라이아가 사라진 날이 돌아올 것이었다.

» 해설

'가로장'이란 표현을 쓰셨는데 뭔지 모르겠어요. 사전에 있는 표현이라도 잘 모르는 표현은 안 쓰시는 게 좋습니다. 영한사전에는 아직도 일본어의 잔재가 남아있는 경우가 있습니다.

» 저자 번역

옛 방앗간 주인은 구불구불하고 비탈진 길을 천천히 올라갔다. 길가에 나무들이 우거져 있어 모자를 손에 들고 그늘 속으로 걸었다. 다람쥐들은 길 오른편 낡은 철로 울타리 위에서 장난치듯 뛰어다녔다. 밀 그루터기에서는 메추라기들이 새끼를 부르고 있었다. 낮게 내려앉은 태양이 서쪽으로 뻗은 골짜기로 희미한 금빛 햇살을 쏟아냈다. 9월 초였다! 며칠만 있으면 아글라이아가 사라진 날이었다.

41.
The old overshot-wheel, half covered with mountain ivy, caught patches of the warm sunlight filtering through the trees. The cottage across the road was still standing, but it

would doubtless go down before the next winter's mountain blasts. It was overrun with morning glory and wild gourd vines, and the door hung by one hinge.

» 지망생 번역

나무 사이를 통과한 따뜻한 햇살이 산에 사는 담쟁이덩굴로 반쯤 덮여있는 오래된 물레방아를 군데군데 비추고 있었다. 길 건너 오두막집은 여전히 서 있었지만, 다가올 겨울에 산에서 부는 돌풍이 불어닥치기 전에 쓰러질 것 같았다. 오두막집은 나팔꽃과 호박덩굴이 무성했으며, 출입문은 한쪽 경첩만 달려있었다.

» 해설

첫 번째 문장의 시작을 물레방아로 하시는 게 더 좋을 듯싶어요. 햇살보다는 물레방아가 앞에 와서 주목을 받는 게 좋습니다. 지금 아브람의 눈을 통해서 보는 방앗간의 정경에서 햇살이 어디를 비추고 있느냐가 중요한 게 아니라 물레방아가 현재 어떤 모습이냐가 중요하니까요. (원문도 햇살을 따라 시선이 옮아간 게 아니라 물레방아로부터 시작했습니다) 물론 작은 차이입니다만, 소설의 각종 묘사에서는 좀 더 섬세해졌으면 좋겠어요.

» 저자 번역

담쟁이덩굴로 반쯤 뒤덮인 낡은 물레방아에는 나뭇가지 사이로 새어든 따사로운 햇볕이 군데군데 비추고 있었다. 길 건너편 오두막집은 여전히 서 있었지만, 겨울이 다가와 산에서 세찬 바람이 불어오기도 전에 곧 주저앉을 듯 보였다. 오두막에는 온통 나팔꽃과 박 덩굴이 무성했고 출입문은 경첩 하나로 겨우 매달려 있었다.

42.

Father Abram pushed open the mill door, and entered softly. And then he stood still, wondering. He heard the sound of some one within, weeping inconsolably. He looked, and saw Miss Chester sitting in a dim pew, with her head bowed upon an open letter that her hands held.

» 지망생 번역

아브람 신부는 옛 방앗간 문을 열고 조용하게 들어갔는데 이상한 느낌이 들어서 가만히 서 있었다. 그는 안에서 누군가 슬픔을 못 가눌 정도로 흐느끼는 소리를 들었다. 그가 시선을 돌렸을 때 어두컴컴한 곳에서 의자에 앉아있는 체스터양을 발견했다. 그녀는 두 손으로 편지를 펼치고 그 위에 고개를 숙이고 있었다.

» 해설

첫 문장을 합치시니까 전개가 너무 급작스러워져요. 방앗간에 들어간 동작하고 울음소리를 듣는 건 차근차근 전개되어야 해요. 반대로 마지막 문장은 나누실 필요 없겠죠. 원문의 문장을 함부로 나누거나 합치지 마시고, 원문대로 하시는 게 좋습니다.

» 저자 번역

아브람 신부는 옛 방앗간 문을 열고 조심스레 안으로 들어갔다. 그리고는 놀라서 가만히 서 있었다. 안에서 누군가 슬픔을 가누지 못해 흐느끼는 소리가 들렸다. 살펴보니 어둠 속에서 체스터 양이 손에 편지를 펼쳐 들고 그 위로 고개를 숙인 채 의자에 앉아 있는 모습이 눈에 들어왔다.

43.
Father Abram went to her, and laid one of his strong hands firmly upon hers. She looked up, breathed his name, and tried to speak further.
"Not yet, Miss Rose," said the miller, kindly. "Don't try to talk yet. There's nothing as good for you as a nice, quiet little cry when you are feeling blue."

It seemed that the old miller, who had known so much sorrow himself, was a magician in driving it away from others.

» 지망생 번역

아브람 신부는 그녀에게 가까이 갔고 그녀의 손을 강인한 손으로 힘있게 잡아주었다. 로즈 양은 올려 보며 속삭이듯 그의 이름을 말했고 계속해서 말하려고 했다.
"멈춰도 돼. 로즈양." 아브람 신부는 다정하게 말했다. "아직 말 안 해도 돼. 우울하다고 느낄 때 조용히 우는 것처럼 좋은 게 없어."
아브람 신부는 그 자신이 슬픔을 잘 알아왔던 것처럼 보였으며 남에게서 슬픔을 떠나게 하는 마법사 역할을 했다.

» 해설

첫 문장과 두 번째 문장에서 ~갔고, ~했고, 라고 표현하니 이상해요. '다가가서 잡아주는 거' 하고 '다가갔고 잡아주었다'는 차이가 있죠. and를 '그리고'로 번역하면 독립적인 행동이란 느낌이 듭니다.

» 저자 번역

신부 아브람이 다가가 두툼한 손으로 그녀의 손을 꼭 잡아 주었다. 그녀는 올려다보더니 그의 이름을 부르고는 뭔가 말을 이으려 했다.

"괜찮아, 로즈 양," 방앗간 주인이 다정하게 말했다. "아직 말하려 애쓸 필요 없어. 슬플 때는 조용히 실컷 우는 것만 한 게 없지."
나이 든 방앗간 주인은 깊은 슬픔을 겪었던지라, 남의 슬픔을 잦아들게 하는 데는 마치 마법사 같았다.

44.
Miss Chester's sobs grew easier. Presently she took her little plain-bordered handkerchief and wiped away a drop or two that had fallen from her eyes upon Father Abram's big hand. Then she looked up and smiled through her tears. Miss Chester could always smile before her tears had dried, just as Father Abram could smile through his own grief. In that way the two were very much alike.

» 지망생 번역

체스터양의 흐느낌은 줄어들었다. 곧 그녀는 작고 소박한 손수건 끝을 잡아 아브람 신부의 큰 손에 흘린 눈물 한 두 방울을 닦았다. 그리고는 고개를 올린 채 눈물이 남은 얼굴로 미소 지었다. 아브람 신부가 슬픔을 경험하며 미소 지은 것처럼 그녀도 눈물이 마르기 전 항상 미소 지을 수 있었다. 이런 면에서 두 사람은 매우 닮았다.

» 해설

손수건 끝을 잡은 게 아니라 가장자리에 별로 장식을 하지 않은 손수건이란 뜻이죠. 마지막 부분에서 미소가 세 번이나 반복되니까 다른 걸로 한번쯤은 바꿔주세요.

» 저자 번역

체스터 양의 흐느낌이 차츰 잦아들었다. 잠시 후 그녀는 작고 수수한 손수건을 꺼내서 신부 아브람의 두툼한 손에 떨어진 자신의 눈물을 닦았다. 그리고는 그를 올려다보며 눈물이 남아있는 얼굴로 웃어보였다. 신부 아브람이 가슴에 슬픔을 안고 있으면서도 미소 지을 수 있는 것처럼, 체스터 양도 항상 눈물이 마르기 전에 웃을 수 있는 사람이었다. 이런 면에서 두 사람은 매우 비슷했다.

45.
The miller asked her no questions; but by and by Miss Chester began to tell him. It was the old story that always seems so big and important to the young, and that brings reminiscent smiles to their elders. Love was the theme, as may be supposed. There was a young man in Atlanta, full of all goodness and the graces, who had discovered that Miss Chester also possessed

these qualities above all other people in Atlanta or anywhere else from Greenland to Patagonia.

» 지망생 번역

방앗간 주인은 아무것도 묻지 않았지만 체스터양은 곧 그에게 털어놓기 시작했다. 젊은이들이 언제나 심각하고 중요하게 생각하는 반면 나이든 이들은 추억에 잠겨 웃음 짓는 흔히 있는 얘기였다. 예상대로 그 주제는 사랑이었다. 애틀랜타 사람을 포함해 이 세상 누구보다도 체스터 양이 훌륭한 성품을 지녔다는 것을 알아챈 더할 나위 없이 착하고 예의바른 청년이 애틀랜타에 있었다.

» 해설

마지막 문장에서 '쉼표 + who 이하 문장'을 모두 거슬러 번역하니까 메시지의 흐름이 급작스러워져요. 관계대명사의 계속적 용법이 사용된 곳은 차라리 자르시거나, 앞의 메시지를 완결하고 순서대로 번역하시는 게 좋습니다.

» 저자 번역

옛 방앗간 주인은 아무것도 묻지 않았지만, 체스터 양은 차츰 말을 시작했다. 으레 젊은이에게는 대단하고 중요한 일처럼 보이지만 나이든 이에게는 추억을 떠올리며 미소 짓게 만드는 늘 있는 이야기였다. 짐작하듯 사랑 이야기였다. 애틀랜타에 착하고 품위 있는 어느 청년이 있다고 했다. 그 청년 역시 체스터 양이 애틀랜타뿐 아니라 북쪽의 그린란드에서부터 남쪽의 파타고니아에 이르기까지 이 세상 누구보다 착하고 품성이 바른 처녀임을 알고 있었다.

46.
She showed Father Abram the letter over which she had been weeping. It was a manly, tender letter, a little superlative and urgent, after the style of love letters written by young men full of goodness and the graces. He proposed for Miss Chester's hand in marriage at once. Life, he said, since her departure for a three-weeks' visit, was not to be endured. He begged for an immediate answer; and if it were favourable he promised to fly, ignoring the narrow-gauge railroad, at once to Lakelands.

* somebody's hand (in marriage) : (특히 여자와의) 혼인 승낙

» 지망생 번역

로즈양은 자신을 울어버리게 만든 편지를 아브람 신부에게 보여주었다. 편지 내용은 선의와 품격이 넘치는 젊은 청년이 쓰곤 하는 연애

편지의 관례를 따라서, 남자답고 친절한 편지로 상당히 최상급이었고 긴급함을 담고 있었다. 그는 체스터양과 즉시 결혼하고 싶다고 했다. 그의 말대로라면 그녀가 3주간 휴가를 떠나고 나서 그의 인생은 견디기 어려웠다고 했다. 그는 조속한 답신을 원했다. 만일 허락을 받게 되면 협궤열차를 무시하고 바로 레이크랜드로 날아오겠다고 약속했다.

» 해설

물론 옛날 소설이기는 하지만, 딱딱하지 않게 옮기셔야 합니다. '관례를 따라서', '긴급함을 담고', '조속한 답신' 등의 표현을 보면 비즈니스 레터를 읽는 느낌이 드네요.

» 저자 번역

그녀는 울면서 보던 편지를 신부 아브람에게 건네주었다. 착하고 품위 있는 젊은이가 쓴 연애편지다운 글 뒤에는 다정하면서도 남자답고 절박함을 담고 있었다. 그는 체스터 양에게 당장 결혼하자고 했다. 그녀가 3주 휴가를 떠나자 견디기 힘들었다고 했다. 그는 즉시 답을 달라고 간청하며, 만약 자기 뜻을 받아준다면 협궤 열차를 무시하고 레이크랜드로 한걸음에 달려가겠노라고 했다.

47.

"And now where does the trouble come in?" asked the miller when he had read the letter.

"I cannot marry him," said Miss Chester.

"Do you want to marry him?" asked Father Abram.

"Oh, I love him," she answered, "but—" Down went her head and she sobbed again.

"Come, Miss Rose," said the miller; "you can give me your confidence. I do not question you, but I think you can trust me."

» 지망생 번역

"그런데 뭐가 문제라는 거지?" 편지를 읽고 난 방앗간 주인이 물었다.

"그와 결혼할 수는 없어요." 체스터 양이 말했다.

"그 사람하고 결혼하고 싶은 게 아니야?" 아브람 신부가 다시 물었다.

"아, 그를 정말 사랑해요." 그녀가 대답했다. "하지만…" 그녀는 고개를 떨구고 다시 흐느꼈다.

"자, 로즈 양." 그가 말했다. "날 믿어도 돼. 나는 로즈 양을 믿고 있으니까 나를 믿고 말해도 괜찮아."

» 해설

쉼표는 완급을 조절하는 기능을 합니다. 마지막 문장에서 콤마를 존중해 흐름을 살렸으면 좋겠어요.

» 저자 번역

"그런데 뭐가 문제지?" 옛 방앗간 주인이 편지를 읽고 물었다.
"그 사람과 결혼할 수 없어요." 체스터 양이 말했다.
"그와 결혼하고 싶지 않아?" 그가 다시 물었다.
"아뇨, 그를 정말 사랑하고 있어요." 그녀가 대답했다. "하지만……."
체스터 양이 고개를 숙이고 다시 흐느끼기 시작했다.
"자, 로즈 양." 옛 방앗간 주인이 말했다. "날 믿어 봐요. 굳이 묻지는 않겠지만, 날 믿어도될 것 같은데."

48.
"I do trust you," said the girl. "I will tell you why I must refuse Ralph. I am nobody; I haven't even a name; the name I call myself is a lie. Ralph is a noble man. I love him with all my heart, but I can never be his."
"What talk is this?" said Father Abram. "You said that you remember your parents. Why do you say you have no name? I

do not understand."

» 지망생 번역

"믿고말고요." 체스터 양이 말했다. "왜 랄프의 청혼을 거절해야만 하는지 말씀드릴게요. 저는 아무것도 아니에요. 저는 이름조차 없는 사람이라고요. 제 스스로를 부르고 있는 이름은 꾸며낸 이름이에요. 랄프는 고귀한 사람이죠. 온 마음으로 그를 사랑하지만, 저는 그의 아내가 될 수 없어요."
"이게 다 무슨 소리니?" 아브람 신부가 물었다. "부모님을 기억한다고 했었잖아. 왜 이름이 없다고 말하는 거니? 이해가 되질 않는구나."

» 해설

여기서 nobody를 그냥 '아무것도 아니에요'라고 해도 이해는 가겠지만, 더 자연스럽게 하시려면 '전 보잘것없는 사람이에요' 내지는 '전 초라한 사람이에요' 정도로 하시는 게 나을 듯해요. 'the name I call myself is~' 부분도 '제 스스로를 부르고 있는 이름은~' 식으로 표현하면 어색해요. 자기가 자신을 부른다는 식으로 자신을 객체화시키는 표현은 우리나라 말에는 없죠.

» 저자 번역

"물론 믿어요." 소녀가 말했다. "왜 랄프의 청을 거절할 수밖에 없는지 말씀드릴게요. 저는 보잘것없는 사람이에요. 이름도 없는걸요. 제 이름은 가짜예요. 그에 반해 랄프는 좋은 가문 사람이죠. 전 그를 진심으로 사랑하고 있지만, 그의 아내가 될 자격이 없어요."

"그게 무슨 소리야?" 아브람 신부가 말했다. "부모님을 기억한다고 했잖아. 왜 이름이 없다는 거지? 이해가 안 되는걸."

49.
"I do remember them," said Miss Chester. "I remember them too well. My first recollections are of our life somewhere in the far South. We moved many times to different towns and states. I have picked cotton, and worked in factories, and have often gone without enough food and clothes. My mother was sometimes good to me; my father was always cruel, and beat me. I think they were both idle and unsettled.

» 지망생 번역

"그분들을 기억해요." 체스터 양이 말했다. "너무 잘 기억하고 있죠. 제 삶에서 첫 번째 기억은 저 멀리 남쪽 어딘가에서 시작돼요. 우리는 다른 도시와 주로 이사를 여러 번 다녔어요. 저는 목화를 따고 공장에서 일하기도 했는데 제대로 먹거나 입지 못하는 일이 잦았어요. 어머니는 제게 가끔은 잘 대해주었지만 아버지는 항상 저를 함부로 대했고 때렸죠. 지금 생각해보면 두 사람은 제대로 된 직업 없이 떠돌아다녔던 것 같아요.

» 해설

'그분들'이라고 하기보다는 부모님이라고 하는 게 좋을 듯해요. 우리말엔 지시대명사나 인칭대명사를 그대로 옮기면 어색할 때가 많습니다. '제 삶에서 첫 번째 기억은 ~에서 시작된다'는 표현은 번역 투네요.

» 저자 번역

"부모님 기억은 나요." 체스터 양이 말했다. "너무 잘 기억하고 있죠. 제일 어렸을 때 기억은 저 멀리 남쪽 어딘가에서 살던 때예요. 우리는 여러 도시와 주로 이사를 자주 다녔어요. 저는 목화를 따고 공장에서 일하기도 했는데, 제대로 먹거나 입지 못하는 경우가 많았어요. 어머니는 때로 제게 잘 해주셨지만, 아버지는 항상 저를 심하게 대했고 때렸죠. 지금 생각해보면 두 분은 일자리를 갖지 못하고 떠돌아다녔던 것 같아요.

50.
"One night when we were living in a little town on a river near Atlanta they had a great quarrel. It was while they were abusing and taunting each other that I learned—oh, Father Abram, I learned that I didn't even have the right to be—don't you understand? I had no right even to a name; I was nobody.

» 지망생 번역

"아틀라나 근처의 강가에 있는 작은 마을에서 살고 있던 어느 날 밤에 부모님이 크게 싸우셨어요. 부모님이 서로 욕설을 내뱉고 조롱하는 모습을 보면서 저는 알게 됐어요. 오, 아브람 신부님, 저는 존재할 권리조차 없다는 사실을 알게 되었다고요. 이해하실 수 있겠어요? 저는 이름을 가질 권리조차 없었어요. 저는 아무것도 아닌 인간이었던 거예요.

» 해설

부모가 서로 욕하고 조롱하는 모습을 보면서 알게 됐다기보다는 아마도 두 분이 싸우는 와중에 자신이 친자식이 아니라는 사실을 엿듣게 된 거 같아요. 'It was while~ that I learned~'. 즉 '내가 ~란 사실을 알게 된 건 두 분이 싸우실 때였어요.'란 뜻이 조금 더 어울리는 듯합니다.

» 저자 번역

"애틀랜타 근처 강가에 있는 작은 마을에서 살던 어느 날 밤, 부모님이 크게 싸우셨어요. 두 분이 서로 욕하고 비난하시는 와중에 전 알게 됐죠. 오, 아브람 신부님, 전 있어야 할 필요가 없는 아이란 사실을 알게 됐어요. 아시겠어요? 전 이름조차 지어줄 가치가 없었던 거예요. 전 정말 보잘것없는 사람이었어요."

51.
"I ran away that night. I walked to Atlanta and found work. I gave myself the name of Rose Chester, and have earned my own living ever since. Now you know why I cannot marry Ralph—and, oh, I can never tell him why."
Better than any sympathy, more helpful than pity, was Father Abram's depreciation of her woes.

» 지망생 번역

"그날 밤 저는 집에서 도망쳐 나왔어요. 애틀랜타까지 걸어가서 일자리를 구했죠. 저 혼자 로즈 체스터라 이름 짓고, 그 때부터 직접 돈을 벌며 살아온 거예요. 이제 제가 왜 랠프와 결혼할 수 없는지 아시겠죠, 오, 그런 얘길 랠프에게 할 수는 없어요."

그 어떤 공감과 연민의 말도 에이브람 신부의 위로만큼 체스터 양의 슬픔을 덜어주는지는 못했으리라.

» 해설

depreciation의 번역을 살려주시는 게 좋을 듯해요. 즉, 단순한 위로가 아니라, 그녀의 고민이 아무 문제가 아니라고 말해주고 있기 때문입니다.

» 저자 번역

"그날 밤 집을 나왔어요. 애틀랜타까지 걸어가서 일을 구했죠. 로즈 체스터란 이름을 짓고 지금까지 스스로 생계를 꾸려 왔어요. 이제 제가 왜 랄프와 결혼할 수 없는지 아시겠죠. 오, 랄프에게 이런 이야기를 할 수는 없어요."
어떤 동정이나 연민의 말보다 로즈 양에게 힘이 된 건 그녀의 고민이 쓸데없는 걱정이라는 신부 아브람의 말이었다.

52.

"Why, dear, dear! is that all?" he said. "Fie, fie! I thought something was in the way. If this perfect young man is a man at all he will not care a pinch of bran for your family tree. Dear

Miss Rose, take my word for it, it is yourself he cares for. Tell him frankly, just as you have told me, and I'll warrant that he will laugh at your story, and think all the more of you for it."

» 지망생 번역

"아니 왜, 얘야, 그 이유가 전부인거니?" 그가 말했다.
"이런, 이런! 뭔가 방법이 있을 게다. 그 완벽한 청년이 정말 남자라면, 너의 가족 관계에는 눈곱만큼도 신경 쓰지 않을 거야. 체스터 양, 내 말을 믿어보렴, 그가 아끼는 것은 너 자신이란다. 나에게 말한 대로 그에게 솔직하게 이야기 하도록 해, 이야기를 듣고 나면 그는 그저 웃어넘기고 너를 더욱 아껴줄 거란다."

» 해설

why를 굳이 '왜'라고 하실 필요는 없을 거 같네요. '눈곱만큼'이란 표현이 너무 한국적인 감이 있는데, '털끝만큼'이라는 표현으로 바꾸면 어떨까요.

» 저자 번역

"이런, 이런! 그게 다야?" 그가 말했다.
"참나! 나는 뭔가 큰 문제라도 있는 줄 알았지. 그 완벽한 청년이 정말 남자라면 로즈 양의 가족사에 털끝만큼도 신경 쓰지 않을 거야. 로즈 양, 내 말을 들어봐. 그가 관심 있는 건 로즈 양 자신이라고. 내게 말했던 것처럼 그에게 솔직하게 이야기해봐. 내가 장담하는데 그는 로즈 양의 이야기를 가볍게 웃어넘기고, 오히려 로즈 양을 더 아껴줄 거야."

53.
"I shall never tell him," said Miss Chester, sadly. "And I shall never marry him nor any one else. I have not the right."
But they saw a long shadow come bobbing up the sunlit road. And then came a shorter one bobbing by its side; and presently two strange figures approached the church. The long shadow was made by Miss Phœbe Summers, the organist, come to practise. Tommy Teague, aged twelve, was responsible for the shorter shadow. It was Tommy's day to pump the organ for Miss Phœbe, and his bare toes proudly spurned the dust of the road.

» 지망생 번역

"절대 말할 수 없어요." 체스터 양이 쓸쓸히 말했다. "그리고 랠프뿐 아니라 어느 누구와도 결혼하지 않겠어요. 그럴 자격이 없는 걸요."

그 때 긴 그림자 하나가 햇살이 비치는 길 위로 불쑥 나타났다. 그러더니 그 옆으로 조금 짧은 그림자가 나타났고, 낯선 그림자 둘은 곧바로 교회 쪽으로 다가왔다. 긴 그림자의 주인은 연습하러 온 오르간 연주자 피비 서머스 양이었다. 작은 그림자는 열두 살짜리 타미 티그의 것이었다. 그 날은 타미가 피비 양을 위해 오르간 밸브를 밟아줄 차례였고 그는 맨발로 걸어오느라 묻은 흙을 자랑스럽게 떨어냈다.

» 해설

병렬 접속사나 세미콜론으로 문장이 연결된 부분이 보이네요. 완급을 조절할 필요가 있으면 그 부분에서 적절히 끊어줘도 좋습니다. 소설이 절정으로 치닫고 있는 부분인지라, 서서히 긴장을 고조시키는 것이 낫겠습니다.

» 저자 번역

"절대 말할 수 없어요." 체스터 양이 슬픈 목소리로 말했다. "그리고 그 사람뿐 아니라 누구와도 결혼하지 않을 거예요. 전 그럴 자격이 없어요."
그때 햇빛이 내려앉은 길 위로 긴 그림자 하나가 문득 모습을 드러냈다. 곧이어 그 곁으로 조금 짧은 그림자가 나타났고, 알 수 없는 이 그림자 둘은 교회 쪽으로 다가왔다. 긴 그림자는 연습하러 오는 오르간 연주자 피비 서머스 양의 것이었고, 짧은 그림자의 주인은 12살 타미 티그였다. 그 날은 타미가 피비 양을 위해 오르간에 바람을 넣어주는 날이었다. 맨발의 그는 의기양양하게 길 위로 먼지를 차올렸다.

54.
Miss Phœbe, in her lilac-spray chintz dress, with her accurate little curls hanging over each ear, courtesied low to Father Abram, and shook her curls ceremoniously at Miss Chester. Then she and her assistant climbed the steep stairway to the organ loft.

» 지망생 번역

연보라색이 흩뿌려진 사라사명주 드레스를 입고 정갈하게 말린 머리를 귀 뒤로 넘긴 포비양은 아브람신부에게 공손히 머리 숙여 인사를 하고 체스터양에게는 곱슬머리를 찰랑거리며 형식적인 고개 인사를 건넸다.
그리고 나서 그녀와 그녀의 조수는 오르간이 비치 돼 있는 2층과 연결된 가파른 계단으로 올라갔다.

» 해설

'형식적인 고개 인사를 건넸다'고 하니까 하기 싫은 인사를 억지로 한 것 같이 느껴지네요. 뭐 둘 사이에 안 좋은 감정이 있는 거 같지는 않고요. 그냥 예의를 차려 살짝 인사한 거 같아요.

» 저자 번역

라일락 꽃무늬 원피스를 입고 양쪽 귀 위로 머리를 말아 단정하게 늘어뜨린 피비 양이 아브람 신부에게 몸을 낮춰 공손하게 인사한 뒤, 체스터 양에게 곱슬머리를 찰랑거리며 가볍게 인사했다. 그리고는 조수 토미와 함께 오르간이 놓인 다락으로 가는 가파른 계단을 올라갔다.

55.
In the gathering shadows below, Father Abram and Miss Chester lingered. They were silent; and it is likely that they were busy with their memories. Miss Chester sat, leaning her head on her hand, with her eyes fixed far away. Father Abram stood in the next pew, looking thoughtfully out of the door at the road and the ruined cottage.

» 지망생 번역

아브람 신부와 체스터 양은 어둠이 짙어가는 아래층에 남아있었다. 두 사람은 옛 생각에 깊이 잠긴 듯 말이 없었다. 체스터 양은 머리를 손에 괴고 먼 곳을 바라보며 앉아 있었다. 아브람 신부는 문 밖으로 보이는 길과 허물어진 오두막을 골똘히 쳐다보며 옆 자리 의자 곁에 서있었다.

» 해설

마지막 문장은 and가 생략된 분사구문으로 보는 게 타당합니다. 따라서 거슬러 번역하지 마시고 순서대로 번역하시는 게 좋습니다.

» 저자 번역

어두워져 가는 아래층에 아브람 신부와 체스터 양이 자리를 떠나지 않고 있었다. 그들은 말없이 골똘히 회상에 잠겨있는 듯했다. 체스터 양은 손으로 턱을 괴고 앉아서 먼 곳을 바라보고 있었다. 아브람 신부는 곁에 있는 의자 옆에 서서 깊은 생각에 빠진 채 문밖의 도로와 쓰러져가는 오두막을 바라보았다.

56.
Suddenly the scene was transformed for him back almost a

score of years into the past. For, as Tommy pumped away, Miss Phœbe struck a low bass note on the organ and held it to test the volume of air that it contained. The church ceased to exist, so far as Father Abram was concerned. The deep, booming vibration that shook the little frame building was no note from an organ, but the humming of the mill machinery.

» 지망생 번역

갑자기 그는 20여 년 전 과거의 한 장면 속으로 돌아와 있었다. 타미의 펌프 소리와 공기 섞인 소리를 테스트하기 위해 포비양이 오르간의 낮은 건반을 치는 소리가 멀어져 갔다. 아브람 신부가 아끼는 그 교회는 허물어졌다.
작은 목조건물을 흔드는 깊고 큰 울림은 오르간 건반에서 나오는 소리가 아닌 방앗간 기계가 돌아가며 내는 소리였다.

» 해설

20여 년이라고 하면 20년이 조금 넘는 걸 의미합니다. 그런데 앞서 체스터 양은 20살 정도라고 했고, 아이를 잃어버린 게 4살이 넘었을 때라고 한데다, 아이를 잃어버리고 난 후 2년을 더 방앗간에 남아있었으니, 20년이 넘을 리는 없습니다. ceased to exist를 '허물어졌다'

고 하셔서 좀 의아합니다. 아브람의 눈에는 더는 교회가 아니라 방앗간으로 바뀌었다는 장면일 텐데, 허물어졌다기보다는 '이제는 존재하지 않았다'는 식으로 바꾸시는 게 나을 듯해요.

» 저자 번역

순간 신부 아브람의 눈에 비친 풍경이 거의 20년 전 과거의 모습으로 돌아갔다. 타미가 페달을 밟아 넣는 바람이 충분한지 알아보려고 피비 양이 계속 누르고 있는 오르간의 낮은 건반음 때문이었다. 그가 있는 곳은 이제는 교회가 아니었다. 작은 목조 건물을 흔들며 낮게 울리는 진동음은 오르간에서 나오는 소리가 아니라 방앗간 기계가 윙윙거리며 돌아가는 소리였다.

57.
He felt sure that the old overshot-wheel was turning; that he was back again, a dusty, merry miller in the old mountain mill. And now evening was come, and soon would come Aglaia with flying colours, toddling across the road to take him home to supper. Father Abram's eyes were fixed upon the broken door of the cottage.

» 지망생 번역

낡은 물레방아가 돌아가는 것이 확실하게 느껴졌다. 그는 산속 방앗간에서 일하는 먼지투성이이지만 쾌활한 방앗간 주인으로 다시 돌아가 있었다. 이제 저녁때가 되어서 조금만 있으면 아글라이아가 염색한 머리카락을 흩날리며 길을 건너 아장아장 걸어올 것이다. 그리고 저녁식사를 하기위해 그를 집으로 데려갈 것이었다. 아브람 신부는 오두막집의 부서진 문을 계속 바라보고 있었다.

» 해설

'느껴졌다'라는 피동형보다는 능동형으로 표현하시는 게 나을 듯합니다. 설마 그 옛날에 4살짜리가 염색을 했을 리는 없겠죠.

» 저자 번역

그는 분명 낡은 물레방아가 돌아가고 있고, 자신이 다시 예전처럼 산속 오래된 방앗간에서 밀가루투성이로 즐겁게 일하는 방앗간 주인으로 돌아간 느낌이 들었다. 이제 저녁이 되었으니 곧 신바람이 난 아글라이아가 저녁 먹으러 오라고 자신을 부르러 길을 건너 아장아장 걸어올 터였다. 아브람은 부서진 오두막 문을 물끄러미 바라보았다.

58.

And then came another wonder. In the gallery overhead the sacks of flour were stacked in long rows. Perhaps a mouse had been at one of them; anyway the jar of the deep organ note shook down between the cracks of the gallery floor a stream of flour, covering Father Abram from head to foot with the white dust. And then the old miller stepped into the aisle, and waved his arms and began to sing the miller's song:

» 지망생 번역

그러던 중 또 이상한 일이 일어났다. 위쪽 회랑에는 밀가루 포대들이 길게 줄지어 쌓여 있었다. 생쥐가 그 중 하나를 건드렸던 모양인지 오르간의 낮은 음계가 울려 금이 간 회랑 바닥을 떨리게 하자 밀가루가 쏟아져 나와 아브람 신부는 머리부터 발끝까지 하얀 밀가루를 뒤집어쓰게 되었다. 그러자 옛 방앗간 주인은 복도로 나와 서서 팔을 흔들며 방앗간 주인의 노래를 부르기 시작했다.

» 해설

세 번째 문장이 읽기 부담스럽네요. 세미콜론 부분에서 자르시는 게 좋겠습니다.

» 저자 번역

그리고 또 놀라운 일이 일어났다. 위층 복도에는 밀가루 자루들이 줄지어 놓여있었다. 그 자루 중 하나에 쥐가 있었던 듯했다. 아무튼 오르간의 저음이 일으킨 진동 때문에 복도 바닥의 판자 틈 사이로 밀가루가 줄줄 새어 나와 아브람 신부를 머리부터 발끝까지 하얗게 덮었다. 그러자 옛 방앗간 주인은 통로로 나와 손을 흔들며 방아꾼 노래를 부르기 시작했다.

59.
"The wheel goes round,
　The grist is ground,
　　The dusty miller's merry."

—and then the rest of the miracle happened. Miss Chester was leaning forward from her pew, as pale as the flour itself, her wide-open eyes staring at Father Abram like one in a waking dream. When he began the song she stretched out her arms to him; her lips moved; she called to him in dreamy tones: "Da-da, come take Dums home!"

» 지망생 번역

"물레가 돌아가고,
밀이 빻아지네.
먼지투성이 방앗간 주인은 행복하네."

그러자 나머지 기적이 일어났다. 밀가루처럼 창백해진 체스터양이 앞좌석에 기대있다 말고 마치 백일몽을 꾸듯 커진 눈으로 아브람 신부를 바라보았다. 아브람 신부가 노래를 시작하자 체스터양은 그에게로 팔을 뻗었다. 그녀의 입술이 움직이더니 꿈에 젖은 목소리로 그를 불렀다.
"아빠, 덤스와 같이 집에 가요!"

» 해설

클라이맥스 부분인지라, 세미콜론과 쉼표 부분에서 많이 끊어주고 싶습니다. 붙여서 하다 보면 전개가 너무 빨라져서요. 아무래도 이 소설에서 가장 중요한 부분이라 생각되기에 조금 여운을 살리면서 서서히 긴장을 높여 가고 싶네요. 참고해 주세요.

» 저자 번역

"방아가 돌아가네

곡식이 빻아지네

먼지투성이 방아꾼은 즐겁다네."

그때 마침내 기적이 일어났다. 의자에 몸을 기대고 있던 체스터 양의 얼굴이 밀가루처럼 새하얘졌다. 꿈속에 잠긴 듯한 표정으로 눈을 크게 뜨고 신부 아브람을 바라보았다. 그가 노래를 부르기 시작하자, 그녀는 그를 향해 팔을 벌렸다. 이내 입술이 움찔거렸다. 그리고는 꿈꾸는 목소리로 그를 불렀다.

"아빠, 덤스와 함께 집에 가요!"

60.
Miss Phœbe released the low key of the organ. But her work had been well done. The note that she struck had beaten down the doors of a closed memory; and Father Abram held his lost Aglaia close in his arms.

When you visit Lakelands they will tell you more of this story. They will tell you how the lines of it were afterward traced, and the history of the miller's daughter revealed after the gipsy wanderers had stolen her on that September day, attracted by her childish beauty.

» 지망생 번역

피비 양이 오르간의 낮은 소리 건반을 놓았다. 하지만 그녀의 연주는 아주 훌륭했다. 그녀가 친 소리는 닫혀있던 기억의 문을 허물어줬고, 신부 아브람은 잃어버렸던 딸 아글라이아를 두 팔로 꼭 껴안았다. 레이크랜드에 가면 두 부녀가 더 많은 이야기를 해 줄 것이다. 그들은 이후에 어떤 일이 있었는지, 9월의 어느 날 집시들이 예쁜 모습에 반해 데려간 어린 방아꾼의 딸이 그 날 이후로 어떻게 살아왔는지 이야기 해 줄 것이다.

» 해설

피비 양이 연주를 훌륭하게 한 게 아니라, 낮은 건반음을 냈을 뿐인 듯해요. 그리고 그게 큰 역할을 했다는 의미입니다. 또 'They will tell you how the lines of it were afterward traced'의 번역이 이상합니다. '그 이후에 두 사람 사이에 어떤 일이 있었는지'가 아니라, 그 두 사람이 기억을 더듬어 가며 이런저런 과거의 사연을 되짚어갔다는 뜻 같아요. 이 소설의 결말인데요, 세미콜론 부분을 자르지 않고 번역하시니까 이야기가 좀 급하게 전개되는 느낌이 들어요. 전 문장을 좀 잘라서 중간 호흡을 좀 줬습니다.

» 저자 번역

피비 양이 누르고 있던 낮은 음 건반에서 손을 뗐다. 하지만 그녀의 역할을 훌륭했다. 그녀가 내던 낮은 음 덕분에 체스터양의 닫혔던 기억의 문이 활짝 열린 것이다. 아브람 신부는 잃어버렸던 딸 아글라이아를 품에 꼭 안았다.

레이크랜드에 가면 그들의 이야기를 좀 더 들을 수 있을 것이다. 두 사람이 그간의 사연을 어떻게 더듬어 갔는지, 그리고 9월의 그 날에 방랑 집시들이 귀여운 아글라이아에 반해 그녀를 납치한 뒤 어떤 일이 있었는지에 대해서도 들을 수 있을 것이다.

61.

But you should wait until you sit comfortably on the shaded porch of the Eagle House, and then you can have the story at your ease. It seems best that our part of it should close while Miss Phœbe's deep bass note was yet reverberating softly.

And yet, to my mind, the finest thing of it all happened while Father Abram and his daughter were walking back to the Eagle House in the long twilight, almost too glad to speak.

» 지망생 번역

하지만 우선은 이글하우스의 그늘진 현관에 편안히 앉아 기다리자, 그리고 나서야 느긋한 마음으로 이야기를 들을 수 있을 것이다. 피이브 양이 누른 낮은 베이스 음계가 아직 부드럽게 울리던 이때에 나의 역할을 마치는 것이 가장 좋을 듯하다.
하지만 잠깐, 마지막으로 이 모든 이야기 가운데 내 마음에 남은 가장 멋졌던 일은 아브람 신부와 그의 딸이 말할 수도 없을 만큼 기뻐하며 긴 석양길을 따라 이글하우스로 돌아가던 동안 나눈 대화였다.

» 해설

'기다리자' 다음에 쉼표는 마침표로 바꾸는 게 낫겠습니다. 마지막 문장은 "~일은 ~였다" 는 명사형 형태는 서술 형태로 바꾸는 게 자연스럽습니다.

» 저자 번역

하지만 이글하우스에 가서 그늘진 현관에 편안히 앉을 때까지 기다려야 할 것이다. 그리고 나면 느긋하게 이야기를 들을 수 있을 것이다. 이제 우리의 이야기는 피이브 양이 누른 낮은 오르간 음의 여운이 남아있는 이쯤에서 마무리 하는 게 제일 좋을 듯하다.
마지막으로 하나 더. 아버지와 딸이 기쁨에 겨워하며 길게 땅거미 진

길을 걸어 이글하우스로 돌아오는 동안, 내 마음에 남은 가장 멋진 대화가 이어졌다.

62.

"Father," she said, somewhat timidly and doubtfully, "have you a great deal of money?"
"A great deal?" said the miller. "Well, that depends. There is plenty unless you want to buy the moon or something equally expensive."
"Would it cost very, very much," asked Aglaia, who had always counted her dimes so carefully, "to send a telegram to Atlanta?"

» 지망생 번역

"아버지." 조금은 수줍고 반신반의하는 목소리로 아글라이아가 물었다. "돈이 많으세요?"
"많이?" 방앗간 주인이 되물었다. "글쎄, 생각하기 나름이지. 달이나 아니면 그 정도로 비싼 걸 사고 싶은 것만 아니라면 꽤 많다고 할 수 있단다."
"돈이 아주 많이 들까요?" 언제나 동전 한 푼까지 알뜰히 세며 살아온 아글라이아가 말했다. "애틀랜타에 전보를 보내려고 그래요."

» 해설

돈이 많으냐고 물었는데 "많이?"라고 되묻는다면 우리말에서는 이상하죠. "알뜰히 세며 살아왔다"는 표현도 우리말로는 언뜻 이해가 어렵습니다. 그냥 '푼돈까지 아끼며 살아왔다' 정도로 하시는 게 자연스럽겠죠.

» 저자 번역

"아버지" 조금 어색하고 수줍은 듯 그녀가 물었다. "돈 많으세요?"
"돈이 많냐고?" 방앗간 주인이 물었다.
"글쎄, 정도의 문제겠지. 네가 달을 사달라거나, 그만큼 비싼 걸 사달라고만 하지 않는다면 충분히 있다고 할 수 있을 거야."
"돈이 아주 많이 들까요?"
언제나 동전 한 푼까지 아끼며 살아온 아글라이아가 물었다.
"애틀랜타에 전보를 보내려면요."

63.

"Ah," said Father Abram, with a little sigh, "I see. You want to ask Ralph to come."

Aglaia looked up at him with a tender smile.

"I want to ask him to wait," she said. "I have just found my father, and I want it to be just we two for a while. I want to tell him he will have to wait."

» 지망생 번역

"아," 짧은 숨을 내쉬며 아브람 신부가 말했다, "알겠다. 랄프에게 와 달라고 하려는 거구나."
아글라이아가 부드러운 미소를 띤 얼굴로 그를 올려다 보았다.
"기다려달라고 말할 거예요." 그녀가 말했다. "이제 막 우리 아버지를 만났다고, 잠시 아버지와 둘만 있고 싶다고 말하려고요. 기다려야만 할 거라고 말할 거예요."

» 해설

잘 하셨습니다만, 참고로 '부드러운 미소를 띤 얼굴로'처럼 관형절로 표현하기보다는 '얼굴에 부드러운 미소를 띠며' 같은 식으로 부사절로 처리하시는 게 우리말에는 더 어울릴 때가 많습니다.

» 저자 번역

"아," 아브람이 살짝 숨을 내쉬며 말했다. "알겠다. 랄프에게 이리 와 달라고 하고 싶은 거구나."
아글라이아가 부드럽게 웃으며 아버지를 쳐다보았다.

"랄프에게 기다려달라고 하려고요." 그녀가 말했다. "이제 막 아버지를 찾았으니 한동안은 아버지하고 둘이서만 있고 싶거든요. 그 사람한테 기다려야 한다는 말을 하고 싶어요."

에필로그

글로 먹고사는 꿈

책의 첫머리에서 밝혔듯이 나는 번역을 통해서 '글로 먹고살고 싶다'는 잃어버렸던 어린 시절의 꿈을 되찾았다. 그런데 번역이란 일 자체를 좋아하더라도 우리나라 번역가들(어쩌면 프리랜서란 직종 모두)의 작업 조건이 열악하다는 사실에 늘 고민해야 했다. 물가는 날로 뛰지만, 번역료를 올리기는 생각만큼 쉽지 않다. 게다가 그 번역료조차 제때 받기 어려울 때가 있다. 일감 역시 마찬가지다. 책 한 권을 작업 중일 때는 다른 의뢰를 받을 수가 없는데, 일감이란 게 몰릴 때는 몰리고 그렇지 못할 때는 한동안 들어오지 않기도 한다. 이 때문에 본의 아니게 쉬어야 하는 경우도 생긴다. 배우자가 돈을 벌고 있는 사람은 일감이 잠시 들어오지 않을 때를 재충전의 기회로 삼아 여유를 가질 수도 있지만, 그렇지 않은 사람은 초조할 수밖에 없다. 잠시라도 뜻하지 않게 쉬게 되는 경험을 하고 나면 자신의 전공과는 맞지 않는 분야의 책이라도 무작정 일을 받아 진행하게 된다(어느 정도는 프리랜서의 숙명일 수도 있지만). 그런데 자신이 잘 모르는 분야거나 하기 싫은 분야의 책 번역을 억지로 하면 티가 난다. 이렇게 일감 걱정, 돈 받을 걱정, 번역가로서 경력개발 걱정을 덜기 위해 번역 회사를 찾는데, 번역 중개 수수료를 너무 많이 떼기 때문에 그도 대안이 되기는 어렵다.

그래서 나는 '바른번역'이라는 번역가 모임을 만들었고 이를 발전시켜 회사를 세웠다. 겉으로 봐서는 다른 번역 회사나 크게 다를 게 없어 보이지만, 그래도 나는 처음의 취지를 항상 되돌아보며 규칙을 조정해나간다. 우선 일감을 중개하며 공제하는 수수료가 다른 곳보다 훨씬 낮다(게다가 일을 계속할수록 공제하는 수수료는 점점 더 낮아진다. 나 역시 지금도 번역을 맡을 때마다 5%의 수수료를 공제해서 회사의 운영비로 내고 있다). 번역료가 제때 들어오지 않을 경우 번역가에게 출판사 대신 돈을 지급하고, 번역가들의 일정을 조정하고 번역료를 협상하는 매니저까지 고용하려면, 사실 이렇게 낮은 수수료로 그 비용을 모두 충당할 수가 없다. 그래서 번역가 지망생들을 가르치는 아카데미 운영을 통해 적자를 메우고 있다.

그런데 처음에는 갑의 위치에 있는 출판사에 대해 열세에 있는 번역가들이 모여 협상력을 높여보자는 취지로 '바른번역'을 만들었지만,

막상 운영하다 보니 번역가들이 의무와 책임을 다하지 않아 고생도 많이 하게 되었다. 마감 날짜를 지키지 않는 번역가도 있었고, 아직 실력과 경력이 태부족인데도 쉬운 책만 골라서 하겠다는 사람도 있었으며('바른번역'에서는 일감을 공개하고 번역가들이 하고 싶은 책을 지원할 수 있게 한다), 번역을 엉망으로 해놓고도 출판사에 미안해할 줄 모르는 사람도 숱하게 겪었다. 일부 회원 번역가들이 엉망으로 해놓은 번역 때문에 폭설이 내리는 겨울 아침에 파주출판단지로 달려가 대신 사과하고 몇 날 며칠 동안 대신 수정해 다시 납품한 경우도 있었고, 점잖지 못한 편집자에게 폭언을 듣기도 했다. 마감이 지났는데도 소식 없이 잠적한 번역가를 찾으러 멀리 지방까지 내려간 적도 있었고, 책이 어려워 더는 못하겠다고 일방적으로 책을 반납한 번역가 때문에 대책을 세우느라 고생도 많이 했다. 정말 상식적으로 생각하기 어려운 많은 일이 실제로 일어났다.

 이런 숱한 경험을 하면서 회원도 정리하고, 기성 번역가들의 가입 기준도 높여나갔다. 한편으론 돈을 제때 주지 않아 힘들게 하는 출판사도 고객 명단에서 제외해나갈 수밖에 없었다.

 출판사 혹은 담당 편집자와 번역가는 한배를 탄 동지다. 가끔 갑의 지위를 이용해 번역가를 업신여기는 편집자(주로 경력이 아직 많지 않은 사람들)도 있지만, 편집자 대부분은 그래도 상식과 배려를 갖춘 사람들이다. 번역이 잘되어야 책을 잘 만들 수 있기 때문에 번역가들과 기꺼이 협조하려 한다. '바른번역'은 이제 일방적으로 번역가의 권

익만 주장하지도 않고, 그렇다고 출판사의 입장만 대변하지도 않는다(물론 그런 중간자 위치가 사실은 가장 어렵고 힘든 법이다).

지금껏 번역가, 그리고 출판사와 번역가의 중간자로 살아온 나는 이제 또 하나의 꿈을 꾸고 있다. 글 쓰는 직업을 갖고 싶다는 어린 시절의 꿈에 더욱 가까이 다가서는 것이다. 그런 의미에서 우선 번역가로 살아온 나의 지난 경험과 노하우를 모아 번역가 지망생들에게 도움이 될 만한 책을 쓰고 싶었다. 그리고 이 책을 통해 지난 인생의 한 단락을 정리할 수 있었다. 그렇다고 번역을 그만둘 생각은 없다. 글로 먹고사는 다른 어떤 일을 하든, 번역은 늘 손에서 놓지 않을 것이다. 앞으로도 나는 다른 '바른번역' 회원들과 똑같이 '바른번역'을 통해 일을 받으며 번역을 계속할 생각이다. 그리고 내가 정말로 간절히 원하는 바는, 나 없이도 '바른번역' 시스템이 번역가의 안정적인 작업 환경 유지에 이바지해 나가는 것이다. 그날이 오면, 오래전에 출판번역을 처음 시작하던 시절처럼 남은 생애를 글을 쓰고 자연 속에서 보내고자 한다.

번역은 나에게 애증의 대상이다. 늘 아옹다옹 싸우며 사네 못 사네 하면서도 막상 곁에 없으면 서운해서 보고 싶은, 미운 정 고운 정 다 든 동반자 같은 존재다. 동반자와 함께 아름답게 늙어가는 것, 그것이 내 여생의 바람이다.

출판번역가로 먹고살기

1쇄 발행 | 2011년 11월 20일
7쇄 발행 | 2020년 2월 19일

지은이 | 김명철
발행인 | 김명철
발행처 | 바른번역
디자인 | 서승연
캘리그라피 | 엄창호 (instagram id : um_changho)
일러스트 | 서승연
출판등록 | 2009년 9월 11일 제313-2009-200호
주소 | 서울 마포구 어울마당로26 제일빌딩 5층
문의전화 | 070-4711-2241
전자우편 | glbabstory@naver.com

ISBN | 978-89-966665-8-5

내용의 전부 또는 일부를 이용하려면 반드시 출판사의 동의를 받아야 합니다.
잘못된 책은 바꾸어 드립니다.

정가 15,000원